国家社会科学基金重大委托项目

“蒙古族源与元朝帝陵综合研究”

（批准号 12@ZH014）

学 术 成 果

张久和　刘国祥　主编

中国古代北方民族史

匈奴卷

胡玉春　著

科学出版社
北　京

内 容 简 介

匈奴是中国古代北方游牧民族。在充分肯定匈奴历史贡献的基础上，探讨匈奴历史发展的基本规律。具体内容包括匈奴的族源、历史变迁、政治军事、经济生活、民族关系、文化习俗和历史作用等。本书内容简明易懂又不失学术性，是一本关于匈奴历史的简明学术史。

本书适合于从事历史学、考古学、民族学等方面的专家、学者以及对北方民族史感兴趣者参考阅读。

图书在版编目（CIP）数据

中国古代北方民族史. 匈奴卷 / 张久和，刘国祥主编；胡玉春著.
—北京：科学出版社，2021.8

ISBN 978-7-03-069013-5

Ⅰ. ①中… Ⅱ. ①张… ②刘… ③胡… Ⅲ. ①匈奴 - 民族历史 Ⅳ. ① K289

中国版本图书馆 CIP 数据核字（2021）第 104802 号

责任编辑：孙 莉 雷 英 柴丽丽 / 责任校对：王晓茜
责任印制：赵 博 / 封面设计：张 放

科学出版社 出版
北京东黄城根北街 16 号
邮政编码：100717
http://www.sciencep.com
北京厚诚则铭印刷科技有限公司印刷
科学出版社发行 各地新华书店经销
*
2021 年 8 月第 一 版 开本：720 × 1000 1/16
2025 年 5 月第五次印刷 印张：13 1/4
字数：267 000

定价：128.00 元

（如有印装质量问题，我社负责调换）

《中国古代北方民族史》编辑委员会

《中国古代北方民族史》工作组

组　　长：刘国祥　白劲松

副 组 长：孙　莉　陈桂婷　王　珏　冯　科

成　　员（以姓氏笔画为序）：

于伯乐　于昊申　王　苹　王石雨　王东风
田彦国　白志强　邝漫华　任　翔　刘玉莹
刘旭东　刘江涛　孙　冰　宋岩金　张　宇
张克成　林　睿　哈　达　姜天华　栗媛秋
曹　磊　康准永　雷　英　燕云辉

作 者 简 介

胡玉春，女，毕业于内蒙古大学。历史学博士。内蒙古自治区社会科学院历史研究所三级研究员。内蒙古自治区“新世纪 321 人才工程”一层次人才。主要从事北方民族史研究。发表学术论文 30 余篇，出版专著《大夏国史研究》《3—5 世纪初北方古族史探》，参与撰写《内蒙古通史》等著作多部。主持完成国家社会科学基金项目“铁弗匈奴及大夏国史研究”、国家社会科学基金特别项目“两晋南北朝时期北方诸族源流及其文化研究”。现主持国家社会科学基金项目“北方民族手工业史研究”、国家社会科学基金重大项目“东胡系民族历史文献整理与研究”子课题“柔然民族历史文献整理与研究”。曾获“内蒙古自治区哲学社会科学优秀成果政府奖”二等奖 2 次、三等奖 1 次，“中国·内蒙古草原文化主题论坛”优秀论文一等奖 2 次。

北方民族史是中国历史的有机组成部分

——《中国古代北方民族史》（代序）

张久和　刘国祥

《中国古代北方民族史》（十卷本）经过策划、组织、研究和编辑工作，即将付梓。这是倡导者、组织者、研究者和编辑者诸同仁共同努力的结晶。面对多年来北方民族史领域丰富的学术成果，选择十个民族、按照大体一致的体例进行进一步的系统研究，力求在学术上有所推进，这对每一位研究者都具有很强的挑战性。今天，我们怀着惴惴之心把十部书稿呈送于学界，以求在学术难点、值得深度研讨的问题等方面引发更为深入的思考，探求更为全面、更为系统的学术研究途径，以期共同推进中国古代北方民族史的研究。

长期以来，前辈学者对中国古代北方民族史的研究取得了丰硕成果。中国国内，马长寿先生《乌桓与鲜卑》、林幹先生《匈奴通史》、田余庆先生《拓跋史探》、周伟洲先生《敕勒与柔然》、段连勤先生《丁零、高车与铁勒》、薛宗正先生《突厥史》等论著，基本都是以族别史体例研究北方民族史的力作，解决了许多悬而未决的问题，探寻出一些值得借鉴的研究方法，启迪着学者们的思路。1977 年由内蒙古自治区蒙古语文历史研究所历史研究室、内蒙古大学蒙古史研究室编写出版的《中国古代北方各族简史》，2003 年林幹先生的《中国古代北方民族通史》，在北方民族的通史性成果方面具有开创性。其他国家和地区的学者也向学界奉献了学术亮点独特的论著。法国汉学家德吉涅《匈奴、突厥、蒙古及其他西方鞑靼人通史》、英国学者巴克尔《鞑靼千年史》、法国史家勒内·格鲁塞《草原帝国》等著作，均涉及多个欧亚草原游牧民族的历史。

近些年来，随着改革开放各项文化事业的蓬勃发展，各族人民日益增长的物质文化、精神文化需求不断提高，对历史的关注度不断强化，北方民族史研究也越来越受到重视，促进了相关研究向前发展。学术成果的积累，科研团队的形成，研究出版经费的保障，为全面系统地研究中国古代北方民族史，编纂和出版北方民族史著作带来了机遇，提供了条件和保证。这部十卷本的《中国古代北方民族史》就是我们的一个初步尝试，付梓之际，诚待学界赐正，并期待对学术发展、社会文化进步有所裨益。

一

中国古代北方民族在广义上是对历史上曾经活动在中国古代北方地区的各个民族的总称；学界也有从狭义上专指以蒙古高原及周边地区为主要活动地域、以游牧业为主要生产生活方式、操阿尔泰语系诸语言的各民族的看法。国内学界一般将其简称为“北方民族”；国外研究者基于不同的认识，称其为“马背民族”“骑马民族”等。从狭义上讲，中国古代北方民族的历史，既包括蒙古族兴起以前的诸北方游牧民族史，又包括古代蒙古史。由于蒙古族兴起后，经过多个世纪的漫长岁月，已经由一个古代民族逐渐发展为现代民族，而且，早期蒙古史一般又与元史、北元—明代蒙古史、清代蒙古史及近现代蒙古史形成了比较完整的研究体系。因此，学界一般就将中国古代北方民族史的研究对象集中在公元前 3 世纪至公元 13 世纪活动在蒙古高原及周邻地区的各个民族，并形成了以族别史为特征又大体可以按照时间顺序研究的北方民族史研究体系。这些古代民族主要涉及匈奴、东胡、乌桓、鲜卑、柔然、敕勒—高车、铁勒、突厥、薛延陀、回鹘（回纥）、黠戛斯、契丹、库莫奚、室韦—达怛等各个游牧民族的历史。至今，学界针对这些民族的研究，已经涉及族源、政治、经济、风俗习惯、文化传承等各个方面，成果颇丰，学术争议点亦较多。而经过对各个民族历史的专题研究，努力寻求中国古代北方民族整体发展的历史规律仍然是有待突破的重点与难点。

中国历代汉文典籍中有关北方民族的历史记载是从事研究的基本史料。《史记》《汉书》《后汉书》《三国志》《晋书》《魏书》《北齐书》《周书》《隋书》《北史》《旧唐书》《新唐书》《旧五代史》《新五代史》《辽史》等纪传体史书，《资治通鉴》《续资治通鉴长编》等编年体史书，《通典》《通志》《文献通考》等典志体史书，《唐会要》《五代会要》等会要体史书，《元和郡县图志》《太平寰宇记》等地理总志以及《太平御览》《册府元龟》等大型类书以及其他体裁的古籍，均保留着与北方民族历史有关的史料。不过，由于各类史籍的成书年代不同，后出史书往往与先成史书有着抄录关系，内容也存在程度不同的沿袭继承；而且，随着历史的发展和情况的变化，后出史书又常常收录了为先成史书所不载的资料，增加了某些新的内容，加大了辨别取舍的难度。另外，各代史家对北方民族资料掌握的多寡不同，取舍角度有别，记述方式有异，所记内容与实际情况可能有一定出入，或存在误记错记等情况，也必须因时、因地、因人，因事详加考辨，方可在不断的研讨中逐步接近真实。尤其值得注意的是，由于历代中原史家不同程度地受到时代、民族、地域、立场和思想文化等诸方面的局限，也在相关文献中反映出对北方民族的歧视和偏见。基于上述，尽可能全面、系统地占有研究北方民族历史的汉文文献史料，并且进行详细比对、辨析，探明史源关系，明确史料价值，摒弃各种偏见，坚持客观评判的标准，在研究北方民族历史工作中显得格外重要。除了汉文史料以外，粟特文、突厥文、回鹘文、契丹文、西夏文、蒙古文、波斯文等文字的文献，多为北方民族记载的其自身的历史活动，有其不同的视角、内容、观点和方法，虽因文字的掌握与识读存在较大的难度，但对于全面深入研究北方民族历史文化却具有独特珍贵价值。中国学界不乏倡导和践行利用多语种文字史料进行综合研究的专家学者。

中国古代历史文献，记载内地王朝史一般都较为系统和丰富，相比之下，同一部古籍中有关北方民族史的史料则显得零散和匮乏。仅以记录北方各民族历史内容最多、最系统、相对可靠的正史即“廿四史”为例，与北方民族有关的史料主要是列传中的各族专传和纪、传、志、表当中的散见史料，系统性与涵盖面均存在误漏，甚至难以成章，形成研究中的诸多难题。因此，除了稽考、辨析、使用文献史料作研究以外，利用考古资料进行北方民族史研究也是学界传统。百余年来，北方民族的物质文化遗存有多少不等的发现，相关资料和研究成果相继发表，程度不同地为研究者提供了难得的研究依据。匈奴遗存主要集中在外贝加尔、蒙古国和中国境内的北方草原地带，发表的考古资料与研究性成果较多。其中，蒙古国境内的诺彦乌拉、高勒毛都，中国境内的桃红巴拉、阿鲁柴登等匈奴墓葬，为研究匈奴历史文化提供了珍贵的实物资料。乌桓的考古学文化虽然没有确论，但学界对夏家店上层文化、井沟子墓地、平洋墓葬、西岔沟墓群的探讨，对探究乌桓史有着重要的参考价值。拓跋鲜卑早期遗存主要集中发现于中国内蒙古呼伦贝尔地区，嘎仙洞遗址，扎赉诺尔、完工、孟根楚鲁、拉布达林墓葬等资料，为研究早期拓跋鲜卑史提供了重要依据。柔然考古学文化虽尚未被正式识别出来，但高昌文书等出土文献与《茹茹造像碑题记》《魏开府仪同长广郡开国高公妻茹茹公主闾氏墓志》等碑刻墓志丰富了柔然史资料。重要的突厥卢尼文碑有《暾欲谷碑》《阙特勤碑》《毗伽可汗碑》，与回鹘有关的碑铭有《磨延啜碑》《铁尔痕碑》《九姓回鹘可汗碑》等，在叶尼塞河流域发现的碑刻资料则多与黠戛斯有关。突厥、回鹘、黠戛斯的碑铭资料为研究提供了新的视角和维度，是研究北方民族历史文化的珍贵史料。此外，中蒙联合考古队确定了蒙古国的四方形遗址为回鹘贵族墓地，从而填补了回鹘考古学文化领域的空白，为研究回鹘历史文化提供了宝贵的考古资料。契丹的考古遗存早期以平民墓葬为主，辽朝建立后的耶律羽之家族墓、陈国公主与驸马合葬墓、吐尔基山辽墓、萧贵妃墓等资料，对契丹早期历史文化的研究也有重要参考作用。库莫奚考古目前可以确定的是《大王记结亲事碑》《奚国质子热瓌墓志》等十余通属于奚人的碑刻材料，内容或为史书所未载，或可与文献史料相印证，具有珍贵的史料价值。室韦考古学文化的发现、识别和研究，对于探索蒙古族族源具有重要学术意义。西乌珠尔、谢尔塔拉、岗嘎等墓葬资料的研究与运用，无疑使室韦历史文化的研究内容变得更加充实可靠和丰富多彩，并为蒙古族发祥、兴起于呼伦贝尔提供了确凿证据。总之，与北方民族相关的考古资料，在很大程度上有效地起到了与文献交互印证、补充文献记载之不足、纠正文献记载之错谬的作用。因此，充分结合运用考古资料研究北方民族史，将考古学与历史学密切结合是十分必要的。

先秦时期，北方民族已见载于史册。荤粥、猃狁、诸戎狄与商、周及春秋时期北方诸侯国，东胡、匈奴、林胡、楼烦与战国时期北方的燕、赵、秦诸国均有和战关系，东胡、匈奴、丁零等北方诸民族之间亦关系密切。秦末汉初，匈奴势力强大，东破东胡，西击月氏，北服丁零，控制蒙古高原及其周边，第一次建立了统一中国古代北方地区的游牧政权，与中原政权共同缔造着祖国的历史。东胡被击溃后，溃散的部众分别据保乌桓山和鲜卑山，因山名族，称乌桓、鲜卑。两汉时期，乌桓先后三次南迁，逐步进入中原北部，与汉、鲜卑、匈奴等融合。东汉时期，匈奴衰弱，南匈奴南迁入塞，北匈奴连续遭逢东汉联军攻击，最后远走西域，留下了值得重视的历史文化。蒙古高原上的匈奴余部并入鲜卑，鲜卑由此渐盛，继匈奴之后控制大漠南北，建立了地分东中西三部的部落军事大联盟。联盟瓦解后，鲜卑逐渐分化形成慕容、宇文、段、拓跋、秃发、乞伏诸部。魏晋南北朝时期，各支鲜卑渐次南迁，逐鹿中原，加入到民族大迁徙大融合浪潮之中。慕容、宇文、段、拓跋等部相互征伐，宇文战败，从中分化出契丹、库莫奚二部。同期，鲜卑后裔室韦见于文献著录，与契丹、库莫奚地分南北，活动于东胡及其后裔曾经往来驻牧的地区。吐谷浑自慕容鲜卑分离，迁徙甘青地区，后建立吐谷浑政权，史事绵延，直至唐代。慕容建立前燕、后燕、西燕、南燕，拓跋建立代，秃发、乞伏建立南凉、西秦等区域性政权。匈奴后裔建立有汉、前赵、北凉、大夏等政权。南迁的丁零也建立了翟魏政权。丁零后裔亦以“敕勒”“高车”“铁勒”等名称为史书所记载，分布于漠南漠北。最终拓跋鲜卑建立的北魏统一中国古代北方地区，形成了南北朝对峙格局。同期，东胡苗裔柔然兴起于大漠南北，建立柔然汗国。南北朝末期，随着柔然的衰败，突厥兴起并灭亡柔然，成为蒙古高原霸主，建立突厥汗国，强盛一时。唐初，突厥汗国被唐灭掉，大量突厥民众曾进入内地。后来突厥贵族重新建立游牧政权，再度控制蒙古高原。隋唐时期，铁勒分化出许多大大小小的部落。其中，铁勒部落中的薛延陀、回鹘在反抗突厥统治的过程中逐步强大起来，薛延陀一度建立政权，称雄漠北，后被唐灭亡。回鹘灭掉东突厥后汗国，建立回鹘汗国，与唐朝关系密切，9世纪中期被黠戛斯击溃。隋唐时期，进入中原的鲜卑逐渐融合于汉族以及各族之中。契丹与奚在突厥、回鹘不断衰落的过程中日益强大起来。唐末，契丹最终兼并奚、室韦等周边各族，随后在五代政权的更迭中得到燕云十六州之地，建立了与北宋对峙的辽朝政权。与蒙古族源关系密切的室韦各部，在唐代又被诸突厥语族部落称为达怛，并为唐朝中原人接受。蒙古族的祖先部落“蒙兀室韦”首见《旧唐书》记载，“蒙兀”是“Mongghol”（蒙古）的最早汉字译写形式。蒙古族发祥于今内蒙古额尔古纳河下游东南。唐朝中期以后，室韦—达怛诸部乘回鹘汗国衰亡之机，陆续西迁蒙古高原核心地带，或南迁至中原北部边塞。不难看出，在数千年的历史长河中，在中国古代北方地区，各个民族名号不断更换，政权轮番交替，与中原的往来绵延不绝、从未间断。辽金时期，与蒙古族有渊源关系的各部逐步壮大。至 13 世纪前后，在语言、地域、文化和经济生活上具有共同性的蒙古高原诸部具备了形成新的古代民族共同体的条件。1206 年，铁木真统一蒙古高原诸部，在继承众多北方民族长期分化和融合历史的基础上，以室韦—达怛部落为核心和主要成分，吸收契丹等蒙古语族和回鹘等突厥语族部落，建立了大蒙古国（Yeke Mongghol Ulus）。至此，蒙古高原上大大小小的部落和民族兴衰演替的历史始告结束，各有名号的部落、民族统一在了“蒙古”名下①，古代蒙古民族共同体初步形成。蒙古族成为北方民族历史文化的集大成者，掀开了中国历史的新篇章。

北方民族以畜牧、狩猎为生业，“游牧”是其经济形态，“行国”是其政治表征。游牧经济比较脆弱，更多地依赖于自然环境和气候条件，迫切需要农副产品作为生产、生活的补充；农耕经济以定居为主，也十分需要游牧经济产品。游牧与农耕经济之间的差异性、互补性，导致双方谁也离不开谁，形成了互相依存、互相促进的格局。和平时期，官方、民间贸易交换频繁，各取所需；对峙争锋阶段，双方的战争也往往是经济因素在起着诱因和主导作用。许多时候，北方游牧民族及其政权更看重经济利益，更多地从经济角度出发制定策略，采取政治、军事行动；中原农耕民族及其政权包括入主中原的北族政权则常以中心、正统自居，更看重政治名分。经济发展的内在动力，使繁衍生息于蒙古高原及其周边地区的北方民族，掀起了一波又一波的向中原地区的南迁、南进运动，先后建立了统治区域大小不等的政权，与中原农耕民族发生了密切的政治、经济、社会和文化联系。匈奴、柔然、突厥、回鹘、契丹、蒙古等

① 亦邻真：《中国北方民族与蒙古族族源》，《内蒙古大学学报》1979 年第 3、4 期。

建立的政权，打通了欧亚大陆草原世界，使得各民族之间的经济文化交流更为频繁，更为广泛，其历史不但是中国历史的有机组成部分，并且也成为亚洲史、欧洲史的研究内容。鲜卑、契丹、蒙古等民族更是建立了囊括中国古代北方地区和中原地区的政权，或统治中国古代北方，或实现了全国大一统，直接把游牧和农耕两种文化融汇在一起，你中有我，我中有你，互相认同，在深刻地改变和创造中国历史的同时，也在潜移默化地改变和重塑着自己。

史实证明，在中国历史上的各个时期，都有北方民族程度不同地参与到创造中国多元历史文化的进程之中，印证了中国的历史是由各民族共同创造的发展规律。

二

中国古代北方民族史历来备受国内外学术界的重视，论著颇丰。但是，由于研究者所处时代不同，立场、价值观、研究方法等有别，加之资料匮乏，今天看来，有些成果多带有时代的烙印，存在争议而尚未解决甚至难以解决的问题较多，在一些具体问题上形成了许多不同的观点，也构建了某些不同的话语体系。近代以来，由于中国陷入半封建半殖民地社会深渊，国家影响力大幅度降低，历史学研究的环境、条件、人才等均遭受到严重的桎梏与影响，在北方民族史研究领域的话语权逐步弱化。与此形成鲜明对比的是，19 世纪末以来，西方和日本学界对于中国古代北方民族史的研究日趋深入，其理论方法和研究成果迭出，形成了多种话语体系并存的局面。在试图阐释中国古代北方民族历史进程的时候，对国外学界的相关说法予以关注和述评，明确我们的初步认识和看法，是十分必要的。

（一）西方汉学与“内亚史观”

19 世纪末 20 世纪初，传统汉学在西方逐渐转化为一门独立学科。法国学者沙畹（Édouard Émmannuel Chavannes）将汉文文献与西方实证主义史学相结合，使汉学逐渐发展成为现代化的专门学科。伯希和（Paul Eugène Pelliot）结合文献学与历史比较语言学，发展了历史语言学考证法，沿用了欧洲早期汉学家惯用的“高地亚洲”（la Haute Asie）概念，并将地中海、印度与中国中原地区之间七八百万平方千米的广阔“弓形”地域统称为“中央亚细亚”（Central Asia），认为“中央亚细亚”既是地中海世界、印度与中国中原地区之间的地理屏障，又是这三个文明中心之间的联系纽带，彼此之间联系与影响的程度虽因历史变迁有所差异，但从未间断[①]。

塞诺（Denis Sinor）在“高地亚洲”概念基础上提出了大体相同于中央欧亚（Central Eurasian）的“内亚”（Inner Asia）理论，他将中央欧亚视为一个不同于周边文明板块的独立的文明区域，其中又可以根据自然环境、经济生活和语言文化的差异，划分出若干的亚文化类型。游牧生产生活方式是这些类型中最为成功的一种[②]，而不同的亚文化类型在历史进程中逐渐向趋同性发展。中央欧亚在大多数历史时期都是挑战欧亚各大文明的“蛮族”的活动舞台，“传统文明的承载者与来自内亚的蛮族之间的冲突对抗与交流互动，构成了理解人类历史发展的一条基本主线”[③]。

美国学者傅礼初（Joseph F. Fletcher）是内亚史观的代表人物之一。语言上的优势使他能够打破汉学、阿尔泰学与伊斯兰学之间的藩篱，站在“全史”（Integrative history）的角度来审视内亚在世界历史中的地位和作用，进而总结内亚游牧帝国演变转型的规律性问题。而对 20 世纪中后期现代社会学、政治学、人类学等社会科学理论的吸收，则进一步促使其从宏观上思考欧亚大陆各地区历史发展的趋同性与合流性问题。他认为，历史现象中存在“关联性”（interconnections）与“延续性”（continuties）现象，而要认识这两种现象，就必须先要对不同地域之间的社会、经济、文化等领域的平行性现象进行研究，考察其内在联系，

① 〔法〕伯希和：《高地亚洲》，耿世民译，《民族史译文集》第 6 辑，中国社会科学院民族研究所，1978 年，第 1—3 页。

② 〔美〕丹尼斯·塞诺：《论中央欧亚》，《丹尼斯·塞诺内亚研究文选》，中华书局，2006 年，第 5 页。

③ 钟焓：《重释内亚史——以研究方法论的检视为中心》，社会科学文献出版社，2017 年，第 3 页。

归纳出欧亚大陆人类社会的整体发展趋势[①]。

拉铁摩尔（Owen Lattimore）也是20世纪美国著名的内亚史学者，在塞诺提出"内亚"理论之前，拉铁摩尔已在对中国北方田野调查与文献研究的基础上形成了"中国边疆理论"。拉氏关注的"内亚"仅限于当时中国境内的蒙古、东北、新疆、西藏四个地区，并没有后来塞诺所认为的那样广阔。他将中国的这四个边疆地区视作各自具有独立地理环境、社会、经济和政治特征的有机整体，建立了一套历史学与历史地理学、社会生态学相结合的理论体系，用以探究每个边疆地区内部的机制特性，进而考察每个地区与中原地区的关系特征[②]。拉氏认为，特定的地理环境决定了每一边疆地区的经济形态，进而在经济形态上产生出不同的社会与政治形态。

"内亚史观"从北方民族和内陆边疆的视角来审视欧亚大陆历史的变迁与发展，对于习惯了从中原王朝视角看待内陆边疆与北方民族的中国传统史学来说具有启发和借鉴意义，从方法上讲，有助于推动北方民族史研究的发展。但"内亚史观"片面强调内陆亚洲在地理环境、经济生活、政治传统、文化习俗等方面的独特性、差异性和连续性，罔顾中国古代北方地区与中原地区、北方游牧民族与中原农耕民族之间长期密切的政治、经济、文化联系，淡化双方的共同性和相互影响、互相依存、彼此交融的历史事实，忽视北方游牧民族对中原地区的向心力与相互认同的历史事实，刻意构建"内陆亚洲"文化本位和独立的"内亚体系""内亚传统"，一定程度上存在解构中华民族多元一体民族观和统一多民族国家观的意图。对此，我们应当有清醒认识。在研究中，要把握中国古代北方民族史与所谓"内亚"民族史的本质区别、中国古代北方民族史与中华民族多元一体格局历史发展的内在有机联系和多民族共同创造中国历史的大原则。

---

① Joseph F. Fletcher. Integrative history: parallels and interconnections in the early modern period, 1500-1800 [《全史：论早期近代（1500—1800）的平行化与关联性》]. Studies on Chinese and Islamic Inner Asia. Variorum Ashgate Publishing Limited, 1995, pp.1-35.

② 〔美〕拉铁摩尔著，唐晓峰译：《中国的亚洲内陆边疆》，江苏人民出版社，2010年，《译者的话》第2页。

（二）日本的“东洋史学”

日本明治维新后，国力迅速增长，在“脱亚入欧”思潮影响下，开始向西方列强学习，走上了对外侵略扩张的道路。为了服务其政治需求，以中国、朝鲜等东亚或东北亚国家的历史、地理、文化等为主要研究对象的所谓“东洋史学”应需而兴，而且，与军事侵略目标相关联，提出了一系列论调，在北方民族史研究领域形成了殖民色彩浓郁的“东洋史学”话语体系。

白鸟库吉等人以兰克学派的实证主义为指导，在研究过程中注重文献考证与实地调查有机结合，形成了“东洋史学东京文献学派”，其学术成果在一定程度上促进了北方民族史研究的进一步深入。然而，为日本帝国主义殖民扩张服务的主要目的，却使其论著体现出了强烈的政治意图和鲜明的殖民主义色彩。

白鸟库吉等人着意构建了“满鲜史观”，提出了“间空地论”与“南北二元对抗论”。“满鲜史观”的本质即“满鲜一体论”。认为“满洲”与朝鲜半岛在历史上种族相同，文化习俗与宗教信仰相近，是一个不同于中国内地的独立的历史地理单位[①]。“间空地”系指三方势力处于均衡态时的缓冲地带，一旦这种均衡态被打破，“间空地”便会被实力相对强大的一方所占据[②]。在“满洲”和朝鲜半岛的历史上曾多次出现过“间空地”，而这些“间空地”实质上是“无主之地”，不属于中国和朝鲜任何一方[③]。可以看出，所谓的“间空地论”实际上是在为日本侵占中国东北和朝鲜半岛提供“历史依据”和“学理依据”。

“南北二元对抗论”的核心含义，则是人为地将中国古代北方游牧民族与中原汉族割裂开来。认为历史上的匈奴、夫余、肃慎、乌桓、鲜

① 〔日〕旗田巍：《満鮮史の虚像》，《日本人の朝鮮観》，勁草書房，1969年，第138頁；〔日〕稲葉君山：《満鮮不可分の史的考察》，《支那社会史研究》，大鐙閣，1922年，第299頁。

② 张文静：《〈满洲历史地理〉的学术特征及观点倾向》，《史学集刊》2015年第4期。

③ 〔日〕白鳥庫吉：《白鳥庫吉全集》第十卷，岩波書店，1971年，第152、153頁；〔日〕白鳥庫吉監修，箭内亙、稲葉岩吉、松井等：《滿州歷史地理》第一卷，南滿州鉄道株式会社，1913年，第44、45、81頁。

卑、室韦、柔然、突厥、契丹、蒙古都是与汉族敌对的“外族”或“外国”，整个东亚大陆的历史就是以长城为界的中原汉族与北方民族对抗的历史[①]。这种论调将“汉地”等同于“中国”,刻意突出南北民族间的对抗史，而对各族关系发展中在时间、空间占主要地位的封贡、和亲、互市等和平交流史视若不见。

日本的矢野仁一是“东洋史学京都学派”的代表性人物，主要致力于中国近现代史的研究，是日本中国近现代史研究的重要开创者。在为日本帝国主义侵华提供“理论依据”方面，矢野比白鸟等人更加积极，也走得更远。从20世纪20年代开始，他先后发表了《支那无国境论》《满蒙藏非支那本来领土论》《支那非国家论》《历史上满洲的支那主权无根据论》《日本在满蒙的正当地位》等一系列文章，公开鼓吹“满蒙非中国论”“长城以北非中国论”“中国非国论”等谬论。在矢野搭建的体系中，中国领土的形成是近代以来列强与清政府交涉的结果，古代中国并没有明确的领土和边境概念，中央政府实际能够控制的领土大多局限在长城以内。矢野的这套理论不仅为日本帝国主义侵华提供了“合理”依据，还妄图解构中国各族人民的国家认同，瓦解抗日斗志，进而达到分裂中国，各个击破的目的，可谓阴毒至极。

20世纪初期，日本史学界为了配合日本军国主义侵略扩张和殖民目的而形成的赤裸裸的话语表述，虽然已经随着时代变迁、社会进步而寿终正寝，但是其论调的变种仍不绝于世，应该引起学界的重视。

（三）泛突厥主义

19世纪后期，为反抗沙皇俄国的民族压迫并与“泛斯拉夫主义”运动相抗衡，“泛突厥主义”思潮在沙俄境内的突厥语族人群中兴起。克里米亚的鞑靼人伊斯梅尔·迦斯普林斯基（Ismail Gasprinskiy）将近代西方历史比较语言学概念中的“阿尔泰语系突厥语族”等同于“突厥民族”，人为创造出了一个在现实世界中并不存在的民族，并试图将沙俄境内的突厥语族人群联合起来。泛突厥主义思潮兴起后，很快传入面临崩溃边

① 〔日〕白鳥庫吉監修，箭内亙、稲葉岩吉、松井等:《滿州歷史地理》第一卷，第32、189、199、219、220頁。

缘的奥斯曼帝国。被称为“土耳其泛突厥主义之父”的兹亚·乔加勒普（Ziya Gokalp）设想将亚得里亚海至日本海这片广阔地域上的所有突厥语人群统一起来，建立一个“大图兰”国家，这便是所谓的“大图兰主义”。1923 年，兹亚·乔加勒普的《突厥主义原理》问世，提出了“三步走实现突厥民族政治联合”的主张[①]。

泛突厥主义形成后不久，便与泛伊斯兰主义一道通过俄国鞑靼人和奥斯曼土耳其人传入中国新疆地区，催生出了新疆分裂主义。20 世纪三四十年代，混乱的时局和外部势力的推波助澜使得泛突厥主义和分裂主义思想在新疆地区大行其道，不但产生了《东突厥斯坦历史》这种新疆分裂主义的代表作，还先后出现了“东突厥斯坦伊斯兰共和国”“东突厥斯坦共和国”两个分裂政权。虽然最终都归于失败，但是却扩大了新疆分裂主义的影响。中华人民共和国成立后，泛突厥主义和新疆分裂主义一度得到有效遏制，几乎销声匿迹。但是改革开放后，随着对外联系和交往的日益增多，泛突厥主义和新疆分裂主义再度沉渣泛起，而且呈现出一些新的现象[②]。在“理论”层面,《匈奴简史》《维吾尔人》《维吾尔古代文学史》等一系列宣扬“维吾尔斯坦一贯独立论”的著作陆续出版。在实践层面，“东伊运”“世维会”等恐怖组织先后组建，并在新疆等地制造了多起暴力恐怖事件，对中国国家安全和新疆各族人民的生命财产造成了严重危害。

历史上的“突厥”，主要是指 6—8 世纪活跃在中国古代北方地区的青突厥人，曾以蒙古高原为主要地域建立过东突厥汗国。但随着 745 年东突厥后汗国的灭亡，突厥人在之后的漫长岁月中逐渐与其他民族融合，“突厥”已经成为一个历史名词。9 世纪以后，出现于欧洲、阿拉伯文献中的“Turk”（汉译为“突厥”）实际上泛指阿尔泰语系突厥语族游牧人，并无民族学上的确切含义[③]。泛突厥主义既无历史依据，又无现实基础，其人为制造的所谓“突厥民族”与中国古代北方地区的青突厥人没有任

---

① 张玉艳：《泛突厥主义在土耳其的由来与发展》,《国际政治研究》2019 年第 5 期。

② 张玉艳：《新疆分裂主义中的突厥因素研究》，兰州大学博士学位论文，2015 年，第 225、226 页。

③ 亦邻真：《成吉思汗与蒙古民族共同体的形成》,《内蒙古大学学报》1962 年第 1 期。

何民族学上的联系和继承关系，维吾尔族祖先回鹘人与突厥人也没有直接历史源流关系。泛突厥主义完全是19世纪末以来俄罗斯、土耳其等国突厥语族人群中的所谓精英分子，基于唯心史观和历史虚无主义、民族沙文主义的痴心妄想，其“大图兰联邦”的诉求更与现代以主权国家为主体的国际社会格格不入，没有任何实现的可能性。泛突厥主义传入中国后，则演变为分裂主义分子用来谋求新疆独立的工具，并于20世纪90年代后呈现出日益极端化、恐怖主义化的特征。对于泛突厥主义及其各类衍生变种的巨大危害，我们务必要认识明确，高度警惕，并做好与其进行长期不懈斗争的准备。

（四）征服王朝论

1949年，美籍德裔学者魏特夫（Karl August Wittfogel）在与中国学者冯家昇合著的《中国辽代社会史（907—1125）》[History of Chinese Society, Liao（907-1125）]总述中提出了“征服王朝论”。魏氏将中国历史上的王朝，按照社会文化形态划分为“典型中国朝代”和“征服与渗透王朝”。其中，“典型中国朝代”包括秦、两汉、魏、两晋、南朝、隋、唐、两宋、明。十六国诸政权、北朝、辽、金、元、清则被定性为“征服与渗透王朝”。而“征服与渗透王朝”又可根据其对汉文化的态度归为两类，第一类是以十六国诸王朝、北魏为代表的“渗透王朝”，这类王朝在华北地区通过以半和平的渗透而建立政权[①]，它们对汉文化的态度倾向于吸收；第二类为辽、金、元、清四个“征服王朝”，这类王朝以征服部分或全部汉族居住地而建立政权，其对汉文化的态度倾向于抵制。在“征服王朝”内部，又因对汉文化抵制程度的强弱再细分为三个类别，其中辽、元为文化抵抗型，金为文化让步型，清则介于二者之间，为文化过渡型[②]。在论述这些文化关系时，魏氏引入了人类学中的涵化（Acculturation）概念，认为“征服与渗透王朝”与汉地之间

① 郑钦仁、李明仁译著：《征服王朝论文集》（修订版），稻乡出版社，2002年，第1页。

② 〔美〕魏特夫、冯家昇：《中国辽代社会史（907—1125）总述》，苏国良等译，《征服王朝论文集》（修订版），第51页。

的文化接触会在各种不同的情况中发生，且其接触的程度（Degree）和强度（Intensity）不相同，只要社会没有实现完全融合，文化差异就会一直存在[①]。

征服王朝论经由田村实造等人传入日本之后，在日本史学界引起巨大反响，成为日本北亚史学界的主要研究课题。根据研究领域和观点的不同，大致形成了三种不同的概念。第一种以田村实造、护雅夫、吉田顺一等为代表，他们大体上赞同魏氏的理论，认为金、清与辽、元并列，都是征服王朝，但要将征服王朝放在北亚世界历史发展的进程中加以讨论[②]。北亚世界从游牧社会向农牧社会的体制变化，是游牧社会、国家发展为征服王朝的决定性因素。整个北亚游牧民族史以辽为界，可以划分为游牧国家和征服王朝两个时期，征服王朝是游牧社会、国家发展的一个归结[③]。由于征服部族的北亚属性，征服王朝在政治、军事、经济、文化等方面均呈现出"二元制"的特性。第二种以村上正二为代表。他认为"具有强烈的游牧民的自觉意识（self-consciousness），在其意识之下征服、并统治农耕社会的游牧民王朝"[④]，才能称之为"征服王朝"。而北匈奴、柔然等纯粹的游牧国家以及南匈奴、北魏等渗透王朝都不能发展为征服王朝，只有继承了突厥帝国和回鹘帝国基于同一语言文化意识的强烈的民族文化意识和游牧都城文化传统的辽、蒙古帝国、元等才能发展为征服王朝[⑤]，金、清两个王朝则被排除于征服王朝之外。在征服王朝中，辽朝是二元社会，元朝是更多元的复合社会。第三种的代表人物为岛田正郎。岛田对魏特夫的征服王朝论进行了批判，他认为辽朝不建郊

---

① 〔美〕魏特夫、冯家昇：《中国辽代社会史（907—1125）总述》，苏国良等译，《征服王朝论文集》（修订版），第11页。

② 〔日〕田村实造：《中国征服王朝——总括》，李明仁译，《征服王朝论文集》（修订版），第74页。

③ 〔日〕护雅夫：《内陆亚世界的展开·总说》，郑钦仁译，《征服王朝论文集》（修订版），第169页。

④ 〔日〕村上正二：《征服王朝》，郑钦仁译，《征服王朝论文集》（修订版），第114页。

⑤ 〔日〕村上正二：《征服王朝》，郑钦仁译，《征服王朝论文集》（修订版），第120页。

丘，不行郊祀，转而将“祭山仪”[①]作为国家最重要仪式的做法，是故意对中国王朝政教传统的排斥，故而应当将辽朝置于中国王朝系列之外，视为胡族国家[②]。

魏特夫试图对中国古代史上的王朝类型提出一种“合理”的解释，但其对中国历代王朝的分类明显是基于中原汉族文化立场的，出发点就是狭隘的，有悖于历史和现实的证据事实。在具体划分过程中，片面地夸大了北方民族王朝“渗透”或“征服”的主导性，与其双向涵化的观点自相矛盾[③]。故其结论必然是不科学和不能成立的。在日本，征服王朝论则发展出了新的倾向，日本学者更注重从北亚史的视角观察研究征服王朝，并将征服王朝的出现看作是北亚游牧社会历史发展的必然结果。这实际上人为地割断了历史上北方游牧民族与中原汉族之间的密切互动与联系，夸大了游牧社会和游牧经济在历史变迁中的独立性，是对中国社会多元性和统一多民族国家的国家性质的否定。

（五）蒙古地区一贯独立论

“蒙古地区一贯独立论”是20世纪中后期以来在蒙古国兴起的一种有关北方民族的认识和定位的话语体系。该理论认为，蒙古地区从公元前3世纪匈奴兴起时开始，直到21世纪的今天，一贯是独立于中国之外的[④]。宣扬蒙古地区一贯独立论的主要著作有《关于匈奴的社会制度问题》《匈奴人的经济、社会、文化和族源》等。一些蒙古国学者为了证明“蒙古地区自古以来便是独立的”观点，错误地将匈奴作为蒙古族的族源，认为匈奴、鲜卑、柔然、蒙古等北方民族从种族到经济文化都是一脉相承的，独立地在蒙古高原先后发展起来的。基于此，他们认为，从匈奴单于国、鲜卑部落军事大联盟、柔然汗国到大蒙古国等北方民族政权都

---

① （元）脱脱等：《辽史》卷四十九《礼志一》，中华书局点校本，1974年，第834页。

② 〔日〕岛田正郎：《征服王朝乎？胡族国家乎？》，李明仁译，《征服王朝论文集》（修订版），第232—234页。

③ 李志安：《民族融汇与中国历史发展第二条基本线索论纲》，《史学集刊》2019年第1期。

④ 林幹：《中国古代北方民族史新论》，内蒙古人民出版社，2007年，第52页。

是一贯独立的[①]。

众所周知，蒙古地区在历史上一直是中国的一部分，不同历史时期在蒙古高原上活动的匈奴、鲜卑、柔然、突厥、回鹘、蒙古等都属于中国古代北方民族，这是基本的历史事实。1921 年 7 月，外蒙古在苏俄的支持下事实独立；1946 年 1 月，国民政府承认外蒙古独立，蒙古国从法理上获得了独立地位。可见，蒙古的独立是 20 世纪才发生的事情。不能因为现在的蒙古国是一个独立国家，就认为蒙古地区是一贯独立的，数千年来活动于蒙古高原的北方民族所建立的政权也是一贯独立的。我们采用谭其骧先生确定的以 18 世纪 50 年代至 1840 年期间的清朝版图为历史上的中国范围，出现在漠南漠北的蒙古族及历史上的北方各民族，都是中国古代北方民族，不能因为曾在今天蒙古国之内活动就不算历史上中国的民族。但我们也不反对蒙古国在写他的历史时把这些北方民族写成他的先民[②]。

（六）“新清史”与“大元史”

20 世纪 90 年代以来，美国史学界兴起了反对“汉族中心论”、强调清朝统治与历代汉族王朝的区别为特征的“新清史”，其代表人物有路康乐（Edward Rhoads）、欧立德（Mark C. Elliott）、柯娇燕（Pamela K. Crossley）、罗友枝（Evelyn Rawski）等。欧立德曾对“新清史”的学术观点进行过总结，认为“新清史”最关键的学术主张有三条：一是清史研究必须重视清朝的“内亚维度”（Inner Asian Dimension），强调清朝统治的内亚性质[③]；二是清史研究必须利用满文、蒙古文、藏文、维吾尔文等非汉文资料，尤其是满文资料；三是清史研究必须要有全球视角，立足于全球史语境。从学术研究方法上来讲，“新清史”提倡的充分利用非汉文资料和全球视角是有利于清史研究发展的。但“新清史”片面强调清朝与蒙古、西藏、新疆等地区文化联系的重要性，有意或无意地忽视

① 林幹：《中国古代北方民族史新论》，第 53 页。

② 谭其骧：《历史上的中国和中国历代疆域》，《中国边疆史地研究》1991 年第 1 期。

③ 沈卫荣：《大元史与新清史——以元代和清代西藏和藏传佛教研究为中心》，上海古籍出版社，2019 年，第 214 页。

掩盖满族文化与汉地文化间的密切程度远超前者的历史事实[①]，从而构建清朝“内亚帝国”性质的做法，体现了西方学术界的意识形态偏见和西方的东方主义学术传统的话语霸权。与此同时，日本出现了力图将蒙古族建立的元朝从“古代中国王朝历史”的叙事框架中分离出来，转而把它置于全球史、欧亚史之中，从而形成一种比肩“新清史”的“大元史”叙事模式。元朝和清朝作为中国历史上的正统王朝，其政权和疆域以及多民族的历史文化是由蒙古族、满族、汉族和其他各族人民共同创造的，其统治中国的合法性也受到了当时和后世中国各族人民的普遍认可。因此，将元朝和清朝视为与中国王朝对立的“内亚帝国”缺乏充分的历史依据和法理依据。

通过梳理大略可知，关于19世纪末叶以来北方民族史领域的各种西方话语体系，要么是基于现代西方资产阶级立场和现代民族国家价值取向的认知偏差，要么是为帝国主义侵略中国或者分裂分子割裂中国提供的理论依据。虽然主观动机不同，但二者都是不符合历史事实的错误认识和观点。这些错误认识和观点，对中华民族多元一体的民族观和统一多民族国家的国家观形成了严峻挑战，对我国的民族团结和国家安全可能会产生负面影响，对部分研究北方民族史的学者的理论思维可能会带来一定偏差，对人民群众、高校学生学习和认识中国历史可能会形成一些误导，其危害性不可失防。因此，加强对中国古代北方民族史的全面系统性研究，构建客观科学的话语体系刻不容缓。

三

《中国古代北方民族史》（十卷本）研究的历史上的中国疆域范围和北方民族，按照1981年5月谭其骧先生在“中国民族关系史研究学术座谈会”上的讲话内容作为基本原则来把握[②]。即以几千年来历史发展所自然形成的中国为历史上的中国，以18世纪50年代至1840年这段时期的

① 李治安：《民族融汇与中国历史发展第二条基本线索论纲》，《史学集刊》2019年第1期。

② 谭其骧：《历史上的中国和中国历代疆域》，《中国边疆史地研究》1991年第1期。

清朝版图作为历史时期的中国范围。在这个范围内活动的匈奴、鲜卑、柔然、突厥、回鹘、契丹等民族，都是中国历史上的北方民族，这些民族建立的政权都是中国历史上的北方民族政权。

这次撰写的十个民族的历史，以中国历史上活动在蒙古高原及其周边地区的匈奴、乌桓、拓跋鲜卑、柔然、突厥、回鹘、黠戛斯、契丹、库莫奚、室韦为研究对象，以族别史体例为整体设计，每个民族自成一卷，史观、体例、内容安排等力求一致。各卷作者按照编写体例和要求，以唯物史观为指导，吸收借鉴前人研究成果，依据文献和考古资料，对诸民族的族名族源、历史变迁、政治制度、生产生活方式、文化习俗、民族关系、最后流向等尽可能作了较为全面的阐述，对一些具体问题作了较为深入的探讨，提出了自己的看法，对北方民族的历史作用、影响和贡献尽量作了客观的评价。各卷或多或少体现出以下特点：①既有相对一致的结构，又根据具体情况谋篇布局，尽可能完整地呈现各自的学术思路与逻辑特点；各族的历史内容既属于全书整体不可或缺的重要部分，又相对独立成书。②尽可能详细占有史料，注意充分辨析史料的史源关系，运用有价值史料进行研究。③各卷根据具体情况，充分结合运用考古资料，以达到用实物资料证史、补史、纠史的作用，突出历史学与考古学的综合研究。④运用古代民族文字史料，如突厥文、回鹘文、契丹文资料等进行研究。⑤利用汉语音韵学、民族史语文学方法进行研究，辨析相关说法。

《中国古代北方民族史》（十卷本）是作为国家社会科学基金重大委托项目“蒙古族源与元朝帝陵综合研究”子课题而开展研究、编写的一套书稿。选取的十个古代北方民族，既有内在的历史联系，又与古代蒙古族存在或近或远、或直接或间接的渊源关系。通过系统论述匈奴等十个北方民族的历史变迁，可以启发与蒙古族族源有关问题的思考，澄清一些错误认识。

长期以来，中外学界针对蒙古族族源开展了广泛研究，形成有匈奴、东胡、鲜卑、敕勒—高车、柔然、突厥、蒙汉同源、吐蕃、室韦、突厥、吐蕃混合、东夷等十余种观点。中国学界主流看法认为，蒙古族祖源东胡，鲜卑—室韦—蒙古有一脉相承的历史渊源。这一学术观点有着更为充分的历史文献学依据和考古学证据。《旧唐书·室韦传》记载有望建河

（即今额尔古纳河及黑龙江）“其河源出突厥东北界俱轮泊，屈曲东流”，“东经蒙兀室韦之北”。《史集》亦载，远古时期蒙古人居住在“额尔古涅·昆”一带。今内蒙古自治区额尔古纳河右岸是蒙古族发祥地。历史文献的相关记载和研究成果显示，室韦和鲜卑译名根据相同，与早期拓跋鲜卑活动地域相同、语言相通、有代表性风俗习惯相近等特征，可证室韦的主要部分应与早期拓跋鲜卑同源。室韦即南北朝时期入据中原的拓跋鲜卑统治者给予鲜卑后裔的新的汉字译写形式。内蒙古自治区呼伦贝尔市陈巴尔虎旗西乌珠尔墓地、海拉尔区谢尔塔拉墓地和陈巴尔虎旗岗嘎墓地，分别代表了 7—8 世纪、9—10 世纪和 8—10 世纪的室韦遗存①。相关考古遗存的发掘和研究，也为蒙古族主体来源于室韦，以及呼伦贝尔是蒙古民族发源地提供了有力佐证。在呼伦贝尔地区系统开展田野考古调查和发掘工作，为蒙古族族源研究提供系列考古实证资料，同时开展历史学、考古学、民族学、人类学、民俗学、语言学等多学科综合研究，推出具有影响力的蒙古族族源研究领域的学术成果，确立内蒙古呼伦贝尔地区作为蒙古族发祥地的重要历史地位，有助于澄清学术界关于蒙古族族源研究的各种说法，推进相关学术研究的进展。

中国古代北方民族的历史绵延数千年，是中国历史的有机组成部分。中国历史不但包括汉族、北方民族建立的内地（中原）王朝史，也包括北方民族建立的政权史。在中国历史的不同时期，生活在不同地区、经济形态有别、风俗习惯有同有异的多民族之间的相互交往、彼此影响、吸收交融从来就没有停止过。北方民族与中原汉族建立起了密切的政治、经济、社会和文化联系，而建立在中原的北族王朝则无不以中原“正统”自居。北方民族史与内地王朝史有机的融合，不断地推动着中国历史的发展进程。中国古代各民族、各地区的历史共同构成了中国历史的有机整体。中华民族的悠久历史和灿烂文化，是包括北方民族在内的中国历史上各个民族交融共进共同创造的。北方民族是中华文明进程的重要参

① 中国社会科学院考古研究所、内蒙古自治区文物考古研究所、北京大学考古文博学院、呼伦贝尔民族博物院呼伦贝尔联合考古队：《内蒙古陈巴尔虎旗岗嘎墓地》，《考古》2015 年第 7 期。

与者和推动者，对中国古代疆域、中西文化交流、中华民族多元一体格局的形成、中国历史文化的发展和进步做出了不可磨灭的贡献。近代以来，汉族和各少数民族的命运共同体更为牢固，共同建立了统一的多民族国家。研究中国古代北方民族史是北方民族历史与考古工作者义不容辞的责任。系统全面研究中国古代北方民族史，清晰梳理其来自哪里去向何方的历史变迁过程，深入探究其政治、经济、社会、文化的内涵及其发展规律，深刻阐释其与中国历史上汉族及其他民族建立的内地王朝政权的关系，充分认识其历史地位、作用与贡献，对深入学习和认识中国史，树立正确的历史观、民族观、国家观，维护民族团结、国家统一局面，铸牢中华民族共同体意识均具有重大的理论和现实意义。

前　言

匈奴是战国秦汉时期活跃在中国北方地区的游牧民族。战国时期，匈奴兴起于今内蒙古的阴山山麓、河套地区。公元前 3 世纪末期，匈奴建立了蒙古高原上第一个统一的游牧政权。政权存立期间，匈奴创立和完善了适合草原生态环境的各项制度，为后世游牧民族提供了新的示范。与此同时，匈奴与秦汉王朝建立了广泛和深入的联系。匈奴分裂之后，南匈奴南迁，对中国古代北方地区的政局和社会产生了深远影响。北匈奴西迁，推动了欧洲社会变革，对世界历史亦产生了较大影响。因此，研究匈奴史对中国古代北方民族史、中国史和世界史都具有特别重要的学术意义和现实意义。

本书坚持以辩证唯物主义和历史唯物主义基本理论为指导，力求全面论述匈奴史的若干问题，探讨匈奴历史发展的基本规律。全书分七章。第一章辨析了匈奴史料，总结了相关学术成果。通过对匈奴基本史料进行比较辨析，明确史源关系，评价史料价值。力争以扎实可靠的史料作为研究基础。国内外学界对匈奴史已有程度不同的研究，对前人成果作归纳总结，进而准确把握研究现状，吸收相关成果，也是进一步开展研究尤为必要的工作。第二章探讨了匈奴族名和族源问题。“匈奴”之名最早出现在先秦典籍之中，其形成时间不应晚于公元前 4 世纪中期或者更早。“匈奴”出现于文献之时，已非一个原始的氏族或某个以血缘关系一脉相承下来的部族，其所指代的内涵是一个复杂的、包含众多部族的共同体。第三章叙述匈奴的历史变迁。按照从公元前 4 世纪末期到 4 世纪中期的时间顺序，分为匈奴早期历史、匈奴政权兴衰和匈奴分裂后的历史变迁三个阶段，概括交代了匈奴在每个时期的历史发展脉络和不同时期发生的重大事件。第四章论述了匈奴的政治、军事制度。匈奴实行的左右翼制、土地分封制和军事十进制，是特色鲜明的符合游牧行国的统治体制，对后世游牧民族产生了深远影响。匈奴初步创建了“法约而易辨”的社会法律体系，进一步规范了游牧民的日常行为。匈奴实行军政合一、兵民合一、全民兼兵的制度，完善了军纪、军法等各项内容，以确保军队的统一行动力。这些制度与特殊的生态、经济环境相适应，造就了匈奴独特的政治、军事文化。第五章和第七章论述了匈奴人的经济类型和文化习俗。畜牧业是匈奴经济生产的主要部门，牧民对牧场利用的相对合理化，既适应了草原生态环境的变化，又体现了匈奴人本能的生态保护意识。狩猎业、农业、手工业和商业是匈奴畜牧经济的重要补充。匈奴人的衣食住行、婚丧嫁娶、宗教信仰等都与游牧生产和生活相适应，具有浓郁的民族特色和区域特色，是匈奴社会物质文化和精神文化发展面貌的体现。第六章探讨了匈奴与汉朝、西域的关系。匈汉关系是匈奴史研究的重要内容，双方经历了和亲、盟约、互市、战争、相持、依附等多样化的表现形式。通过多种形式的交往、交流、交融，形成了你中有我、我中有你的局面。另外，匈奴自公元前 3 世纪末期开始进入西域，在很长一段时间里加以经营，成为最早对西域实行统治的北方少数民族。匈奴经由西域与西方之间的商业往来，活跃了地区经济，加强了东西方经济文化交流。

匈奴史研究成果丰硕，各有千秋。我将《中国古代北方民族史·匈奴卷》定位为简明性的学术著述。力求语言简明，不作烦琐考证，对国内外学术界所争论的问题，辨明是非，但不多作纠缠。在研究方法上，采取史论结合、考论结合的研究方法，以客观的视角，从多层面去探讨匈奴历史。应当说，这样一本简明匈奴史对于边疆民族地区的建设是非常有益的。同时，也必须承认，在北方民族史研究领域，匈奴史的研究相对成熟，学术成果也较为丰硕、厚重。在这种情况下，在前人成果的基础上有所进步有一定的难度，加之成书的时间仓促，我本人的学术积累有限，因此难免会存在偏颇、不足和错漏之处，恳请方家指正为盼！

目　录

第一章　匈奴的资料和研究概况

匈奴是中国古代游牧民族。匈奴早期与战国时期的赵国、燕国、秦国发生了疏密不同的关系。其间，匈奴逐渐统一草原各部，并在公元前3世纪末期建立了蒙古高原上第一个统一的游牧政权。政权存立期间，匈奴不仅创立和完善了适合草原生态环境的各项制度，还与中原秦汉王朝建立了广泛和深入的联系。匈奴分裂之后，南匈奴南迁，对中国古代北方地区的政局和社会产生了深远的影响。北匈奴西迁，推动了欧洲社会变革，对世界历史亦产生了较大的影响。丰富的文献史料记录了匈奴的历史活动，对这些史料进行比较辨析，明确史源关系，确定史料价值，以扎实可靠的史料为基础进行研究，并尽可能地收集考古学资料来弥补史料的缺漏，此项工作是论述匈奴历史诸问题的前提。中外学界对匈奴的研究为时已久，取得了较为丰硕的成果，对其进行归纳总结，有利于研究的进一步深入。

第一节　文献与考古资料

在二十四史中，《史记》《汉书》《后汉书》设有匈奴专传，是研究匈奴历史最基本的文献史料。

《史记·匈奴列传》是关于匈奴最早的专传，也是研究匈奴最重要、最珍贵的文献资料之一。《史记·匈奴列传》从传说时代匈奴的起源开始一直写到天汉四年（前97）匈奴且鞮侯单于时期，包括对匈奴族源的追溯、单于的世系、经济生活、政治制度、风俗习惯、社会组织、与中原政权和西域的关系等内容，其中匈奴与西汉的和战关系是《史记·匈奴列传》记录的重点内容，较清晰地反映了匈汉军事力量的此消彼长。对于西汉之前的匈奴历史，司马迁广泛收集了先秦有关匈奴的资料，将零碎的、片段的史料收录成一份连贯的专传，尽可能地提供了匈奴更早的历史活动线索。除匈奴专传之外，《史记》还保存了许多有关匈奴历史的散见史料。据初步统计，《史记》中有45卷内容涉及匈奴历史，如《秦本纪》《孝文本纪》《平准书》《卫将军骠骑列传》《大宛列传》等，内容主要围绕匈奴与汉朝、西域的关系展开，许多事件可与《匈奴列传》相互补充、相互印证。《史记·匈奴列传》开创了中原史家为边疆民族作传的先河，其本身在中国民族历史文献中占有重要的地位。司马迁本人秉笔直书，就事论事，能较客观地描述匈奴历史、反映匈汉关系，因此《史记·匈奴列传》所述史事相对客观公正。研究匈奴历史，尤其是且鞮侯单于之前的历史，《史记》具有极其重要的史学价值。

继《史记》之后，《汉书》分上下两卷设置了匈奴专传。其中，上卷上半部分即天汉四年（前97）之前的匈奴史事，基本是抄录《史记·匈奴列传》的旧文。在抄录的过程中，班固对《史记·匈奴列传》的部分内容和文句进行了增补、改动、删节、订正，但基本上完整地保留了《史记·匈奴列传》的史事。有学者据中华书局点校本统计，“两部匈奴传共记的部分可标列出六十个自然段。逐行对校的结果，字句完全相同的甚少，仅有五段处，计约十行文字。其它绝大多数文句都有所改动。除了无伤内容的文字简缩性改写外，亦有删截［节］21处，增补8处，倒句、移动行目4处，数字增3处，数字减11处，地名、族名异11处，人名、职名异5人11处，用字不同6处”[①]。

《汉书·匈奴传》最重要的价值在于补《史记·匈奴列传》之遗漏，续其后事，增加了不少珍贵的材料。随着匈奴和汉朝长期的战争、对峙和交往，班固撰写《汉书》时，对于匈奴的了解在司马迁的基础上又有所深入，因此《汉书》能够对匈奴的史料有大幅度的增补和订正。具体而言，天汉四年（前97）之后到建武元年（25）120余年的匈奴历史为《汉书》新增内容，包括匈奴由盛而衰、匈奴内讧和分裂、匈奴与西汉后期关系的转变、匈奴与西域的关系、匈奴的宗教习俗等方面，使得匈奴史更加全面、完整和系统。且《汉书》采用了大量的诏令、奏议、诗

① 阿其图：《〈汉书·匈奴传〉与〈史记·匈奴列传〉对校刍议》，《内蒙古师大学报》（哲学社会科学版）1994年第3期。

赋、类似起居注的《汉著记》、天文历法书等原始史料，还保留了许多与匈奴同时代人写的针对匈奴的奏议和对当时时事的分析，如晁错《言兵事疏》、贾谊《新书》、桓宽《盐铁论》等，较客观地反映了匈汉关系的真实情况。因此，其对于匈奴历史记录的可信度也相对较高。除了匈奴专传之外，《汉书》还有66卷中有与匈奴相关史事500余条，内容包罗万象。

总体而言，《汉书》于《史记》有增补、订正之功，其对匈奴与汉朝、匈奴与西域关系的叙述更加详备具体，对匈奴社会情况的介绍也多是《史记》中没有涉及的内容，因此《汉书》是迄今所能见到的关于匈奴史最全面、最丰富的古籍文献，也是研究天汉四年（前97）之后匈奴历史最重要的一部文献资料，具有其他史书无法比拟的重要价值。但是也应该考虑到，班固撰史主旨在于弘扬汉主功业，因此《汉书·匈奴传》有明显扬汉抑匈的主观倾向，在叙事和用词之时难免有失偏颇，研究者在利用时应引起注意，尤其其前半部分在抄录《史记·匈奴列传》的过程中进行了删除和改动，隐去了一些真实历史，一定程度上干扰了读者对匈汉关系的正确判断。因此，在研究天汉四年（前97）之前的匈奴历史时，当以《史记·匈奴列传》为第一手资料，对《汉书·匈奴传》的个别增补内容进行判断甄别，可将其作为补充资料利用。

《后汉书·南匈奴列传》是正史当中唯一一篇南匈奴专传。记录了匈奴分裂前夕以及分裂之后南匈奴附汉到最后一任南单于留邺的历史，时间大概从建武初年到建安二十一年（216）。该传记较系统地记载了南匈奴附汉前后的社会形势、南北匈奴战争、汉朝对南匈奴的统治以及南匈奴政权结构、社会经济、风俗等，其中也夹杂了北匈奴与东汉的关系和北匈奴西迁等内容，是一部较完整地描写南匈奴历史的传记，反映了东汉时期匈奴社会所发生的重大变化和重要转折。南匈奴的散见史料也主要集中在《后汉书》里，非常零散，多则百余字，少则数字，分散在60多篇纪、传、志中。这些资料大部分重复了《后汉书·南匈奴列传》的内容，个别提供了少量新史料，可以弥补、澄清对南匈奴的一些模糊记载。

以上三部史籍是研究匈奴历史最基本的史料。三书所载匈奴历史在时间上接续，由《史记》的族源追溯开始，到《后汉书》南匈奴政权的消亡，系统全面地反映匈奴在中国古代北方出现、发展、强盛、衰亡、与他族融合的历史。成书于之后的史书，均不同程度地参考了这三部正史。所以，在研究引用时，需要鉴别史源关系，分析史料价值，在三书皆备的情况下，研究匈奴西迁之前的历史当以此三部正史为主要参考资料。

除了以上三部正史之外，《三国志》《晋书》《魏书》等正史中或多或少也有关于匈奴的新史料。《三国志》的一些相关传记中有些零散的曹魏时期南匈奴历史活动的记载。《晋书》和《魏书》主要涉及建安二十一年（216）以后，南匈奴后裔建立的各个民族政权的历史以及人物，如《晋书·刘元海载记》《晋书·赫连勃勃载记》《魏书·铁弗刘虎传》等，为更全面地了解南迁匈奴最终归宿提供了依据。此外《晋书·北狄传》记录了西晋时期塞外游牧部落南迁的情况，篇幅不大，《晋书》认为这些塞外部落皆为匈奴余绪。

此外，《战国策》《东观汉记》《前汉纪》《后汉纪》《水经注》《十六国春秋》《通典》《文献通考》《资治通鉴》《太平御览》《册府元龟》等史书也有关于匈奴的史料。其中《战国策》史料价值较高，但是保留的与匈奴相关的内容非常有限，其本身也是《史记》和《汉书》参考的重要资料之一。《前汉纪》《后汉纪》《东观汉记》取材范围与三部正史大概无异，可与之相互印证、补缺。其他后出史书的史料来源多取自以上正史，其中最值得关注的是《资治通鉴》。《资治通鉴》与正史相比较，虽无新的内容补入，但基本将《史记》《汉书》《后汉书》等可见的北宋以前史书所列匈奴史料收罗齐全，且胡三省在为《资治通鉴》作注时，对所引资料多有考订和辨析，其观点也值得重视借鉴。另外，其以编年记事为体例，条理逻辑清晰，对出现的人物和发生的事件都标明年代，方便研究者对同一时间发生的事件和出现的人物有总体的把握，因此具有重要的参考价值。

1988年，由林幹先生编、中华书局出版的《匈奴史料汇编》将上述史料收集整理，汇成一编。2017年，商务印书馆“欧亚备要”丛书以简体横排再版该书。《匈奴史料汇编》征引书目66种，辑录正史、别史、文集、汉简及金石中有关匈奴的资料，内容涉及周慎靓王三年（前318）到隋文帝开皇九年（589）900余年的匈奴及其后裔的史事，全书分为上下两编。上下编各分“匈奴及匈奴人物传记”“散见资料系年录”“杂录”三个部分[①]。“匈奴及匈奴人物传记”将正史中所列匈奴相关传记基本收罗齐全；“散见资料系年录”以公元纪年为主，辅以各朝帝王年号，按年、月编排，并对记述同一事件的内容予以归类、集中；“杂录”则收集无法系年的散见史料，又按照地理、汉简、金石、职官、礼乐、其他等门类分别采录。除收录各种文献的正文之外，对于书成之后的各家注释也酌情选录。如《史记》三家注、《汉书》颜注、《后汉书》李贤注及《三国志》裴注都一一照录，其他如王先谦《汉书补注》《后汉书集解》，卢弼《三国志集解》，吴士鉴、刘承干《晋书斠注》，《资治通鉴》胡三省注则进行鉴别，选择其中对史实有增补助益或者考订讹误的收录。选录注释中有删节或者摘要复述的，都以“林按”标明。《匈奴史料汇编》对古籍文献中出现的匈奴史料收罗较全面，内容翔实，并逐条精选和逐条考订、辨明、校正，对于匈奴史的研究具有重要的史料价值。书中所录史料都注明出处和页码，后附人名、地名、族名索引，为匈奴史研究者提供了极大的方便。

匈奴人在欧洲活动的史事主要保留在一些外文文献中。其中最重要的是阿密阿那斯·马西里那斯（Ammianus Marcellinus）的《历史》和普利斯库斯（Priscus）的《希腊史残稿》。阿密阿那斯是罗马帝国后期的历史学家，生活于4世纪30—90年代，他晚年写出《历史》三十一卷，现仅存十四到三十一卷，其中记载了西迁的匈奴人的社会状况、衣食住行，重点记录了4世纪中期匈奴人征服阿兰聊人的战争，是关于匈奴人在欧洲活动最早的记载。该书汉译文见于齐思和、耿淡如、寿纪瑜选译的《中世纪初期的西欧》一书中[②]。普利斯库斯是东罗马历史学家，他曾经跟随东罗马使团出访匈奴王庭，并用希腊文记录沿途所见所闻，对阿提拉时期的历史记载尤其详细，是关于匈奴西迁最重要的史料，该史已残缺不齐，故称残稿。6世纪罗马历史学家卡西奥多拉斯（Cassiodorus）编写的《哥特人的历史》中多保留了普利斯库斯《希腊史残稿》的内容，但该书已佚。同一时代拜占庭帝国的约达尼斯（Jordanes）编写的

① 林幹编：《匈奴史料汇编》，商务印书馆，2017年。

② 齐思和、耿淡如、寿纪瑜选译：《中世纪初期的西欧》，商务印书馆，1962年。

《哥特史》则主要取材于《希腊史残稿》和卡西奥多拉斯的《哥特人的历史》，因此保留了以上二书中的大量原文。该书汉译本由罗三洋翻译，其中匈奴的历史主要集中在第24—52章里[①]。以上文献是研究匈奴西迁之后历史的主要参考资料，也是之后西方史学界研究匈人的主要史料来源。

从19世纪末期开始，俄国学者在外贝加尔地区陆续发现了匈奴墓葬，其中最具代表性的墓地是伊里莫瓦、德列斯堆、切列姆霍夫和伊沃尔加城址等[②]。20世纪20年代以后，苏联考古工作者对其中的部分遗存进行了挖掘，获得了丰富的资料。1912年，俄国探险家在蒙古国诺彦乌拉山谷发现了古墓葬，由此拉开了蒙古国匈奴考古的序幕。20世纪20年代至60年代，苏联和蒙古国考古人员对诺彦乌拉墓葬群进行了多次发掘，出土了许多珍贵的文物[③]。继诺彦乌拉墓葬之后，蒙古国境内还发现了马头山匈奴墓地、额布根特匈奴墓地、高勒毛都匈奴墓地、苏勒碧山匈奴墓地等遗存。以上遗存的相关资料早期主要以俄文和西里尔蒙古文发表在莫斯科和乌兰巴托的杂志上，如科兹洛夫《北蒙古·诺音乌拉遗存》、索斯诺夫斯基《伊里莫瓦谷地的发掘》、米尼亚耶夫《德列斯图依墓地》、策·道尔吉苏荣《北匈奴》、科诺瓦洛夫《外贝加尔的匈奴》、策奔道尔吉《匈奴考古的新资料》等等[④]。2005年，中蒙联合考察队对蒙古国文化遗存进行了调查，完成了中蒙双语版《蒙古国古代游牧民族文化遗存考古调查报告（2005～2006

---

① 〔拜占庭〕约达尼斯著，罗三洋译：《哥特史》，商务印书馆，2012年。

② 乌恩：《论匈奴考古研究中的几个问题》，《考古》1990年第4期。

③ 〔苏联〕C. H. 鲁金科著，孙危译，马健校注：《匈奴文化与诺彦乌拉巨冢》，中华书局，2012年。

④ 关于国外匈奴考古资料的信息参见：乌恩：《论匈奴考古研究中的几个问题》，《考古》1990年第4期；马利清：《原匈奴、匈奴历史与文化的考古学探索》，内蒙古大学出版社，2005年；潘玲：《伊沃尔加城址和墓地及相关匈奴考古问题研究》，科学出版社，2007年；单月英：《匈奴墓葬研究》，《考古学报》2009年第1期；策·图尔巴图、萨仁毕力格：《蒙古国境内匈奴墓葬研究概况及近年新发现》，《草原文物》2011年第1期；潘玲、萨仁毕力格：《匈奴大型墓葬概述》，《草原文物》2015年第2期。

年）》[①]一书，其中对蒙古国匈奴墓葬情况有较多的介绍。近年来，对蒙古国和外贝加尔地区考古资料的翻译工作取得了一定的进展。如鲁金科《匈奴文化与诺彦乌拉巨冢》[②]、普·巴·科诺瓦洛夫《蒙古高原考古研究》[③]、D·策温道尔吉等著的《蒙古考古》[④]、A. Л. 蒙盖特《苏联考古学》[⑤]等书都被译成了汉文，其中收录了《蒙古呼尼河畔诺音乌拉山匈奴墓发掘记》《蒙古达尔罕山匈奴墓发掘记》《蒙古匈奴墓中发现的彩绘陶器》等考古报告，为中国研究者利用这批资料提供了极大方便。另外值得关注的是，2017 年中国河南考古队加入到高勒毛都 2 号墓地的发掘，先后发表了《蒙古国后杭爱省高勒毛都 2 号墓地 M189 陪葬墓发掘简报》[⑥]《高勒毛都 2 号墓地发掘记》[⑦]等相关成果；2017 年 8 月，中蒙联合考察队在蒙古国中戈壁省偏西南杭爱山一支脉的摩崖石刻上发现东汉班固所作《燕然山铭》；2014—2018 年，由内蒙古自治区文物考古研究所、内蒙古博物院参加的中蒙联合考古队，在对蒙古国匈奴城址和聚落的调查与发掘中发现了疑似匈奴龙城的城址，发表了《蒙古国后杭爱省乌贵诺尔苏木和日门塔拉城址发掘简报》[⑧],这些匈奴考古学的最新成果，为匈奴史研究提供了新材料和新思路。

---

① 塔拉、恩和图布信主编：《蒙古国古代游牧民族文化遗存考古调查报告（2005～2006 年）》，文物出版社，2008 年。

② 〔苏联〕C. H. 鲁金科著，孙危译，马健校注：《匈奴文化与诺彦乌拉巨冢》。

③ 〔苏联〕普·巴·科诺瓦洛夫编著，陈弘法译：《蒙古高原考古研究》，内蒙古人民出版社，2016 年。

④ 〔蒙古〕D. 策温道尔吉、D. 巴雅尔、Ya. 策仁达格娃、Ts. 敖其尔呼雅格著，潘玲、何雨濛、萨仁毕力格译，杨建华校：《蒙古考古》，上海古籍出版社，2019 年。

⑤ 〔苏联〕A. Л. 蒙盖特：《苏联考古学》，中国社科院考古研究所资料室译本，1986 年。

⑥ 河南省文物考古研究院等：《蒙古国后杭爱省高勒毛都 2 号墓地 M189 陪葬墓发掘简报》，《华夏考古》2018 年第 2 期。

⑦ 周立刚：《高勒毛都 2 号墓地发掘记》，《大众考古》2018 年第 1 期。

⑧ 吉林大学考古学院、内蒙古自治区文物考古研究所、蒙古国游牧文化研究国际学院、内蒙古博物院、内蒙古师范大学：《蒙古国后杭爱省乌贵诺尔苏木和日门塔拉城址发掘简报》，《考古》2020 年第 5 期。

中国境内的匈奴考古大概在1949年以后才得到重视。相继发现的匈奴关联遗址有杭锦旗桃红巴拉[①]、杭锦旗阿鲁柴登[②]、准格尔旗玉隆太[③]、准格尔旗西沟畔[④]、准格尔旗速机沟[⑤]、准格尔旗补洞沟[⑥]、凉城县毛庆沟[⑦]、凉城县崞县窑子[⑧]、宁夏同心县倒墩子[⑨]、宁夏同心县李家套子[⑩]等遗存。经考古工作者鉴定，这些遗存大致年代处于春秋至两汉时期，一些遗存是否属于匈奴还存在疑义，有的被认为可能与早期匈奴或者先匈奴有关[⑪]。通过对这些遗存的深入调查和科学分析，考古学界公开出版了若干相关简报。这些简报对考古出土材料做了介绍和说明，在一定程度上反映了匈奴的社会发展状况乃至文明程度，弥补了文献记载的不足。此类简报数量很多，内容丰富，后文中运用这些资料时再做具体标注，此不一一赘述。

第二节　研究概况

匈奴史研究是一门世界性的学问。西方学者较早围绕匈奴在欧洲

---

① 田广金:《桃红巴拉的匈奴墓》,《考古学报》1976年第1期。

② 田广金、郭素新:《内蒙古阿鲁柴登发现的匈奴遗物》,《考古》1980年4期。

③ 田广金:《内蒙古准格尔旗玉隆太的匈奴墓》,《考古》1977年第2期。

④ 郭素新、田广金:《西沟畔匈奴墓》,《文物》1980年7期。

⑤ 盖山林:《内蒙古自治区准格尔旗速机沟出土的一批铜器》,《文物》1965年第2期。

⑥ 伊盟文物工作站:《伊克昭盟补洞沟匈奴墓清理简报》,《内蒙古文物考古》1981年创刊号。

⑦ 内蒙古文物工作队:《毛庆沟墓地》,《鄂尔多斯式青铜器（下编）》，文物出版社，1986年。

⑧ 内蒙古文物考古研究所:《凉城崞县窑子墓地》,《考古学报》1989年第1期。

⑨ 钟侃、乌恩、李进增:《宁夏同心县倒墩子汉代匈奴墓地发掘简报》,《考古》1987年第1期。

⑩ 宁夏文物考古研究所、同心县文管所:《宁夏同心县李家套子匈奴墓清理简报》,《考古与文物》1988年3期。

⑪ 田广金:《近年来内蒙古地区的匈奴考古》,《考古学报》1983年第1期；乌恩:《论匈奴考古研究中的几个问题》,《考古》1990年第4期；朱泓:《人种学上的匈奴、鲜卑与契丹》,《北方文物》1994年第2期。

的历史活动以及匈奴与匈人之关系展开研究。18 世纪，法国史学家德经（Joseph De Guignes）的《匈人、突厥、蒙古人及其他西方鞑靼人的通史》认为西方的匈人就是中国文献所记载的匈奴。这个主张得到了欧洲史学界的普遍认可，夏德（Friedrich Hirth）的《伏尔加河的匈人与匈奴》、爱德华·吉本（Edward Gibbon）的《罗马帝国衰亡史》、赫·乔·韦尔斯（H. G. Weels）的《世界史纲——生物和人类的简明史》① 等都采用了此说。19 世纪，欧洲学者开始更多地关注中国文献中的匈奴，他们翻译了《汉书》《后汉书》中的匈奴史料，此举进一步推动了西方匈奴史研究的热潮，大量关于匈奴史的研究成果相继问世。在亚洲，日本在 19 世纪末 20 世纪初期也开始了对匈奴史的研究，较早的如白鸟库吉《蒙古民族起源考》，该文汉译名为《匈奴民族考》。白鸟库吉之后日本史学界关于匈奴的相关研究全面展开，如江上波夫的《骑马民族国家》、内田吟风的《北亚史研究·匈奴篇》、泽田勳《匈奴——古代游牧国家的兴亡》② 等。20 世纪初期，蒙古国的匈奴史研究也随着考古学的兴起掀起了热潮。此后蒙古国匈奴史研究多与考古发掘的墓葬和城址紧密结合在一起，具有很强的资料性（见本章“考古资料”一节）。关于国外匈奴史研究详细的成果综述，可参见我国学者姚从吾《欧洲学者对于匈奴的研究》、林幹《外国学者研究匈奴人述评》上下两篇、贾衣肯《匈奴西迁问题研究综述》上下两篇以及陈序经《匈奴史稿》第一编第二章“有关匈奴历史

---

①〔法〕德经:《匈人、突厥、蒙古人及其他西方鞑靼人的通史》,〔德〕夏德:《伏尔加河的匈人与匈奴人》，以上两文转引自贾衣肯:《匈奴西迁问题研究综述》（上）,《中国史研究动态》2006 年第 9 期;〔英〕爱德华·吉本著，黄宜思、黄雨石译:《罗马帝国衰亡史》，商务印书馆，1996 年;〔英〕赫·乔·韦尔斯著，吴文藻、谢冰心、费孝通等译:《世界史纲——生物和人类的简明史》，人民出版社，1982 年。

②〔日〕白鸟库吉:《蒙古民族起源考》,《白鸟库吉全集》，岩波书店，1969 年;〔日〕白鸟库吉著、何健民译:《匈奴民族考》,《匈奴史论文选集（1919—1979）》，中华书局，1983 年;〔日〕江上波夫著，张承志译:《骑马民族国家》，光明日报出版社，1988 年;〔日〕内田吟风:《北亚史研究·匈奴篇》，同朋舍，1975 年;〔日〕泽田勳著，王庆宪、丛晓明译:《匈奴——古代游牧国家的兴亡》，内蒙古人民出版社，2010 年。

的外国史料”等专门的论述[①]。

中国学者大约在民国时期开始了对匈奴史的研究。其中重点关注的内容是匈奴的族源、制度、文化及西迁问题。例如，王国维《鬼方昆夷猃狁考》、方壮猷《匈奴语言考》、黄文弼《论匈奴族之起源》、吕思勉《匈奴文化索隐》、何震亚《匈奴与匈牙利》[②]等。这些论文是关于匈奴史研究较早的一批成果。这一时期的成果多是依靠文献进行的研究，缺乏可以利用的考古资料，但是他们对后世匈奴史研究的启迪意义不容忽视，其中的一些观点到今天仍然被大多数学者所坚持。

中华人民共和国建立以后，对匈奴史的研究有了突破性的发展。20世纪60年代，马长寿的《北狄与匈奴》问世，这是我国第一部关于匈奴的著作。该书对匈奴以前的北狄有具体的论述，对匈奴的人种、语言、文化和社会制度都提出了一些看法，对后世匈奴史的研究具有启示意义[③]。70年代，林幹的《匈奴史》出版，在该书的基础上继续扩充而成的《匈奴通史》于1986年出版，书中论述了匈奴从兴起到衰落以及分裂后的历史，内容较全面、详尽，语言简明易于理解，对于匈奴历史的研究具有重要的推动作用。该书在2007年再次修订，以《匈奴史》为名出版[④]。

---

① 参见姚从吾：《欧洲学者对于匈奴的研究》，《国学季刊》第2卷第3号，1930年；林幹：《外国学者研究匈奴人述评》（上），《内蒙古大学学报》（哲学社会科学版）1989年第4期；林幹：《外国学者研究匈奴人述评》（下），《内蒙古大学学报》（哲学社会科学版）1990年第1期；贾衣肯：《匈奴西迁问题研究综述》（上），《中国史研究动态》2006年第9期；贾衣肯：《匈奴西迁问题研究综述》（下），《中国史研究动态》2006年第10期；陈序经：《匈奴史稿》，中国人民大学出版社，2007年。

② 王国维：《鬼方昆夷猃狁考》，《观堂集林》卷13《史林五》，中华书局，2010年；方壮猷：《匈奴语言考》，《国学季刊》第2卷第4号，1930年；黄文弼：《论匈奴族之起源》，《匈奴史论文选集（1919—1979）》，中华书局，1983年；吕思勉：《匈奴文化索隐》，《国学论衡》1935年第5期；何震亚：《匈奴与匈牙利》，《中外文化》1937年第1卷第1期。

③ 马长寿：《北狄与匈奴》，广西师范大学出版社，2006年（本书最早由生活·读书·新知三联书店于1962年出版。后文注释所用均为2006年版）。

④ 林幹：《匈奴史》，内蒙古人民出版社，1977年；林幹：《匈奴通史》，人民出版社，1986年；林幹：《匈奴史》，内蒙古人民出版社，2007年（后文注释中所用林幹《匈奴史》版本，均为2007年版）。

80 年代末期，陈序经遗著《匈奴史稿》出版，本书的最大特点是搜集了西方学者对匈奴研究的成果和西方保存的有关匈奴的史料，对西迁以后匈奴人的历史有尤为详细的记录[①]。匈奴历史的专题研究方面，武沐《匈奴史研究》针对匈奴族源、制度等专题做了探讨，在前人基础上有拾遗补阙之功[②]。王子今《匈奴经营西域研究》运用二重证据法，讨论了匈奴对西域开发的参与、匈奴控制下的西域商贸、匈奴与西域和亲、匈奴在西域的文化接受史、汉匈争夺背景下西域诸国的文化走向等内容[③]。这些研究都不断地将匈奴史的成果推陈出新，在一些重大的学术问题上多有突破。此外，以文献为主要依据研究匈奴史的著作还有陶克涛《毡乡春秋·匈奴篇》，盖山林、盖志浩《远去的匈奴》，阿尔丁夫《匈奴史研究暨其他》等书[④]。

进入 21 世纪之后，从考古学方面对匈奴早期历史、文化面貌、文化交流等专题进行研究的专著也相继出版。例如，田广金、郭素新《北方文化与匈奴文明：早期中国文明》在考古成果的基础上讲述了“北狄—匈奴”这一历史文化区的早期文明史[⑤]。潘玲《伊沃尔加城址和墓地及相关匈奴考古问题研究》概括介绍了伊沃尔加城址和墓地的考古发现，对南、北匈奴关系提出了新的认识，探讨了长城地带中段青铜文化、早期铁器时代文化及早期匈奴文化与欧亚草原相邻地区相关文化的关系问题[⑥]。马健《匈奴葬仪的考古学探索——兼论欧亚草原东部文化交流》一书讨论了匈奴墓葬的辨识、分区与分期、文化因素、匈奴葬仪等级制度、匈奴物质文化的内涵等多方面的问题，是匈奴葬俗和习俗的重要研究成果[⑦]。

---

① 陈序经：《匈奴史稿》，中国人民大学出版社，2007 年（本书最早由天津古籍出版社于 1989 年出版。后文注释所用均为 2007 年版本）。

② 武沐：《匈奴史研究》，民族出版社，2009 年。

③ 王子今：《匈奴经营西域研究》，中国社会科学出版社，2016 年。

④ 陶克涛：《毡乡春秋·匈奴篇》，人民出版社，1987 年；盖山林、盖志浩：《远去的匈奴》，内蒙古人民出版社，2008 年；阿尔丁夫：《匈奴史研究暨其他》，中国社会科学出版社，2012 年。

⑤ 田广金、郭素新：《北方文化与匈奴文明：早期中国文明》，凤凰出版社，2005 年。

⑥ 潘玲：《伊沃尔加城址和墓地及相关匈奴考古问题研究》，科学出版社，2007 年。

⑦ 马健：《匈奴葬仪的考古学探索——兼论欧亚草原东部文化交流》，兰州大学出版社，2011 年。

关于匈奴考古学的著作还有乌恩岳斯图《北方草原考古学文化比较研究——青铜时代至早期匈奴时期》，李文龙《戎狄匈奴青铜文化》，马利清《原匈奴、匈奴历史与文化的考古学探索》，杨建华、邵会秋、潘玲《欧亚草原东部的金属之路——丝绸之路与匈奴联盟的孕育过程》[①]等著作。以上成果，以考古学文化遗存为研究重点，选取某一具有代表性的文化遗存展开研究，与其他地区的文化遗存做出比较，并从考古学的角度探索了匈奴早期起源、社会生活、对外关系等的状况，提出了许多新的见解。

关于匈奴研究的论文数量非常可观，对于匈奴的各个领域皆有所涉及。据不完全统计，中华人民共和国建立后关于匈奴的文章大概就有数千篇，主要涵盖以下几个方面。

其一，匈奴的族源、族属问题。国内较早论述这个问题的是王国维，他在《鬼方昆夷猃狁考》一文中，利用考据学、音韵学等方法论证了夏商时的荤粥、鬼方、混夷，周时的猃狁，春秋时的戎、狄，都与匈奴同族[②]。王国维之后，国内大部分学者都支持此说。关于匈奴族源还有夏后氏苗裔说，义渠、林胡、楼烦说，北方草原部落说等多种说法（详见“族源”一节）。例如,何震亚直接指出“匈奴即夏之民族”[③]；徐中舒以为，不仅匈奴，月氏和大夏皆为夏朝灭亡后夏族后裔迁徙后形成的新的族体[④]；陈立柱《夏文化北播及其与匈奴关系的初步考察》中列举了文献和考古学资料来论证匈奴与夏人之间有“极深的渊源关系”[⑤]；陆思贤《“撑犁孤涂单于”词义反映的“挛鞮氏”族源》说明夏民族在远古也

---

① 乌恩岳斯图：《北方草原考古学文化比较研究——青铜时代至早期匈奴时期》，科学出版社，2008 年；李文龙编著：《戎狄匈奴青铜文化》，文物出版社，2017 年；马利清：《原匈奴、匈奴历史与文化的考古学探索》，内蒙古大学出版社，2005 年；杨建华、邵会秋、潘玲：《欧亚草原东部的金属之路——丝绸之路与匈奴联盟的孕育过程》，上海古籍出版社，2016 年。

② 王国维：《观堂集林》卷 13《史林五》，第 583—606 页。

③ 何震亚：《匈奴与匈牙利》，《中外文化》1937 年第 1 卷第 1 期。

④ 徐中舒：《夏史初曙》，《中国史研究》1979 年第 3 期。

⑤ 陈立柱：《夏文化北播及其与匈奴关系的初步考察》，《历史研究》1997 年第 4 期。

是匈奴的一个支系[①]。以上学者尽管论述的视角不同，但是基本都认为匈奴与夏族之间存在族源关系。其他则支持匈奴独立发展说者较多。例如，何光岳指出“匈奴就是匈奴”，并非荤粥、猃狁、鬼方、义渠、戎、狄乃至林胡、楼烦、混夷[②]；武沐也主张匈奴虽在后来融入了不同民族的成分，但其主体是由独立的文化传承体系发展而来的[③]。

其二，匈奴的社会性质和政治制度。关于匈奴的社会性质，马长寿在 1954 年发表了《论匈奴部落国家的奴隶制》，认为匈奴是一个典型的奴隶制社会[④]。对此，欧阳熙在《匈奴社会的发展》中提出了匈奴应属于宗法封建制社会这一不同意见[⑤]。林幹《匈奴社会制度初探》支持马长寿的观点[⑥]。之后，奴隶制的观点占据了主流。2017 年，李春梅《匈奴政权的社会性质》再次讨论了该话题，文章通过分析匈奴分封制、主要生产资料占有方式、社会生产的主体承担者及赋税制度等问题，认为匈奴政权的社会性质更符合“封建制”的主要特征[⑦]。匈奴政治制度方面的研究成果主要涉及单于继承、政权组织形式、法律制度、军事制度、单于庭变迁等多方面的内容。肖爱民在《中国古代北方游牧民族两翼制度研究》一书中对匈奴两翼制度的表现形态、特点和实行原因等进行了较为细致的辨析[⑧]。他另一篇论文《试析匈奴单于位的继承制度》认为，匈奴单于位的继承实行的是向世袭制过渡的世选制[⑨]。罗新《匈奴单于号研究》认为，匈奴单于名号制度形式上的变化是源于中原王朝强大的政治作用与文化影响[⑩]。有关匈奴政治制度研究的还有：谢剑《匈奴政治制度

---

① 陆思贤：《“撑犁孤涂单于”词义反映的“挛鞮氏”族源》，《内蒙古大学学报》（哲学社会科学版）1985 年第 3 期。

② 何光岳：《匈奴族源漫议》，《寻根》2004 年第 6 期。

③ 武沐：《匈奴史研究》，第 10 页。

④ 马长寿：《论匈奴部落国家的奴隶制》，《历史研究》1954 年第 5 期。

⑤ 欧阳熙：《匈奴社会的发展》，《匈奴史论文选集（1919—1979）》，第 270 页。

⑥ 林幹：《匈奴社会制度初探》，《匈奴史论文选集（1919—1979）》。

⑦ 李春梅：《匈奴政权的社会性质》，《内蒙古社会科学》（汉文版）2017 年第 3 期。

⑧ 肖爱民：《中国古代北方游牧民族两翼制度研究》，人民出版社，2007 年。

⑨ 肖爱民：《试析匈奴单于位的继承制度》，《内蒙古社会科学》（汉文版）2007 年第 3 期。

⑩ 罗新：《匈奴单于号研究》，《中国史研究》2006 年第 2 期。

的研究》、王可宾《从匈奴单于的继承看父死子继与兄终弟及》、莫任南《匈奴政治制度考》、王文光《匈奴社会政治制度略论》等[①]。在众多的研究中，武沐、王希隆和李春梅做了大量的工作。武沐、王希隆先后发表了《秦、西汉时期匈奴单于位继承制度考辨》《匈奴单于继承制度突变的探讨》《匈奴司法制度与刑法考述》《对匈奴收继婚制度的再探讨——匈奴婚姻制度研究之一》[②]等文章，就匈奴单于继承、婚姻制度、司法制度多个方面进行了较深入的研究，提出了许多值得重视的观点。李春梅在匈奴的分封制、两翼制、单于继承制、世袭制方面连续发表了多篇文章，对匈奴政治组织制度做了比较细致的梳理和探讨，在匈奴的职官制度、地方行政、军事机构的地位、权力的划分和等级方面有新的思考[③]。

其三，匈奴与两汉的关系。匈奴与两汉关系的研究是国内匈奴史研究较早关注的领域。中华人民共和国建立以前，关于双方关系的文章占有很大的比重，其内容以叙述战争为主，且具有很强的历史偏见。中华人民共和国建立初期至 60 年代，学术界主要围绕匈汉关系的主流、支流、战争性质、作用等内容展开多次讨论。1978 年以后，匈汉关系研究主要集中在政治、经济、文化交流和融合及两汉对匈奴实行的民族政策等方面。例如，刘先照、韦世明《论汉朝与匈奴的和亲政策》认为，和

---

① 谢剑:《匈奴政治制度的研究》,《“中研院”历史语言研究所集刊》第 41 本第 2 分册，1969 年；王可宾:《从匈奴单于的继承看父死子继与兄终弟及》,《社会科学战线》1984 年第 1 期；莫任南:《匈奴政治制度考》,《湖南师范大学社会科学学报》1990 年第 4 期；王文光:《匈奴社会政治制度略论》,《云南师范大学学报》(哲学社会科学版) 1994 年第 6 期。

② 武沐、王希隆:《秦、西汉时期匈奴单于位继承制度考辨》,《民族研究》2003 年第 3 期；武沐:《匈奴单于继承制度突变的探讨》,《内蒙古大学学报》(人文社会科学版) 2004 年第 1 期；武沐、王希隆:《匈奴司法制度与刑法考述》,《中南民族大学学报》(人文社会科学版) 2004 年第 6 期；武沐:《对匈奴收继婚制度的再探讨——匈奴婚姻制度研究之一》,《中国边疆史地研究》2005 年第 1 期。

③ 李春梅:《论匈奴的世袭制度》,《内蒙古大学学报》(哲学社会科学版) 2010 年第 3 期；李春梅:《匈奴四大王制度探析》,《内蒙古社会科学》(汉文版) 2009 年第 3 期；李春梅:《匈奴政权的社会性质》,《内蒙古社会科学》(汉文版) 2017 年第 3 期；李春梅:《匈奴政权左贤王若干问题探析》,《内蒙古社会科学》(汉文版) 2008 年第 3 期。

亲有利于两族之间的经济文化交流和民族融合[①]；何天明《东汉使匈奴中郎将探讨》涉及东汉使匈奴中郎将设置的原因、目的及职责等问题，对把握和了解东汉朝廷在处理民族关系上的立场和态度具有参考价值[②]；莫任南《匈奴对汉王朝的政策》对匈奴在各个时期对汉朝政策原因、内容、影响等问题上做了宏观的考察和微观的分析[③]；高旗《从政治效益观看西汉时期的汉匈关系》一文提出了和亲政策是历代统治者处理民族关系的重要手段，认为和亲政策体现了明显的政治效益[④]；王庆宪《从两汉简牍看匈奴与中原之间的经济文化交流》利用出土汉简并结合文献记载对两汉时期中原与匈奴之间的经济活动做了考察，认为匈汉经济互为补充、互相依赖，风俗文化互相影响[⑤]。此外，关于汉匈关系的论文还有很多，如笔者《南匈奴与东汉的政治关系及其社会变革》、余从荣《汉匈和战与汉朝经济、政治之关系》、陈玉屏《匈奴与汉朝关系的民族学解读》、翟国强《匈奴秦汉经济文化交流与中华文化多元一体》、冯世明《〈史记〉所见匈奴和中原王朝的关系》等均从不同角度阐述了相关的学术看法[⑥]。这类论文，从20世纪80年代至2018年前后有百余篇，总体体现了匈汉之间紧密、不容割裂、彼此需要的互动关系。

其四，匈奴西迁问题。这个方面的研究集中在对匈奴西迁路线的不同看法上。齐思和《匈奴西迁及其在欧洲的活动》认为，北匈奴的西迁

---

① 刘先照、韦世明：《论汉朝与匈奴的和亲政策》，《中央民族学院学报》1978年第1期。

② 何天明：《东汉使匈奴中郎将探讨》，《北方文物》1990年第4期。

③ 莫任南：《匈奴对汉王朝的政策》，《中国边疆史地研究》1992年第4期。

④ 高旗：《从政治效益观看西汉时期的汉匈关系》，《云南社会科学》1998年第4期。

⑤ 王庆宪：《从两汉简牍看匈奴与中原之间的经济文化交流》，《中央民族大学学报》2004年第3期。

⑥ 胡玉春：《南匈奴与东汉的政治关系及其社会变革》，《内蒙古社会科学》（汉文版）2007年第6期；余从荣：《汉匈和战与汉朝经济、政治之关系》，《五邑大学学报》（社会科学版）2002年第4期；陈玉屏：《匈奴与汉朝关系的民族学解读》，《烟台大学学报》（哲学社会科学版）2008年第1期；翟国强：《匈奴秦汉经济文化交流与中华文化多元一体》，《黑龙江民族丛刊》2008年第6期；冯世明：《〈史记〉所见匈奴和中原王朝的关系》，《阴山学刊》2009年第4期。

经历了悦般、康居、粟特、阿兰四个时期，最终到达欧洲东境[①]；肖之兴《关于匈奴西迁过程的探讨》在肯定齐文的基础上，对其中一些地点的具体方位提出了质疑[②]；林幹《北匈奴西迁考略》认为，匈奴西迁经历了三个时期，路线应该是乌孙站、康居站、阿兰聊站[③]。类似的探讨还有王彦辉《北匈奴西迁欧洲的历史考察》，李英龙《简论北匈奴西迁》，吴曦、杨俊明《寻找匈奴西迁的踪迹——试论匈人、匈奴同族说》等[④]。除西迁的路线之外，西迁的原因也是学者们关注的问题。例如，舒顺林《略论北匈奴西迁的原因》认为，北匈奴西迁主要是因为受到了东汉和北方其他民族的联合打击[⑤]；吴兴勇《论匈奴人西迁的自然地理原因》认为，2—3 世纪欧亚草原的大旱灾是匈奴西迁的主要动力[⑥]；闵海霞、崔明德《略论北匈奴西迁的原因》指出，北匈奴的西迁是由多方面原因造成的，相对而言，外因大于内因[⑦]。除此之外，在匈奴西迁的问题上，还有西迁的影响、匈奴与匈人的关系等方面的论文。例如，余太山《匈奴、Huns 同族论质疑》，方汉文《匈族（Huns）西迁与罗马帝国的崩溃》，魏蕴华、张汉伟《匈奴的西迁及其在欧洲历史上的作用》[⑧]，等等。

其五，匈奴文化。这个专题主要是从微观层面对匈奴的文化习俗进行阐释和分析。舒顺林《匈奴生活习俗论》讨论了匈奴的饮食居住、

---

① 齐思和：《匈奴西迁及其在欧洲的活动》，《历史研究》1977 年第 3 期。

② 肖之兴：《关于匈奴西迁过程的探讨》，《历史研究》1978 年第 7 期。

③ 林幹：《北匈奴西迁考略》，《内蒙古社会科学》（汉文版）1984 年第 1 期。

④ 王彦辉：《北匈奴西迁欧洲的历史考察》，《东北师大学报》（哲学社会科学版）1989 年第 3 期；李英龙：《简论北匈奴西迁》，《河北工程大学学报》（社会科学版）2008 年第 1 期；吴曦、杨俊明：《寻找匈奴西迁的踪迹——试论匈人、匈奴同族说》，《泉州师范学院学报》2017 年第 3 期。

⑤ 舒顺林：《略论北匈奴西迁的原因》，《内蒙古师大学报》（哲学社会科学版）1986 年第 3 期。

⑥ 吴兴勇：《论匈奴人西迁的自然地理原因》，《史学月刊》1991 年第 3 期。

⑦ 闵海霞、崔明德：《略论北匈奴西迁的原因》，《齐鲁学刊》2008 年第 3 期。

⑧ 余太山：《匈奴、Huns 同族论质疑》，《文史》（第 33 辑），中华书局，1990 年；方汉文：《匈族（Huns）西迁与罗马帝国的崩溃》，《寻根》2004 年第 6 期；魏蕴华、张汉伟：《匈奴的西迁及其在欧洲历史上的作用》，《辽宁师范大学学报》（社会科学版）1987 年第 4 期。

服饰、发饰、装饰、婚姻形态、丧葬之礼及其他生活习俗[①]；照那斯图《匈奴文化初探》对匈奴的生活方式、价值观念、宗教祭祀、收继婚等基本内容与特征做了探索，认为在整个北方草原文化发展序列中，匈奴文化处于开创地位，具有典范性[②]；莫任南《匈奴人的宗教信仰》讨论了匈奴原始萨满教的主要内容和特征[③]；马利清《匈奴“发殉”新探》认为，匈奴墓葬中普遍发现的“殉发”是具有浓厚萨满色彩的丧葬习俗，但其处理头发的具体形式，即以丝绸锦囊包裹，将头发和指甲放在一起埋葬于棺椁之中的具体方法，则在很大程度上受到了中原礼制的影响[④]；李国栋《两汉时期匈奴服饰文化初探》运用考古和文献资料对两汉时期匈奴服饰、发型、装饰品、化妆品等进行了探讨[⑤]；琥璟明、王芙蓉《两套匈奴服饰的推定复原》以蒙古国诺彦乌拉匈奴贵族墓M6出土的服饰为研究对象，参考内蒙古、新疆出土的服饰，结合汉画像砖等相关图像、造像资料，对两套匈奴服饰的视觉形态进行了复原[⑥]。此专题的文章还有舒顺林《匈奴婚姻习俗论》《论匈奴人的哲学、宗教与道德观念》，廖杨《匈奴宗法文化论》，赵斌、张睿丽《秦汉匈奴服饰研究》，师帅《匈奴民族特性与风俗文化论说——基于〈史记〉所载匈奴历史的解读》[⑦]，等等。

---

① 舒顺林：《匈奴生活习俗论》，《内蒙古师大学报》（哲学社会科学版）1991年第1期。

② 照那斯图：《匈奴文化初探》，《北方文物》1992年第1期。

③ 莫任南：《匈奴人的宗教信仰》，《湖南师范大学社会科学学报》1995年第2期。

④ 马利清：《匈奴“发殉”新探》，《文史哲》2012年第2期。

⑤ 李国栋：《两汉时期匈奴服饰文化初探》，《西北大学学报》（哲学社会科学版）1993年第4期。

⑥ 琥璟明、王芙蓉：《两套匈奴服饰的推定复原》，《华东大学学报》（社会科学版）2013年第1期。

⑦ 舒顺林：《匈奴婚姻习俗论》，《阴山学刊》1995年第3期；舒顺林：《论匈奴人的哲学、宗教与道德观念》，《内蒙古师大学报》（哲学社会科学版）1992年第2期；廖杨：《匈奴宗法文化论》，《内蒙古大学学报》（人文社会科学版）2004年第1期；赵斌、张睿丽：《秦汉匈奴服饰研究》，《西部考古》（第四辑），三秦出版社，2009年；师帅：《匈奴民族特性与风俗文化论说——基于〈史记〉所载匈奴历史的解读》，《渭南师范学院学报》2017年第1期。

其六，匈奴考古研究。20 世纪 80 年代以来，利用考古资料对匈奴历史问题进行综合研究的论文也越来越多。相关论文有田广金的《近年来内蒙古地区的匈奴考古》，通过对内蒙古地区匈奴考古资料的整理研究，对匈奴族源、文化面貌、游牧地域、社会经济等问题发表了看法[①]；乌恩《论匈奴考古研究中的几个问题》对匈奴的分布、年代、文化特征、经济、与中原关系等问题做了综合性的分析[②]；林沄《关于中国的对匈奴族源的考古学研究》从考古学和体质人类学上对戎狄即胡的传统观念提出质疑[③]。此外，利用考古出土资料进行人类学方面的研究也有很多，如潘其风、韩康信《内蒙古桃红巴拉古墓和青海大通匈奴墓人骨的研究》、潘其风《从颅骨资料看匈奴族的人种》、朱泓《内蒙古长城地带的古代种族》[④]等。近年来，关于匈奴考古综述性的介绍也有不少，如单月英《匈奴墓葬研究》一文，对在外贝加尔湖地区、蒙古境内和中国北方地区发现的匈奴墓葬进行了综合性的梳理和分析，对匈奴墓地分布与墓葬年代、典型出土器物、墓葬结构特征与埋葬礼仪、墓葬分期与分区等问题进行了探讨[⑤]。策·图尔巴图、萨仁毕力格《蒙古国境内匈奴墓葬研究概况及近年新发现》则总结了蒙古国境内历年匈奴墓葬发掘情况以及新的发现[⑥]。以上考古学、人类学方面的论文从不同的角度对匈奴考古遗存进行了科学分析，提出了很多有价值的观点，不断深入和拓展了匈奴史的研究内容，对匈奴史研究的推进有积极的影响。

除了以上这些专题外，研究匈奴史的论文还包括匈奴历史地理、人

---

① 田广金：《近年来内蒙古地区的匈奴考古》，《考古学报》1983 年第 1 期。

② 乌恩：《论匈奴考古研究中的几个问题》，《考古学报》1990 年第 4 期。

③ 林沄：《关于中国的对匈奴族源的考古学研究》，《林沄学术文集》，中国大百科全书出版社，1998 年。

④ 潘其风、韩康信：《内蒙古桃红巴拉古墓和青海大通匈奴墓人骨的研究》，《考古》1984 年第 4 期；潘其风：《从颅骨资料看匈奴族的人种》，《中国考古学研究——夏鼐先生考古五十年纪念论文集》（二），科学出版社，1986 年；朱泓：《内蒙古长城地带的古代种族》，《边疆考古研究》（第 1 辑），科学出版社，2002 年。

⑤ 单月英：《匈奴墓葬研究》，《考古学报》2009 年第 1 期。

⑥ 策·图尔巴图、萨仁毕力格：《蒙古国境内匈奴墓葬研究概况及近年新发现》，《草原文物》2011 年第 1 期。

种、经济、与西域等周边民族的关系、南匈奴的历史活动、十六国时期的匈奴政权等方面，此不一一介绍。

以上所列相关研究是择要录之。然从中亦可说明，目前国内外学术界对匈奴历史的诸多方面开展了不同程度的研究，成果丰硕，这些研究成果有力地推动了对匈奴历史的研究向纵深发展。但也应看到，国内匈奴历史的学术著作或较为厚重，或是针对某一专题进行深入的辨析和研究。另外，西方学界关于匈奴史的一些研究中，把中国等同于汉朝，试图将匈奴族历史从中国古代历史中割裂出去，对匈奴与汉朝的关系多有歪曲。正如林幹多年以前提出的“涤荡史学领域中的这些污泥浊水，还匈奴历史以本来面目”[1]，到今天仍然是匈奴史研究的重要意义所在。因此，就目前的实际情况而言，出版一本关于匈奴历史全貌的简明性学术史，对于正确认识中国多民族历史，加强边疆民族地区的建设，特别是文化建设都是非常有益的。

① 林幹:《匈奴史》，第8页。

第二章　族名与族源

《史记》和《汉书》在匈奴专传开篇记载，唐虞以上有山戎、猃狁、荤粥，居于北蛮。后世文献的相关注解中多认为，这些古族名是匈奴主体更早之前的族名，或为同名异译。冯家昇据此统计匈奴的异名有 32 种之多[①]。对此问题的讨论，涉及“匈奴”这一族名的内涵，以及其是否与这些古部族在族源上有一脉相承的关系，因此对“匈奴”族名和族源的梳理很有必要。

第一节　族　　名

“匈奴”之名出现于文献时，其所指代的族体的内涵并非单一的部族，而是包含了众多的古族成分。匈奴族名形成于何时？是他称还是自称？古籍文献之中频繁出现的“胡”与“匈奴”之间存在什么样的关系？厘清这些问题有助于加强对匈奴早期发展脉络的认识。

一、“匈奴”族名形成的时间

“匈奴”之名最早出现在先秦的典籍中。《逸周书》第五十九《王会解》记录西周正北有空同、大夏、莎车、姑他、戎翟、匈奴、楼烦、月氏、东胡等族，成周诸侯大会时，四方名物之中有“匈奴狡犬”[②]。《逸周书》是记载周朝历史的文献，《汉书·艺文志》中称为《周书》《周史记》，并引刘向语，认为该书收录了孔子删定《尚书》所遗弃的部分[③]，东汉许

---

① 冯家昇：《匈奴民族及其文化》，《匈奴史论文选集（1919—1979）》，第 155 页。

② 黄怀信、张懋镕、田旭东撰，李学勤审定：《逸周书汇校集注》，上海古籍出版社，1995 年，第 947 页。

③（东汉）班固：《汉书》卷 30《艺文志》，中华书局，1962 年，第 1706 页。

慎《说文解字》始称《逸周书》。晋太康二年（281），汲郡（今河南卫辉市西南）发现了战国魏安釐王墓，出土有此竹书。《逸周书》是记载周代历史的重要文献，司马迁和班固在编写史书的过程中均征引过此书所记载的材料。魏安釐王死于公元前243年，故《逸周书》当在此之前问世。但是其具体成书的年代未有定论，其中书成于春秋战国的结论较为集中[①]。丁谦《〈汉书·匈奴传〉地理考证》中据《逸周书》的年代，认为“匈奴”之名在夏商时代就已经出现[②]；何光岳亦认为，匈奴在商朝时期就是商代边远属国[③]。另外，有学者认为，《逸周书·王会解》中同时列举了“莎车、月氏”等汉朝以来熟知的族称，因此《逸周书》是战国以后撰写的，其在商代就已经形成是不能成立的[④]。也有认为《逸周书·王会解》的著作年代更晚，在张骞出使西域之后[⑤]。这些古族虽然在汉代以来才被中原熟知并因此被记录于文献，今人对其相关史事的了解最早可以追溯到汉代，但是不能认为古人听闻这些古族也只能是从汉朝开始。《史记》《汉书》记录“月氏”“莎车”史事，并不能说明在此之前的中原朝代对他们是一无所知的，《逸周书·王会解》的记载恰恰说明，至晚在其成书的年代，中原对“匈奴”“月氏”“莎车”等古族已有耳闻。正如余太山所言，《逸周书·王会解》中所列古族可能是战国时北方游牧部族的总名单[⑥]。因此，并不能据此否定通过《逸周书》来判定“匈奴”之名形成时间的做法。

除《逸周书》之外，《山海经·海内南经》记载：“匈奴、开题之国、列人之国并在西北。”[⑦]司马迁《史记》提及此书，《汉书·艺文志》亦收录书目，最早整理《山海经》的刘向、刘歆父子认为此书是三代时所作。

---

① 唐元发：《〈逸周书〉成书于战国初期》，《南昌大学学报》（人文社会科学版）2006年第6期；杨宽：《论〈逸周书〉》，《中华文史论丛》1989年第1期。

② 丁谦：《〈汉书·匈奴传〉地理考证》，民国浙江图书馆精刻初印本。

③ 何光岳：《匈奴族源漫议》，《寻根》2004年第6期。

④ 宋新潮：《匈奴早期活动地域考辩》，《民族研究》1993年第6期。

⑤ 陈序经：《匈奴史稿》，第112页。

⑥ 余太山：《塞种史研究》，中国社会科学出版社，1992年，第27页。

⑦（西汉）刘向、刘歆编定：《山海经·海经》卷10《海内南经·匈奴开题之国》，万卷出版公司，2008年，第265页。

另甘公、石申《星经》卷下记载："主北夷、丁零、匈奴之事也败臼。"①《星经》是战国时齐国人甘德和魏国人石申所著《天文星占》和《天文》两篇著作，《汉书·律历志》将两书合为一书，又名《甘石星经》。甘公的活动年代在前4世纪中期，石申稍晚于甘德，是战国中期人。后世也有对《山海经》和《星经》年代存疑者，但尚无充分的证据证明。因此最早判定三书成书年代的刘向的观点当是值得尊重的。以上先秦典籍都提到了"匈奴"，说明在三书写作时期，已经有了"匈奴"之名。虽然由于三书具体成书年代的不确定性，无法就此确定"匈奴"名称出现的具体时间，但是既然《逸周书》在辑录西周史事时谈到了匈奴，且其在战国初期已经成书，而按照刘向的看法，《山海经》亦成书于三代，则"匈奴"之名在周朝时期已经出现。又据《甘石星经》的成书年代，"匈奴"之名最晚当不会超过前4世纪中期已被中原所知，其形成时间应该更早。

关于"匈奴"之名出现的时间，对《史记》和《战国策》中匈奴具体活动的考察可做出大概一致的判断。最早有确切年代可考的匈奴史事发生在周慎靓王三年（前318），据《史记·秦本纪》记载，这一年，"韩、赵、魏、燕、齐帅匈奴共攻秦"②。在此之后，《说苑·君道》有"匈奴驱驰楼烦之下"③之语，此事发生在周赧王十九年（前296）左右④。再往后，匈奴的史事已经比较明确了，概在公元前3世纪后期，匈奴已经成为赵国边境上的强敌，赵国名将李牧常年驻守边境以"备匈奴"，燕国大臣也有了"北讲于单于"以抗秦国的想法。以上可见至晚在公元前4世纪末至公元前3世纪初期，匈奴对于中原而言已经不是有所耳闻，而是颇具实力了。当时匈奴作为一个较强大的部落联盟，其发展过程一定是阶段性的。因此，在匈奴可以与中原相抗衡之前会有一个较长时间的

---

①（战国）甘公、石申著：《星经》，《丛书集成初编》，中华书局，1985年，第1308册。

②（西汉）司马迁：《史记》卷5《秦本纪》，中华书局，1959年，第207页。

③ 卢元骏注释：《说苑今注今译》卷1《君道》，台湾商务印书馆，1979年，第19页。

④ 关于"匈奴驱驰楼烦之下"这条记载，也有认为发生在前312年。林幹编：《匈奴历史年表》，中华书局，1984年，第1页；熊存瑞：《先秦匈奴及其有关的几个问题》，《社会科学战线》1983年第1期；宋新潮：《匈奴早期活动地域考辩》，《民族研究》1993年第6期等。

发展过程，且在被记录于史册之前必然已经被中原有所了解，因此史书中才会出现与其联合、对其防御等内容，若在此之前北方诸国对这个部落联盟或者其他社会组织形式的团体一无所知，匈奴就不可能引起他们的足够重视并被载入史册。所以有理由认为，至少在此之前的若干年里，“匈奴”族称已经出现，他们与中原诸国发生了或多或少或密或疏的联系。因此，匈奴最早的活动被记录的时间，与上文先秦典籍中所反映的“匈奴”族名出现不应晚于公元前 4 世纪中期或者更早是契合的。

二、“胡”与“匈奴”的关系

除了“匈奴”族名之外，文献中还有一个与“匈奴”密切相关的称谓——“胡”。秦汉时期，“匈奴”与“胡”互称有很多例子，如秦始皇时期，有“亡秦者胡也”的传闻，秦始皇由此出兵讨伐匈奴，显然，当时的“胡”即指匈奴。贾谊在《新书》之中，数次提到匈奴，同时又将匈奴人称为“胡人”，如“乃使蒙恬北筑长城而守藩篱，却匈奴七百余里；胡人不敢南下而牧马”[①]。在《史记》和《汉书》中,这种互称和对等的例子就更多了。因此关于“胡”的称呼，目前比较一致的看法是，秦汉以来“胡”即“匈奴”。而从东汉末年开始，随着南匈奴的南下，以及之后乌桓和鲜卑的南迁，“胡”逐渐成为内迁北方民族的泛称，乌桓、鲜卑、羯、氐、羌等都有被称为“胡”的记载。

问题的分歧在于，战国时期，“匈奴”与“胡”是什么关系？对此，一部分学者认为，“胡”在战国和秦汉时期都是专指匈奴。例如，王国维《鬼方昆夷猃狁考》说“战国以降又称之曰胡，曰匈奴”[②]；冯家昇认为“大抵胡系匈奴之急读”[③]；曹永年《关于柔然人的民族成分——答〈蒙古族源之新探〉》认为，“胡为匈奴之异译，看来是正确的”[④]；李春梅《论战国之“胡”为匈奴专称》中认为，“‘匈奴’称谓出现前，以‘胡’称

① （西汉）贾谊著，方向东译注：《新书》卷 1《过秦上》，中华书局，2012 年，第 4 页。

② 王国维：《鬼方昆夷猃狁考》，《观堂集林》卷 13《史林五》，第 583 页。

③ 冯家昇：《匈奴民族及其文化》，《匈奴史论文选集（1919—1979）》，第 157 页。

④ 曹永年：《关于柔然人的民族成分——答〈蒙古族源之新探〉》，《内蒙古师大学报》1985 年第 2 期。

在北方崭露头角”[①]等。可见以上学者主张战国时期甚至更早的“胡”指的就是“匈奴”。另一部分学者认为，战国时期的“胡”是北方各族的泛称，到秦汉时期才专指匈奴。例如，吴荣曾《战国胡貉各族考》[②]、陈勇《〈史记〉所见“胡”与“匈奴”称谓考》[③]、吴洪琳《“五胡”新释》[④]等，都主张此说。

相关的文献中，涉及战国时期“胡”的情况，有一些模棱两可的记载。例如，《史记·赵世家》记载关于“胡服骑射”的事情时，提到“北有燕，东有胡”[⑤]；《史记·匈奴列传》提到燕国秦开“为质于胡”，“归而袭破走东胡，东胡却千余里”[⑥]。按照当时的局势来看，此两处“胡”为东胡的可能性更大一些。但也不可否认，战国时期以“胡”指称匈奴者相对更多，更加明确。例如，《史记》记载，秦国、赵国、燕国在先后灭义渠、林胡、楼烦、东胡之后，筑长城“以拒胡”，同时提到“当是之时，冠带战国七，而三国边于匈奴”[⑦]。以行文逻辑来看，三国北与匈奴相邻并修筑长城以阻挡“胡”族南下，此处“胡”即匈奴。《周礼·考工记》中记载“胡无弓车”，东汉郑玄注当时之“胡”为“匈奴”[⑧]，可见东汉时期已经有了战国甚至更早之前的“胡”指的是“匈奴”的认识，而“东胡”的称谓也被看作是“在匈奴东，故曰东胡”[⑨]等。这些都反映了当时的“胡”与“匈奴”有混用的迹象。战国时期，正是匈奴崛起的关键时期，随着匈奴势力的不断强大，其逐渐成为北方草原上游牧民族的代表，以“匈奴”命名的统一政体正在形成，这同时也是中原将活动在北方草原上的游牧民族皆视为“匈奴”——“胡”的过渡阶段，因此在一些情况下，

---

① 李春梅：《论战国之“胡”为匈奴专称》，《内蒙古大学学报》（哲学社会科学版）2016年第5期。

② 吴荣曾：《战国胡貉各族考》，《先秦两汉史研究》，中华书局，1995年。

③ 陈勇：《〈史记〉所见“胡”与“匈奴”称谓考》，《民族研究》2005年第6期。

④ 吴洪琳：《“五胡”新释》，《陕西师范大学学报》（哲学社会科学版）2009年第4期。

⑤ 《史记》卷43《赵世家》，第1806页。

⑥ 《史记》卷110《匈奴列传》，第2886页。

⑦ 《史记》卷110《匈奴列传》，第2886页。

⑧ 李学勤主编：《十三经注疏·周礼注疏》卷39《冬官考工记》，北京大学出版社，1999年，第1059页。

⑨ 《史记》卷110《匈奴列传》注，第2885页。

"胡"也包含了其他北方古部族是可以理解的。

就二者的具体关系而言，何震亚认为，匈奴的名称原为"hun"的发音，汉语音译作"匈"，"奴"则是附加表示贱视的词语[①]。冯家昇亦认为"胡"是匈奴的自称[②]。以文献记载的情况来看，二人的观点是比较可信的。对于"匈奴"自称为"胡"，中原人大抵是知道的。仅在《史记》和《汉书》之中，称呼"匈奴人"为"胡人"的就有20余处，如"数月,胡人去,亦罢"[③]；"胡人衣食之业不著于地"[④]等。汉简中也有很多以"胡"指称匈奴者，如"甲渠侯破胡""破胡燧"等多处以"破胡"为人名或地名者，颜师古在《急就章》"郭破胡"条下有注"破胡，言能破匈奴"[⑤]；《额济纳汉简》中多处出现有"胡寇""胡虏"等提法，多说的是匈奴人[⑥]。匈奴在与汉朝的文书中也明确表示"北有强胡，胡者天之骄子也"[⑦],可见"胡"为匈奴人的自称。"胡"发音与"hun"类似,在音译过程中，由于各地的发音不同，出现了稍异其音的现象是正常的，故中原根据发音读作"匈"，至于"奴"则是附加的有歧视的用字当无疑窦。

综合以上情况可以认为，战国时期"匈奴"与"胡"之间是可以互称的，二者是他称和自称的关系，当然前提条件是"胡"作为一个北方族体的称呼，而非广义的任何情况下出现的"胡"。这里需要强调的是，战国时期的"匈奴"指代的族体的内涵并非单一的部族。"匈奴"出现于史之时，已经发展成为一个多族融合的族体，而非更早之前未知的某个主体部族，所以，战国以来"匈奴"的族名之下包含了众多的古族成分，从这个意义上讲，"匈奴"本身也是泛称。

第二节 族 源

匈奴的族源是学术界长期存在争议的问题。目前可见，有夏后氏苗

① 何震亚:《匈奴与匈牙利》,《中外文化》1937年第1卷第1期。

② 冯家昇:《匈奴民族及其文化》,《匈奴史论文选集(1919—1979)》，第157页。

③ 《史记》卷10《孝文本纪》，第432页。

④ 《汉书》卷49《晁错传》，第2285页。

⑤ 邢义田:《地不爱宝：汉代的简牍》，中华书局，2011年，第100页。

⑥ 魏坚主编:《额济纳汉简》，广西师范大学出版社，2005年。

⑦ 《汉书》卷94上《匈奴传上》，第3780页。

裔说，荤粥、鬼方、猃狁说，义渠、林胡、楼烦说，北方草原部落说，西来说，鲜卑、通古斯说等多种提法。以上学术分歧，或基于文献资料的分析论证，或加入了考古学和人种学的内容作为族源判定的参考依据，对匈奴族源的研究都具有积极的推动作用。

一、匈奴族源问题的分歧

“夏后氏之苗裔”说。关于匈奴族源问题最直接的记载是《史记·匈奴列传》和《汉书·匈奴传》。二书均记载，其先祖，夏后氏之苗裔也，曰淳维[①]。可见在司马迁和班固作史之时，皆主张匈奴的族源与夏朝有关，是夏苗裔淳维的一支。又《史记·夏本纪》《史记·殷本纪》和《淮南子》等书多次提到夏都被商攻破之后，桀奔鸣条，汤与桀曾经在鸣条开战，夏桀败亡，夏族的部分部众四散迁徙。根据这段历史，《集解》引《汉书音义》，提出淳维是“匈奴始祖名”；《索隐》引张晏曰“淳维以殷时奔北边”，乐产《括地谱》中进一步解释：“夏桀无道，汤放之鸣条，三年而死，其子粥（另作獯鬻），妻桀之众妾，避居北野。随畜移徙，中国谓之匈奴。”[②]这里除将淳维的名字换成獯鬻之外，更明确地指出，夏族北迁的一支就是后来的匈奴。以上是汉文文献中直接记载的匈奴族源之重要一说。对此，后世部分研究者认为可信，其中代表人物有何震亚、吕思勉、陈立柱、陆思贤[③]，等等。以上学者尽管论述的视角不同，但是基本认为匈奴与夏族之间存在族源关系。这里需要强调的是，匈奴为“夏后氏之

---

① 《史记》卷110《匈奴列传》，第2879页；《汉书》卷94上《匈奴传上》，第3743页。

② 《史记》卷110《匈奴列传》，第2879—2880页；《汉书》卷94上《匈奴传上》，第3743页。

③ 何震亚指出“匈奴即夏之民族”（何震亚：《匈奴与匈牙利》，《中外文化》1937年第1卷第1期）；吕思勉认为匈奴为“夏后氏之苗裔之确有可征也”（吕思勉：《匈奴文化索隐》，《国学论衡》1935年第5期）；陈立柱提出匈奴与夏人之间有“极深的渊源关系”（陈立柱：《夏文化北播及其与匈奴关系的初步考察》，《历史研究》1997年第4期）；陆思贤认为就匈奴族源的问题，司马迁的叙述是正确的，所不足的是没有提到羌族［陆思贤：《“撑犁孤涂单于”词义反映的“挛鞮氏”族源》，《内蒙古大学学报》（哲学社会科学版）1985年第3期］。

苗裔”的观点不能直接描述为“汉人苗裔”[1]，这种提法把夏人和汉人等同起来，会直接误导读者对匈奴与“夏后氏之苗裔”关系的正确判断，是不可取的。

应当考虑，司马迁在撰写《史记》之时，“夏后氏之苗裔”的说法从何而来？是以司马迁为代表的中原史家的附会和编排吗？这种可能性不大，以当时的实际情况而言，匈奴被看作是茹毛饮血的野蛮民族，汉朝史家不可能将其溢美为中原朝代之始的夏朝后裔。司马迁的记载或有所本，或闻自匈奴方面传来的信息，这种信息的真实性已无从考证。但至少今人所能了解的信息并不比与匈奴同时代生活的汉朝史家们更多。因此，《史记》的说法还应被重视。5世纪时，匈奴人的后裔铁弗匈奴建立大夏政权后，命当时的秘书监胡义周为其新建之国都统万城作铭文一篇，即《统万城铭》，其中追溯了匈奴的族源。大致内容以“我皇祖大禹”为起点，溯及“光启有夏”“王桀不纲”的早期历史后，中原“网漏殷氏”，而匈奴先祖则“长辔远驭”[2]。这种族源追溯和构建不经过铁弗匈奴统治阶级的规范和认同，恐难成文，更谈不上留存传世。这篇铭文中，铁弗匈奴将匈奴族源直接追溯到了夏朝，这无论是真实的记忆，还是出于政治需要进行的附会，都能反映出铁弗匈奴贵族阶层对匈奴先祖是“夏后氏之苗裔”这一历史渊源和发展脉络的认可，这种思想意愿和行为值得尊重，是需要关注的内容。同时也说明夏族北迁的部众成为匈奴漫长融合过程中的一员是有可能的，至少有一定的关联度。但不能简单地理解为匈奴就是夏族后裔。

荤粥、鬼方、猃狁说。文献中记载的与匈奴族源有关的说法还有：匈奴是以荤粥、猃狁等为主的中原北方古部族的传承。《史记·匈奴列传》在“夏后氏之苗裔”后，紧接着记载了“唐虞以上有山戎、猃狁、荤粥，居于北蛮，随畜牧而转移”[3]，《汉书·匈奴传》记载与此大同小异。这条内容虽没有明确指出匈奴与这些古部族存在关系，但是司马迁和班固在追溯匈奴历史时记载这些古族历史，其观点是有所倾向的。二书之

---

① 任崇岳：《匈奴族源诸说评析》，《中州学刊》2010年第6期。

② （唐）房玄龄等：《晋书》卷130《赫连勃勃载记》，中华书局，1974年，第3210页。

③ 《史记》卷110《匈奴列传》，第2879页。

后，一些史家则直接点明了匈奴与这些古族存在族源关系。应劭在《风俗通》中指出："殷时曰獯粥，改曰匈奴。"服虔《汉书音训》认为："尧时曰荤粥，周曰猃狁，秦曰匈奴。"韦昭《汉书音义》则记载："汉曰匈奴，荤粥其别名。"[①]《晋书·北狄传》也认为，匈奴与以上古部族存在明确的承续关系："匈奴之类，总谓之北狄。……夏曰薰鬻（荤粥），殷曰鬼方，周曰猃狁，汉曰匈奴。"[②] 以上记载皆指出匈奴族源与荤粥有关，而荤粥则为古部族名称，至少在尧时期就已经活动于北方地区，其何时改名匈奴不得而知。

关于文献中的这一说法，后世研究者中支持者又分为两种。一种观点认为，匈奴是荤粥、鬼方、猃狁之后，同时这些古族本身是夏后氏之裔，即认为此二说本为一说[③]。另一种观点则支持匈奴是荤粥、鬼方、猃狁之后，但否定了他们与夏族存在关联。王国维是其中的代表人物。他在《鬼方昆夷猃狁考》一文中，利用考据学、音韵学等方法，论证了夏商时的荤粥、鬼方、昆夷，周时的猃狁，春秋时的戎、狄，都与匈奴同族[④]。王国维之后，国内大部分学者都从此说，如梁启超、方壮猷、冯家昇、郑师许、胡君泊、佟柱臣、林幹、余太山、齐思和、任崇岳等人。以上学者都赞成荤粥、鬼方、猃狁、戎狄与匈奴存在着一脉相承的族源关系，匈奴是其中的一个部族，发展为北方强族之后，将北方草原诸族皆以为"匈奴"。

仅从文献记载来看，荤粥（獯鬻）在唐虞时期就存在，甚至黄帝时期已经"北逐荤粥"了，显然荤粥不可能是淳维或者夏桀之后。即使荤粥在夏朝时期隶属于夏统治，居于西北，在夏朝被商灭之后，荤粥从中原独立出来北迁，也不能因此称荤粥是夏族之后裔。以上《史记》和

---

① 以上参见《史记》卷 110《匈奴列传》注，第 2880 页。

② 《晋书》卷 97《北狄传》，第 2548 页。

③ 吕思勉在支持匈奴与夏族有关的同时，也强调猃狁、獯鬻、匈奴，都是一音之异译（吕思勉：《中国民族史》，中国大百科全书出版社，1987 年）；翦伯赞认为夏朝灭亡之后，原住于山西及河南西部的夏族退回西北一带，是为后来的鬼方（翦伯赞：《中国史纲》第一卷《史前史 殷周史》，商务印书馆，2010 年）。

④ 王国维：《鬼方昆夷猃狁考》，《观堂集林》卷 13《史林五》，第 583—606 页。

《汉书》的两种记载并后世文献衍生的说法本身是存在抵牾的，这种抵牾正说明了就匈奴族源的问题，司马迁所知也是有限的，因此他解释为："自淳维以至头曼千有余岁，时大时小，别散分离，尚矣，其世传不可得而次云。"[①]学者们据此做出的分析也不可能给出绝对的答案。但尽管不能确定匈奴与中原北边的这些古部族是否存在一脉相承的族源关系，但是他们的后裔在战国时期已经或多或少纳入了匈奴范畴之中当是有一定道理的。

义渠、林胡、楼烦说。除了文献中直接的记载之外，也有学者根据事件之间的联系，提出匈奴与义渠、林胡、楼烦有族源关系。《史记·秦本纪》中有周慎靓王三年（前318）"韩、赵、魏、燕、齐帅匈奴共攻秦"[②]的记载，而在同书《张仪列传》中，跟随五国伐秦的则是义渠[③]。根据这两条相关联的史料，黄文弼主张："秦北之义渠，赵北之林胡、楼烦，燕北之东胡，原皆为匈奴也。"[④]蒙文通亦以此为据，认为"匈奴即义渠也"[⑤]。按战国后期，林胡、楼烦和义渠都被匈奴统辖，林胡和楼烦的部分部众或在冒顿之前已经成为匈奴族的一部分了。而义渠的时代距离匈奴的时代非常接近，二者具有族源关系不太可能。秦国在消灭了义渠之后，将其安置在上郡（治肤施县，今陕西省榆林市东南）、北地郡（治义渠县，今甘肃省宁县西北）和陇西郡（治狄道县，今甘肃省临洮县）。之后，秦国"筑长城以拒胡"[⑥]，可见在消灭了义渠之后，匈奴与秦朝开始正面接触和冲突，显然在此之前匈奴与义渠是并存的。

北方草原部落说。主张此说的学者一般认为匈奴与汉文文献中所记载的古部族没有直接的承序关系，其可能来自一个未知的部落，因而否定了从汉文文献记载的古族中去寻找匈奴族源的思路。曹永年在《战国历史上的"匈奴"》一文中提出，匈奴与荤粥、猃狁异名同实的看法，除了声韵上的一些联系以外，似乎是证据不足的，并进一步认为先秦时期

---

① 《史记》卷110《匈奴列传》，第2890页。
② 《史记》卷5《秦本纪》，第207页。
③ 《史记》卷70《张仪列传附犀首传》，第2303页。
④ 黄文弼：《论匈奴族之起源》，《匈奴史论文选集（1919—1979）》，第23页。
⑤ 蒙文通：《周秦少数民族研究》，龙门联合书局，1958年，第161页。
⑥ 《史记》卷110《匈奴列传》，第2885页。

的匈奴只是当时北方许许多多不同族源、不同社会发展程度的部落和种族中的一个[①]。武沐将这种观点总结为“北方草原说”[②]。持类似主张的还有陈序经、何光岳、杨阳、宋新潮[③]等学者。此观点强调，“匈奴就是匈奴”[④]，或兴起于中国古代北方沿边地带，或兴起于蒙古高原某一个区域，是独立发展起来的部族。匈奴族源的这一说成立的可能性是存在的，目前没有直接的资料证明匈奴确切的起源地，早期文献中是否有关于匈奴主体部落的痕迹也无从考证，因此不能排除早期匈奴本体与荤粥、猃狁等北方古族平行存在的可能性。

关于匈奴族源的观点还有以岑仲勉为代表的西来种族说。他在《伊兰之胡与匈奴之胡》中提出“匈奴之为‘胡’与伊兰之为‘胡’，初无二致也”，其主要根据是语言方面的关联性[⑤]。刘高潮认为，匈奴与鲜卑一样属于东胡系统的一支[⑥]。朱学渊主张匈奴族源与鲜卑和通古斯部落有关[⑦]。这两种观点比起以上几种观点，证据更嫌不足，因此基本没有得到学界太多的回应。

二、考古学界的主张

除了古籍文献提供的线索外，考古学的资料也非常重要。学者们根

---

① 曹永年：《战国历史上的“匈奴”》，《北方民族史丛考》，上海古籍出版社，2012年，第34—38页。

② 武沐否定了匈奴与商周以来的鬼方、猃狁、戎狄等古族有直接的关系，他认为匈奴的成分虽在后来融入了不同民族的成分，但其主体是由独立的文化传承体系发展而来的（武沐：《匈奴史研究》，第10页）。

③ 陈序经认为“匈奴是春秋、战国时期所谓的戎狄之一，可能是边境或塞外的一个新兴民族”（陈序经：《匈奴史稿》，第140页）；杨阳认为，“匈奴的祖源来自漠北”［杨阳：《匈奴民族形成发展阶段说》，《内蒙古社会科学》（文史哲版）1992年第1期］；宋新潮认为，匈奴早期活动区域是在阴山以北与“大漠”之间的草原地带（宋新潮：《匈奴早期活动地域考辩》，《民族研究》1993年第6期）。

④ 何光岳认为，“匈奴就是匈奴”，并非荤粥、猃狁、鬼方、义渠、戎、狄乃至林胡、楼烦、混夷（何光岳：《匈奴族源漫议》，《寻根》2004年第6期）。

⑤ 岑仲勉：《伊兰之胡和匈奴之胡》，《匈奴史论文选集（1919—1979）》，第29—36页。

⑥ 刘高潮、姚东玉：《“日种”说与匈奴之族源——兼论夫余王族属东胡系统》，《求是学刊》1988年第4期。

⑦ 〔美〕朱学渊：《中国北方诸族的源流》（修订本），中华书局，2002年。

据已经发现的匈奴文化遗存所提供的实物资料展开研究，其中重点关注的匈奴早期活动地域问题与匈奴族源息息相关，对识别匈奴族源有重要参考价值。

根据与匈奴有关的墓葬和城址的分布情况，考古学界对匈奴早期活动区域的判定，也集中在了中国北方长城沿线和蒙古国境内两个区域。

前者多认为以鄂尔多斯为中心的河套地区和长城东段以北是匈奴早期活动地域。田广金在研究鄂尔多斯式青铜器文化时认为其属于先匈奴的文化。匈奴早期文化包括：杭锦旗桃红巴拉匈奴墓群、杭锦旗阿鲁柴登匈奴墓葬、准格尔旗玉隆太匈奴贵族墓、准格尔旗西沟畔匈奴墓、凉城县毛庆沟匈奴墓地等，因而认定匈奴早期的活动地域是在今甘肃省北部、宁夏回族自治区、陕西省北部、山西省北部及内蒙古自治区鄂尔多斯以北的广大地区。有理由相信，匈奴的起源很可能就发生在这些区域内①。而在历史时期，鬼方、猃狁等古族也主要在这些区域活动，此可佐证匈奴族源或与中国古代北方古族有关的论点。对此乌恩的表述则更为直接，他提出，商周以来的鬼方、猃狁、北狄和匈奴是一脉相承的说法是正确的，现在已得到考古资料的初步证实②。

后者多主张匈奴早期活动区域与蒙古国境内青铜时代至早期铁器时代的石板墓文化有关，认为匈奴民族的起源与石板墓文化居民有亲缘关系③。这些研究通过对蒙古国境内匈奴文化遗存年代的推定、器物特征的分析，认为匈奴主体早期活动在蒙古国境内或外贝加尔地区。马利清则从考古学的角度提出更具体的方位，认为蒙古草原杭爱山以北呼尼河畔最可能是匈奴人的原始故乡④。

---

① 田广金：《近年来内蒙古地区的匈奴考古》，《考古学报》1983 年第 1 期。

② 乌恩：《匈奴族源初探——北方草原民族考古探讨之一》，《周秦文化研究》，陕西人民出版社，1998 年，第 835 页。

③ 苏联伏尔科夫认为，石板墓文化是早期匈奴的重要成员（伏尔科夫：《北部蒙古的青铜时代和早期铁器时代》，转引自马利清：《关于“原匈奴”概念的提出与界定》，《中央民族大学学报》2005 年第 6 期）；蒙古国策·道尔吉苏荣提出，匈奴民族的起源与石板墓文化居民有亲缘关系（策·道尔吉苏荣：《北匈奴》，转引自马利清：《关于“原匈奴”概念的提出与界定》，《中央民族大学学报》2005 年第 6 期）。

④ 马利清：《原匈奴、匈奴历史与文化的考古学探索》，第 149 页。

另外，还有部分学者认为，匈奴早期活动区域可能在中国古代的长城以北或东北的某个区域。例如，林沄提出，“匈奴本体的大本营是在赵长城东段以北”①；俄罗斯学者米尼亚耶夫否定了石板墓文化与早期匈奴的关系，认为匈奴是后来从中国东北迁徙到漠北地区的②；《欧亚草原东部的金属之路——丝绸之路和匈奴联盟的孕育过程》指出，“匈奴文化主要来源于中国北方长城内外地区，其中包括蒙古高原中南部地区”③。这类考古学研究成果强调了匈奴早期活动于北方草原内的“某个未知的区域”，与上文匈奴起源于某个未知的“北方草原部落”的观点相对应。

以上基于文献和考古遗存两个方面展开的研究有大致相似的分歧，即匈奴或起源于中国河套及大青山一带，与汉文文献中的北方古部族、夏族北迁人群有密切关系；或起源于蒙古高原、外贝加尔地区某个未知的部落。可见，文献学和考古学对匈奴族源的问题均不能做出较为明确的回答，这恰恰说明了匈奴族源的复杂性。因此，在这个问题上进一步分层次考量是非常有必要的。

三、多源与主体

匈奴在出现于中原史家视线之内时，已经在北方草原上活动了若干年，并在那里发展和壮大。不可否认，无论是司马迁的时代还是现当代，在提到匈奴时一般是指战国秦汉以来的匈奴人，或者说是匈奴政权统治下的人口。正因为如此，研究者们在支持某一观点的同时，反复强调匈奴族源的复杂性。例如，林幹在承认匈奴与荤粥等古部族存在关系的同时，也强调匈奴的民族成分并非来自单一的氏族或者部落④。潘其风基于人种学的分析认为：“匈奴是一个多部族、部落组成的共同体……

① 林沄：《关于中国的对匈奴族源的考古学研究》，《林沄学术文集》，第381页。

② 〔俄〕米尼亚耶夫：《德列斯图依墓地》，转引自马利清：《关于“原匈奴”概念的提出与界定》，《中央民族大学学报》2005年第6期。

③ 杨建华、邵会秋、潘玲：《欧亚草原东部的金属之路——丝绸之路与匈奴联盟的孕育过程》，第456页。

④ 林幹：《匈奴史》，第3页。

其所包含的种族（人种）成分自然会比较复杂”[①]。乌恩[②]、杨建新[③]、马利清[④]等学者也都提出过类似的主张。他们在论述匈奴族源问题时，一方面有所倾向，另一方面都强调匈奴族源成分不可能是单一的，匈奴是吸收了草原上不同部族成分的人群而形成的一个共同体，正如一位俄罗斯学者所表述的那样：“中国人所称的匈奴，显然是把许多游牧部落列入其中，他们暂时联合为一个统一的政治组织，按东方一般习惯，冠以占统治地位的部落的名称。”[⑤]对此人种学的研究也提供了佐证。朱泓利用古人类学资料，对内蒙古长城地带史前时期和历史时期人类种族进行研究，认为先秦两汉之际内蒙古长城地带人种主要有“古华北类型”和“西伯利亚类型”两种种系成分。而中国内蒙古中南部地区发现的“先匈奴”人骨（如毛庆沟、饮牛沟A组）与在西伯利亚和蒙古高原发现的匈奴人骨的种系差异问题，证明了匈奴人显然有不同的种系来源[⑥]。

可见，尽管关于匈奴族源众所纷纭，但是匈奴族源非单一化已经在学界得到了广泛的共识，当然这里所说的“匈奴”是战国秦汉以来的“匈奴”。中国北方、蒙古高原的古代部族和夏族北迁的人群在匈奴的发展过程中，都有成分融入匈奴中去，因此所谓的“夏后氏苗裔”说、“荤粥、鬼方、猃狁”说、“北方草原部落”说等虽然并不能完全代表匈奴的族源，但并非完全没有道理可言。匈奴遗存的南北分布和对匈奴墓葬的颅骨分析中提出的皆具有相似的特征又存在某种差异，正是匈奴在形成时期族源多源的有力支撑和辅证。而在语言学的相关研究中，认为匈奴语属于蒙古语族的呼声越来越高，但其中也有突厥语的成分。显然就语言而言，匈奴属于多部族融合的结果也是很明显的。正因为匈奴族源的

---

① 潘其风、韩康信：《东汉北方草原游牧民族人骨的研究》，《考古学报》1982年第1期。

② 乌恩：《论匈奴考古研究中的几个问题》，《考古学报》1990年第4期。

③ 杨建新：《中国西北少数民族史》，宁夏人民出版社，1988年。

④ 马利清：《关于“原匈奴”概念的提出与界定》，《中央民族大学学报》2005年第6期。

⑤〔俄〕耶·姆·扎尔金特著：《中国编年史中的古代各族（匈奴、东胡、鲜卑、室韦）与埃文基人》，罗至平译，《民族问题译丛》1957年第2期。

⑥ 朱泓：《内蒙古长城地带的古代种族》，《边疆考古研究》（第1辑），第310页。

这种复杂性，所以在研究时追求绝对准确性只能是适得其反。

但是，不可否认，这种多源的表述更接近于对一个民族组成成分的判定，而非族源。因此这里有必要重申“匈奴”这个专有名词，从出现于文献之时，它所指代的内涵已经是一个复杂的、包含众多部族的共同体，而并非一个原始的氏族或某个以血缘关系一脉相承下来的部族，所以其族源只能以多源来判定。

还有一种思路，就是将匈奴核心成分从匈奴政权中分离出来，进而寻求匈奴的族源。就此田广金表述为“早期匈奴”或者是“先匈奴”的概念①；孙进己将其区分为“匈奴国人和匈奴族人”②；杨阳则提出了匈奴发展的“一元形成时期”③等。其中表述最直观的是马利清的“原匈奴”的概念，其专指真正的匈奴主体的前身，强调把匈奴的本体和汉代以来匈奴的概念区分开来，主要意义在于排除匈奴起源问题上一些枝节因素的干扰，而把注意力集中在匈奴主体部族的起源上④。

这无疑是追寻匈奴族源问题的一种正确的思路。但关键的问题是，这个思路的可操作性是否成立。在匈奴兴起之前，他们的主体成分或者单于家族源自何处，两千年前的司马迁指向了“夏后氏”和荤粥、鬼方、猃狁等古部族，除此之外，没有任何的文献证据和考古资料能将匈奴兴起之前的主体成分从战国以来的匈奴中分离出来，也无法就“挛鞮氏”家族的来龙去脉给出更多的信息。因此，以匈奴最原始的核心成分来判定他们的族源，虽然是更准确的选择，但关键的问题是以何依据来确定匈奴主体成分。匈奴经历了千余年甚至更长的历史发展，没有文字的记载,在此期间经历了什么样的变化？据司马迁说“其世传不可得而次”⑤，显然历史文献没办法回答这个问题。而考古学和人种学以及语言学上，

---

① 田广金:《近年来内蒙古地区的匈奴考古》,《考古学报》1983 年第 1 期。

② 孙进己:《我国北方民族的主源主流和多源多流的问题》,《求是学刊》1981 年第 4 期。

③ 杨阳:《匈奴民族形成发展阶段说》,《内蒙古社会科学》(文史哲版) 1992 年第 1 期。

④ 马利清:《关于“原匈奴”概念的提出与界定》,《中央民族大学学报》2005 年第 6 期。

⑤《史记》卷 110《匈奴列传》, 第 2890 页。

对提取的匈奴的人骨、语言和使用的器物等的分析，也很难判断他是匈奴本体的直系后裔还是匈奴政权统治下的某个匈奴人。所以人种学和考古学的研究“只能代表当时生活在这里的那部分匈奴人的体质特征是什么样的”,他们是否是匈奴主体直接发展而来的也不好说[①]。这种情况下通过匈奴本体来确定匈奴族源的问题，也只能是大概的推测，而且得出的结论与上文的分歧如出一辙。例如，林幹认为，荤粥、猃狁等古族就是匈奴的主体部分[②]；孙进己认为，若把匈奴统治的各族去掉，匈奴的主流是汉人[③]；乌恩认为，中国先秦时期的诸游牧部落和蒙古草原上石板墓文化的居民共同构成了匈奴的主体部分[④]；朱泓认为，使用“鄂尔多斯式青铜器”的这些人群不是游牧民族，他们是一些农牧兼营的定居人群，这些族团或许逐渐被匈奴人所征服而加入匈奴共同体，但他们绝不是匈奴的本体[⑤]，等等。显然学者们提出的从匈奴的本体来寻找匈奴族源的思路也很难操作。如果能确定匈奴的本体，自然也就不会存在族源问题上的分歧了。正因为本体不明，所以族源研究才会各执一词。

还需要说明的是，尽管对匈奴本体的认定还缺乏有效手段，但人种学领域研究中的一些信息值得关注，或可为匈奴起源提供一个大致的区位。苏联人类学家杰别茨对蒙古国诺彦乌拉匈奴墓地所获得的颅骨的测量研究认为，匈奴应属于蒙古人种的亚洲主干，但是他也提到了诺彦乌拉颅骨的蒙古人种特征可能普遍有所减弱[⑥]。这说明诺彦乌拉附近居住的匈奴人已经吸收和融合了不同的部族，包含了更复杂的人种特质，因此该区域当不会是匈奴人早期活动的区域。在蒙古呼尼河发现的乃门·托勒盖（Nama Tolgoy）匈奴墓葬的人骨被认为有蒙古人种和欧洲人种两个

① 潘其风：《从颅骨资料看匈奴族的人种》，《中国考古学研究——夏鼐先生考古五十年纪念论文集》（二）。

② 林幹：《匈奴史》，第 4 页。

③ 孙进己：《我国北方民族的主源主流和多源多流的问题》，《求是学刊》1981 年第 4 期。

④ 乌恩：《论匈奴考古研究中的几个问题》，《考古学报》1990 年第 4 期。

⑤ 朱泓：《内蒙古长城地带的古代种族》，《边疆考古研究》（第 1 辑），第 310 页。

⑥ 转引自潘其风、韩康信：《内蒙古桃红巴拉古墓和青海大通匈奴墓人骨的研究》，《考古》1984 年第 4 期。

大人种共存的现象也证明了这种推测。苏联人类学家格赫曼认为，外贝加尔匈奴人骨具有古西伯利亚类型和欧罗巴类型混合的特征，他们与当地原有居民的体质特征有明显区别，因此推断匈奴是外来民族[①]；而外贝加尔地区新石器时代到早期铁器时代居民的头型变化规律也印证了外贝加尔地区的匈奴并非其前一阶段居民的直接后裔[②]。这两项研究成果证明，外贝加尔地区的匈奴人也是后来迁徙过去的，排除了匈奴早期活动在外贝加尔地区的可能性。另有研究指出，铁器时代初期，外贝加尔石棺墓的颅骨的面型属于低面型，随着匈奴的到来才出现了高面型的特征，这更进一步论证了外贝加尔的匈奴是外来的。潘其风由此推测“高面型”或许是原匈奴人的特征之一，而桃红巴拉颅骨的面型恰恰相当高[③]。显然，该研究倾向于在鄂尔多斯一带活动的匈奴人当是早期的匈奴人。

综上所述，在匈奴族源识别的问题上，各领域的学者们各抒己见，在质疑和辩难传统观点的基础上，也在不断提出新的观点，这些观点虽各执一词，但是基本都承认战国秦汉以来的匈奴族源是多源的。至于在此之前的匈奴主体也就是其核心家族所在的部落源流，因为缺乏资料支撑，目前仍然是难解的未知领域。但是根据上文所述匈奴墓葬的分布、人种学的判定，再结合文献的记载可知，匈奴的主体起源于中国长城以北至蒙古高原南部地区要比起源于其他区域的可能性大得多。

---

① 格赫曼：《外贝加尔石板墓出土的人类学资料》，转引自乌恩：《论匈奴考古研究中的几个问题》，《考古学报》1990 年第 4 期。

② 转引自潘其风、韩康信：《内蒙古桃红巴拉古墓和青海大通匈奴墓人骨的研究》，《考古》1984 年第 4 期。

③ 潘其风、韩康信：《内蒙古桃红巴拉古墓和青海大通匈奴墓人骨的研究》，《考古》1984 年第 4 期。

第三章 匈奴的历史演变

匈奴早期历史经过了原始氏族、部落再到部落联盟的过程，其间经历了千余年的时间，这也是匈奴族和族名逐渐形成的一个过程。公元前3世纪末期，匈奴发动了一系列的兼并战争，统一了蒙古高原并影响了秦汉王朝的政局。1世纪中叶，匈奴分裂，南匈奴南迁进入东汉北边郡县，北匈奴由漠北西迁。

第一节 匈奴早期历史活动

公元前4世纪末期，匈奴主要活动在阴山南北的河套地区。据《史记》记载，匈奴在战国时期与赵国、燕国、秦国相毗邻，其势力对三国构成威胁。

匈奴与赵国的边界线最长，已知的匈奴早期历史首先是从与赵国的接触开始的。从周赧王三年（前312）到秦王政二十五年（前222）赵国灭亡，匈奴与赵国对峙近百年之久。赵国先是与活动于晋北的林胡和楼烦相邻，赵武灵王时，北破林胡、楼烦，筑长城，自代地沿阴山至高阙（今内蒙古自治区杭锦后旗西北狼山口）为塞，置云中郡（治云中县，今内蒙古自治区托克托县东北古城）、雁门郡（治善无县，今山西省右玉县南）、代郡（治代县，今河北省蔚县东北代王城）。周赧王三年（前312），"匈奴驱驰楼烦之下"[①]，楼烦、林胡遂臣服于匈奴，至此，匈奴与赵国的领土直接毗邻。之后赵国派遣名将李牧驻守在雁门郡，负责云中、雁门和代郡的防守，其重点任务是"备胡"。可见，匈奴的活动范围在赵武灵王破林胡之后稍有南移，大概在三郡西北和三郡以北的地区，且可以认为当时匈奴已经对赵国构成了较大的威胁，所以赵国才会派出名将

---

① 卢元骏注释：《说苑今注今译》卷1《君道》，第19页。

李牧防守匈奴。李牧就任之后，针对匈奴骑兵来去迅速的特点，对匈奴实行防守政策，提高烽火预警系统和安排间谍侦察匈奴的动静。其间匈奴数次入寇赵国边境，李牧命令士兵只许坚守防御，避免与匈奴主动作战，更不允许抓获匈奴俘虏。在李牧的坚守之下，“匈奴数岁无所得”[①]。由于李牧的避战，匈奴产生了轻敌的情绪，李牧遂以诱敌之计出击匈奴，大破匈奴十余万骑，其后十余年内，匈奴都没有再犯赵国边境。根据文献中李牧的活动年代推测，匈奴被李牧打败的事情最晚发生在秦王政十四年（前233）。因为在秦王政十三年（前234），秦国出兵攻打赵国，次年，秦军已经深入赵国后方直向邯郸（今河北省邯郸市区及其西南郊）进军，形势危急，这一年李牧被赵王从雁门郡调回，领兵反击秦军。由此推测，赵国北边匈奴的威胁已经暂时得到了缓解。而且李牧随后四年主要奔波于与秦作战的战场，直到秦王政十八年（前229）李牧被秦国以反间计害死，其间李牧没有再次接受过驻守北郡的任务。

匈奴被李牧击败之后，到秦王政十九年（前228）又出现在文献之中。根据《战国策·燕策三》的记载，其时秦国大将欲引兵攻打燕国，又秦国将领樊於期投奔燕国，太傅鞠武建议燕太子丹“愿太子急遣樊将军入匈奴以灭口。请西约三晋，南连齐、楚，北讲于单于，然后乃可图也”[②]。由此来看，燕国有联合匈奴共同对抗强秦的打算，尽管后来燕太子丹以荆轲刺秦王的计划代替了联合匈奴对抗秦国的计划，但也能够反映出匈奴已经与燕国有了接触，说明原本活动于赵国西北和北部的匈奴势力进一步向东扩展，与燕国相邻。匈奴势力的向东发展当是在东胡被秦开击破之后，时东胡退走千余里，随后燕国筑长城，自造阳（今河北省赤城县独石口以北滦河上游一带）至襄平（今辽宁省辽阳市），置上谷郡（治沮阳县，今河北省怀来县东南）、渔阳郡（治渔阳县，今北京市密云区西南）、右北平郡（治无终县，今天津蓟州区）、辽西郡（治阳乐县，今辽宁省义县西）、辽东郡（治襄平县，今辽宁省辽阳市）以防备退走的东胡和逐渐强大的匈奴。至此，文献中有了“冠带战国七，而三国边于

---

① 《史记》卷81《廉颇蔺相如列传附李牧列传》，第2450页。

② （西汉）刘向著，杨广杰译注：《战国策》卷31《燕三·燕太子丹质于秦亡归》，辽宁人民出版社，2018年，第643页。

匈奴”[①]之说。在此次燕国欲与匈奴联合的事件中，太傅鞠武提到了“北讲于单于”，其时与匈奴有记载的第一位单于——头曼的活动时期非常接近，因此这里的单于有可能是头曼单于。

头曼是有记载的最早的匈奴单于。“头曼”一词，据认为与突厥语“tümen”是同源词，其原意表示“万”，有研究认为，后世出现的土蛮、统万、吐万、土门或土蛮、图们都是这一意思的汉语不同音译，意即“万人长”“万夫长”“万户”等[②]。头曼在位时期，匈奴大概活动于“河南地”（河南地泛指黄河以南地区，秦汉时期范围包括今内蒙古自治区乌加河以南地区）及其以北更广泛的区域内，王庭所在地概在头曼城。据《汉书·地理志》五原郡（治九原县，今内蒙古自治区包头市西）条下记载：“北出石门障得光禄城，又西北得支就城，又西北得头曼城。”[③]光禄城，又名光禄塞，故址在今内蒙古自治区包头市西北，支就城的具体位置不明。按照光禄城的方位推定，头曼城大概在今巴彦淖尔乌拉特中旗境内，其位置正在河南地北方的后套地区。关于头曼确切的记载是从秦始皇三十三年（前214）开始的。是年，秦始皇派蒙恬率领十万大军北击匈奴，悉收河南地。秦朝控制河南地后，“因河为塞，筑四十四县城临河，徙适戍以充之”[④]。秦始皇三十四年（前213），秦朝军队再次北渡黄河，取高阙，攻占阳山（今内蒙古自治区境内乌加河北的狼山）、北假（今内蒙古自治区河套以北、阴山以南夹山带河地区），随后秦朝修筑西起临洮（今甘肃省岷县）、东到辽东的长城，以阻遏匈奴的南下。这之后，头曼迫于秦朝的军事压力，不得已率领部众向北撤退，贾谊称“却匈奴七百余里，胡人不敢南下而牧马”[⑤]。蒙恬死后，秦国也面临纷乱局面，头曼率领匈奴部众重新进入河南地进行游牧，南与秦朝以今天延安市东北、宁夏回族自治区同心县、甘肃省庆城县东西沿线为界。

头曼时期，除了南面的强秦之外，北方地区还活跃着两大势力。匈

---

① 《史记》卷110《匈奴列传》，第2886页。

② 陈喜波：《“统万突”与“薄骨律”词义考证》，《西北民族大学学报》（哲学社会科学版）2009年第6期。

③ 《汉书》卷28下《地理志下》，第1620页。

④ 《史记》卷110《匈奴列传》，第2886页。

⑤ （西汉）贾谊著，方向东译注：《新书》卷1《过秦上》，第4页。

奴东边有分布在西拉木伦河和老哈河流域的东胡系成员，匈奴西边有活动于河西走廊的月氏，除此之外，匈奴北边还有活动于贝加尔湖地区的丁零。史书记载，当时的形势是“东胡强而月氏盛”[1]。头曼时期，匈奴与月氏和东胡之间的较量还没有全面展开，头曼还需送长子为质于月氏，可见当时匈奴还不具备与月氏正面冲突的实力。头曼被杀后，东胡对匈奴提出得寸进尺地索求，由此可知，头曼时期东胡的实力至少不在匈奴之下。但以头曼统治末期匈奴不仅重新占据了河南地，而且主动发兵攻打月氏的事件来看，他统领下的匈奴的势力是在逐渐增强的。

秦二世元年（前 209），即匈奴重新回到河南地的次年，头曼被他的长子冒顿杀死。头曼是匈奴历史上一位承上启下的人物，在他之前，草原上经历了千余年各部离散的状态。从头曼统治时期匈奴与中原诸国的互动情形来看，匈奴的部落联盟制已经非常成熟，匈奴社会正经历由部落联盟向政权形态的转型，草原社会也在逐步改变不相统属之局面，出现了区域性的统一。也有学者认为：“在头曼时代就已经具有了匈奴政权的轮廓。”[2] 正如该研究分析的那样，当时匈奴可以令强大的秦朝出兵十万讨伐，且修缮长城作为防御，说明即使是势头正劲的强秦对匈奴的实力也不敢小觑。头曼对匈奴的经营为之后冒顿建立较完善、健全的统一游牧政权奠定了基础。头曼时期，作为匈奴最高统治者的“单于”与中原“皇帝”的称谓接踵出现，使得两个不同类型的社会形态有了更加分明的凸显，这也预示着游牧社会将对农耕社会有更加持续和更为有力的影响，一个统一的游牧民族共同体正在形成。

第二节　匈奴政权的兴衰

战国后期，匈奴建立了政权，统一政权存在约两个半世纪。其间，匈奴对内健全和完善了政治、军事各项制度，严格了祭祀、法律方面的要求；对外发动了征服周围邻族的战争，统一了历代分散、互不统属的

① 《史记》卷 110《匈奴列传》，第 2887 页。

② 何天明：《对匈奴创建政权若干问题的探讨——匈奴政权始自冒顿单于说质疑》，《内蒙古社会科学》（汉文版）2006 年第 1 期。

草原诸部，奠定了草原社会“百蛮大国”的基础。建武二十四年（48），匈奴政权在经历了对外战争、天灾和内战之后，分裂为南、北匈奴。

一、匈奴政权的建立和发展

匈奴政权的建立者是冒顿，他是头曼的长子。头曼晚年，想要立宠爱的阏氏所生的少子为单于继承人，因此与冒顿产生嫌隙。在这个敏感时期，冒顿被父亲送到了强邻月氏那里充当质子。不久之后，头曼主动出兵攻打月氏，在月氏为质的冒顿趁乱逃回匈奴，头曼因其勇猛的表现封他为“万骑长”。冒顿手握军权之后，开始了“鸣镝杀父”的计划。他首先下令将士练习骑射，并规定鸣镝所射之处为射猎目标。冒顿先后以鸣镝射杀了鸟兽、善马、爱妻和头曼的坐骑作为训练和试探，左右有不敢射杀者，皆被处死。秦二世元年（前209），冒顿在一次狩猎过程中将鸣镝射向头曼，左右皆跟随鸣镝而射。冒顿继承单于位之后，开创了匈奴的一个全新的时代——匈奴政权时代。在冒顿单于的统领下，匈奴进入了历史上最鼎盛的时期。

冒顿新立之时，东胡乘机挑衅，先后向匈奴索要千里马、单于所爱阏氏。在要求被满足后，东胡王愈益骄，进一步索要东胡与匈奴之间的缓冲地。冒顿果断出击，发兵袭击东胡，东胡措手不及，被匈奴击溃。东胡散亡后，冒顿又先后向西击走月氏，征服了楼兰、乌孙、呼揭等20余西域城邦国，控制了西域大部分地区，向南则并楼烦、白羊河南王，收复秦朝时丢失的匈奴故地，控制区域至朝那（今宁夏回族自治区彭阳县西南古城）、肤施（今陕西省榆林市东南），直临雁门郡和代郡。当时中原地区正经历秦末农民起义与刘项争霸，冒顿得以自强，拥有控弦之士三十余万。随后，冒顿向北兼并浑庾、屈射、丁零、鬲昆、薪犁，各部以冒顿为蒙古草原的共主。至此，冒顿在中国古代北方建立了第一个统一的游牧政权，改变了草原千余年来部落分散、不相统一的政治局面，诸引弓之民“皆以为匈奴”。统一草原各部落之后，冒顿领兵南下，在平城包围了西汉皇帝刘邦，制造了著名的“白登之围”事件。此战奠定了冒顿时期匈强汉弱的局面，此后直到汉武帝时期，匈奴从西汉那里得到了大量的物质补充，经济富足，兵强马壮，匈奴进入了最强盛的历史时期。除此之外，冒顿还加强了政权的内部建设，健全和完备了匈奴的政治、经济、军事各项制度，制定了严格的祭祀、法律方面的要求。匈奴的官号、姓氏、世系也因此被中原史家所了解并被记录下来。

汉文帝六年（前 174），冒顿单于去世，老上单于继立。老上单于时期，在汉朝降者中行说的建议下，对匈奴的各个行业进行了改革，包括加强了对经济、财物的管理，进一步强化单于的权威，鼓励匈奴民众保持传统的民风和骑兵战斗力的优势，效仿中原名号制度来规范匈奴的外交语言。通过以上这些改革措施，匈奴增强了民族自信和民族自豪感，国内安定团结，国力蒸蒸日上。在对外关系上，老上单于攻打月氏，迫使月氏西迁，匈奴占领河西地区，又通过控制乌孙建立了在西域的霸权，开展了与中亚的经济贸易往来。汉文帝后元三年（前 161），老上单于之子军臣单于继位，他维持了老上单于时期的各项改革措施。与此同时，军臣单于在西汉平定七国之乱期间，常寇扰西汉边境，不仅因此获取了更多的物质财富，且迫使汉景帝在边境地区开设关市，匈汉人民可自由贸易，此举丰富了匈奴人民的日常生活。军臣单于在位的三十四年里，匈奴的国力仍然很强大，基本维持了祖、父以来匈奴的强盛局面。

二、匈奴由盛而衰

军臣单于末年，汉武帝发动了大规模的对匈战争，匈奴开始由强盛走向衰落。战争从元朔二年（前 127）的河南之战开始，持续了三十多年，匈奴在此期间先后经历了伊稚斜单于、乌维单于、儿单于、句黎湖单于、且鞮侯单于、狐鹿姑单于的统治。战争使匈奴先后丢失河南、河西水草丰美的地方，与西域的交通要道也被切断。元狩二年（前 121），伊稚斜单于不得不率众迁居漠北。元狩四年（前 119），漠北地区又遭到西汉军队的突然袭击，损失惨重。之后十余年的时间里，匈奴避居漠北，休养生息，很少进入漠南地区活动。元封六年（前 105）儿单于下令，匈奴活动区域进一步向西北收缩，左方驻牧于云中郡以北，右方驻牧于酒泉郡（治禄福县，今甘肃省河西走廊西部）、敦煌郡（治敦煌县，今甘肃省敦煌市西）以北。儿单于死后，句黎湖和且鞮侯先后登上单于之位。其间匈奴经过在漠北的休养，又重新进入漠南抢掠西汉边境，并在与西汉的几次战争中连续取得了胜利，在西域的影响力也有所恢复。然恰逢此时，匈奴境内连下数月雨雪，又暴发瘟疫，牲畜大量死亡，民众受疫病和饥饿所困，苦不堪言。狐鹿姑单于之后，匈奴因单于位争夺引发的内部矛盾也开始激化。这些因素不仅使匈奴的复兴成为泡影，还把匈奴推向了更加悲惨的动荡之中。

军臣单于之后，匈奴的单于继承已经出现了问题，到狐鹿姑单于继位时，匈奴因继承矛盾引发的内乱显露出了端倪。狐鹿姑单于是且鞮侯单于的长子，时任左贤王。且鞮侯单于去世时，留遗言立左贤王继位，但因左贤王没有如期到会单于庭，国中贵人拥立且鞮侯单于的次子左大将为单于。后左大将让位于左贤王，即狐鹿姑单于。双方约定，狐鹿姑单于去世之后传位左大将。但是，左大将不久之后就病死了，狐鹿姑单于又立自己的儿子为左贤王，左大将之子先贤掸被封为日逐王，这实际上是剥夺了先贤掸继承单于位的权利。狐鹿姑单于还有一个异母弟弟左大都尉，因贤明很受国人爱戴，狐鹿姑单于的母亲派人暗杀了左大都尉。由此引起了左大都尉同母哥哥的怨恨，遂不肯朝会单于庭。始元二年（前 85），狐鹿姑单于病死，下诏立他的另一个弟弟右谷蠡王为单于。狐鹿姑单于的阏氏联合卫律矫单于令，立了她的儿子左谷蠡王为壶衍鞮单于。以上这些因继承产生的矛盾为匈奴日后的内乱埋下了伏笔。

壶衍鞮单于在位时，左贤王和右谷蠡王因不得立而心怀怨恨，于是胁迫西部的卢屠王联合乌孙攻打壶衍鞮单于，事情败露后，二王各居其所，不再受单于的召唤。在匈奴内部已经出现分裂迹象的情况下，壶衍鞮单于不仅没有调整策略，维持政权内部的稳定，还一意孤行发动了多次对外战争。他不仅南下与汉朝重新开战，还出兵河西，又东征乌桓，西击乌孙。地节二年（前 68），壶衍鞮单于大军在征乌孙返回途中遭遇了特大天灾，雨雪一日深丈余，人民畜产冻死，生还者不到十分之一。随着匈奴势力的衰耗，附属于匈奴的部落也出现了反叛，西边的乌孙、东边的乌桓、北边的丁零趁势攻击匈奴，史载："凡三国所杀数万级，马数万匹，牛羊甚众。又重以饿死，人民死者什三，畜产什五，匈奴大虚弱，诸国羁属者皆瓦解，攻盗不能理。"[1] 在这种社会背景下，单于庭的统治权威逐渐下降，左右翼蠢蠢欲动，对权力、牧场和生存资源的争夺愈演愈烈，最终导致了匈奴内战的爆发。

---

① 《汉书》卷 94 上《匈奴传上》，第 3787 页。

三、匈奴的内战和分裂

地节二年（前 68），壶衍鞮单于之弟虚闾权渠单于继位。面对匈奴的内忧外患，虚闾权渠单于试图通过与汉朝恢复和亲关系来挽救匈奴日益衰弱的命运，但是这个计划遭到了匈奴内部的破坏。虚闾权渠单于在继位之初废黜了前单于宠幸的颛渠阏氏，引起颛渠阏氏父亲左大且渠的不满。因此在虚闾权渠单于想要与汉朝修复关系时，左大且渠一方面自请与呼卢訾王各将万骑在边境塞猎，另一方面通知汉朝，假称匈奴欲为边寇。在左大且渠的离间下，匈奴受到了汉朝的军事打击。虚闾权渠单于直到去世前仍然派遣使者去汉朝请和亲，但是都没有得到回复。

虚闾权渠单于去世后，被他废黜的颛渠阏氏与其弟左大且渠都隆奇在诸王尚未赶到的情况下，立右贤王屠耆堂为握衍朐鞮单于。握衍朐鞮单于是乌维单于的耳孙，他性情残暴，又因以非常手段取得单于位，所以继位后大肆屠杀虚闾权渠单于时的用事贵人，又尽免虚闾权渠子弟近亲，引起了民怨遭到了叛离。先是虚闾权渠单于的儿子稽侯珊逃亡到他的岳父乌禅幕处；早先狐鹿姑单于时期被封为日逐王的先贤掸也率其众数万骑投奔了汉朝，握衍朐鞮单于因此杀了先贤掸的两个弟弟，立其从兄薄胥堂为日逐王；东面左奥鞬王死后，握衍朐鞮单于自立他的小儿子为奥鞬王，奥鞬贵人则共立已故奥鞬王的儿子为王，向东迁徙。神爵四年（前 58），匈奴东边姑夕王败于乌桓，单于震怒，姑夕王害怕受到单于迫害，于是与乌禅幕及左地贵人共立稽侯珊为呼韩邪单于，发左地兵四五万人，西击握衍朐鞮单于。握衍朐鞮单于众叛亲离，兵败自杀，其民众投降了呼韩邪单于。

呼韩邪单于回到单于庭后，下令罢兵，命各王各归故地，又从民间召回了他的哥哥呼屠吾斯，立其为左谷蠡王。在呼韩邪单于还未立稳脚跟之时，都隆奇与握衍朐鞮单于的弟弟右贤王共立日逐王薄胥堂为屠耆单于，发兵数万西击呼韩邪单于，呼韩邪单于败走。不久之后，西方呼揭王自立为呼揭单于，右奥鞬王自立为车犁单于，乌藉都尉也自立为乌藉单于。此即宋人刘过笔下的“赤地居民无一粒，更五单于争立”时期。之后屠耆单于出兵攻打了呼揭、乌藉、车犁三位单于，迫使他们去单于号，并向西北逃遁。在屠耆单于忙于平定三位单于时，东面的呼韩邪单于以逸待劳，坐收渔利。五凤二年（前56），呼韩邪单于向西进攻，屠耆单于兵败自杀，“五单于争立”的局面结束。但匈奴的内战还在继续。同年冬天，屠耆单于的从弟在西边自立为闰振单于；呼韩邪单于之兄呼屠吾斯在东边自立为郅支骨都侯单于。两年之后，郅支单于消灭了闰振单于，随后也击败了呼韩邪单于，呼韩邪单于南迁近塞投奔了西汉。至此，匈奴的内战以匈奴分裂为南北两部而告结束。

呼韩邪单于附汉之后，郅支单于迫于呼韩邪单于和汉朝的压力引兵西迁。呼韩邪单于在郅支单于西迁几年后，得到西汉的允许返回了漠北单于庭。郅支单于见东归无望，继续向西扩张，在西迁途中击败了康居国，并在康居东部修筑郅支城（今哈萨克斯坦南部江布尔州江布尔市），以此为基地，匈奴征服了乌孙、大宛，强迫西域诸国称臣纳贡。建昭三年（前36），汉朝西域都护骑都尉甘延寿与副校尉陈汤长途跋涉远征郅支单于。郅支单于被杀后，匈奴又重新统一于呼韩邪单于的统治之下。此后匈奴在呼韩邪和他的儿子们的统领下保持了六十余年的稳定局面，国力有所恢复。

建武二十四年（48），匈奴统治集团因单于继承再次发生分裂。这次内讧主要在呼韩邪单于的孙子之间展开。呼韩邪单于的颛渠阏氏和大阏氏是亲姐妹，颛渠阏氏生二子，长曰且莫车，次曰囊知牙斯，大阏氏生四子，长曰雕陶莫皋，次曰且麋胥，都长于且莫车，少子咸、乐二人，皆小于囊知牙斯。呼韩邪单于去世时，遗命立且莫车为单于。颛渠阏氏为匈奴大局考虑，认为且莫车年少，若立为单于，恐百姓不附，引起内讧，于是将单于位让给了大阏氏的长子雕陶莫皋，双方约令依次传国于弟。雕陶莫皋（复株累若鞮单于）之后，且麋胥（搜谐若鞮单于）、且莫车（车牙若鞮单于）、囊知牙斯（乌珠留若鞮单于）、咸（乌累若鞮单于）、舆（呼都而尸道皋若鞮单于，呼韩邪单于第五阏氏之子）相继按照兄终弟及的方式继承单于位。舆继位后，想将单于位传给自己的儿子，于是杀害了他的弟弟左贤王伊屠知牙师，即王昭君的儿子。此举引起了呼韩邪单于诸位孙子的不满，其中比的抵制情绪最为强烈。比是乌珠留若鞮单于囊知牙斯的长子，时为右薁鞬日逐王，领匈奴南边部落。呼都而尸道皋若鞮单于死后，他的儿子乌达鞮侯和蒲奴相继继位，比因为被剥夺继承权利而对单于庭不满。时逢匈奴遭遇旱灾，草木尽枯，人畜饥疫，在这种情况下，比于建武二十四年（48）在南方八部的支持和拥护下，“以其大父尝依汉得安”[①]，于是款五原塞，依附汉朝，从此匈奴正式分裂为南、北匈奴。比成为南匈奴的首位单于，蒲奴为北匈奴的第一位单于。此次分裂之后，匈奴再未能统一。

第三节　南匈奴和北匈奴

匈奴分裂之后，南、北匈奴经过了四十余年的对峙，发生战争十余次。丁零、鲜卑也经常寇扰、抢掠北匈奴财物，北匈奴衰耗。永元元年至三年（89—91），东汉联合南匈奴、乌桓、鲜卑连续三次深入漠北大举征伐北匈奴，北匈奴前后归附者数十万人。永元三年（91），北匈奴度金微山向西迁徙，至此匈奴主力撤出了漠北。北匈奴西迁以后，留在北方草原上的匈奴人有些与丁零人发生了融合，有些人加入了新崛起的鲜卑人中，以鲜卑自居。南迁和西迁的匈奴人则继续活跃于中国北方地区和中亚至东欧的历史舞台，直至6世纪才逐渐消失于人们的视线。

一、南匈奴

南匈奴依附东汉后，单于庭经历了三次迁徙，先后迁徙至五原郡、云中郡、西河郡美稷县（今内蒙古自治区准格尔旗境内）。南单于入居西河后，部众屯驻在北地郡、朔方郡（治朔方县，今内蒙古自治区杭锦旗东北什拉召附近）、五原郡、云中郡、定襄郡、雁门郡、代郡等地，“其部落随所居郡县，使宰牧之，与编户大同，而不输贡赋。多历年所，户口渐滋，弥漫北朔，转难禁制”[②]。其间，南匈奴在东汉的卫护下，经济得到了发展，社会相对安定。北匈奴西迁之前，南匈奴经历了八位单于的统治，东汉政权很少干涉南匈奴内政，单于可以自行任命官吏，并保持独立的政治组织和习俗。东汉派去南匈奴的使匈奴中郎将虽也有“参辞

① （南朝·宋）范晔撰，（唐）李贤等注：《后汉书》卷89《南匈奴列传》，中华书局，1965年，第2942页。

② 《晋书》卷97《北狄传》，第2548页。

讼”的权力，但不能影响南单于及各部首领对部众的统治权威。

北匈奴西迁以后，南匈奴内部出现了分化倾向，东汉政府对南匈奴的态度也发生了变化。永元五年（93），南单于安国继位，南匈奴部分部众认为可乘北匈奴西迁之机重回漠北，但是这种想法没有得到东汉的支持。与此同时，东汉使匈奴中郎将开始介入单于庭内部矛盾，甚至直接干涉单于的继承和废立。在安国以后的十二位匈奴单于中（不包括南匈奴部众自立的须卜骨都侯），有八位单于继位受到汉朝或使匈奴中郎将的干涉①。时鲜卑、乌桓力量壮大，多次攻击南匈奴，单于庭常常处于被动地位，亦不能有效统治部民。从安国到单于呼徵时期，南匈奴内部发生了连续不断的内讧和反汉事件。中平四年（187），南匈奴的内讧达到了白热化的程度。首先是南单于羌渠命令左贤王率兵同东汉军队一起出征讨伐叛军，匈奴人民恐单于“发兵无已”，于是联合起来杀掉了羌渠单于。羌渠的儿子於扶罗继位，国人拒绝承认其单于地位，另立须卜骨都侯为单于。於扶罗求助东汉无果，屯兵于河东的平阳（治平阳县，山西省临汾市西南），并参加了东汉末期的军阀混战。在西河单于庭的须卜骨都侯立一年后去世，“南庭遂虚其位，以老王行国事”②。兴平二年（195），於扶罗死，弟呼厨泉立为单于，并返回了单于庭。之后，呼厨泉单于所领的南匈奴部众投靠了袁绍。袁绍被杀后，呼厨泉单于领部降曹操。建安二十一年（216），呼厨泉单于入朝，曹操将其留在邺城（今河北省邯郸市临漳县），让右贤王去卑回平阳管理各部。至此，南匈奴的单于统治结束了，南匈奴政权不复存在。

曹操在扣留了呼厨泉单于之后，虽命右贤王去卑监管各部，但是去卑并没有实际的权力，南匈奴各部散居在平阳、西河（治离石县，今山西省吕梁市）、太原（治晋阳县，今山西省太原市西南）、新兴（治九原县，今山西省忻州市）、上党（治长子县，今山西省长子县西）、乐平（治沾县，今山西省昔阳县西南）六郡。后曹操分南匈奴为左、右、

① 八位单于中，师子、兜楼储、羌渠在汉朝或使匈奴中郎将的扶持下继承单于位，安国、利休、呼徵直接或间接被使匈奴中郎将所杀，居车儿一度被拘留，呼厨泉被留邺城。《后汉书》卷89《南匈奴列传》。

② 《后汉书》卷89《南匈奴列传》，第2965页。

中、南、北五部，各部立贵者为帅，选汉人为司马，魏末又改帅为都尉。嘉平三年（251），五部匈奴中的左部帅刘豹势力逐渐强大，重新合并匈奴为一。除了五部匈奴外，还有一些与匈奴有关的部落在西晋时期南迁入塞。《晋书·北狄传》记载，西晋时期有塞北十九种入塞，皆有部落，不相杂错。泰始元年（265），匈奴大水，塞泥、黑难等部两万余落入塞请降，晋武帝将其安置于河西故宜阳城（今河南省宜阳县西）下，与晋人杂居。太康五年（284），匈奴胡太阿厚率其部落二万九千三百人归化。太康七年（286），又有匈奴胡都大博及萎莎胡等各率种落大小凡十万余口，降附西晋。太康八年（287），匈奴都督大豆得一育鞠等复率种落大小万一千五百口来降[①]。如此大规模的匈奴新降人口加上原来的五部匈奴，使得北方沿边的北地郡（治富平县，今宁夏回族自治区吴忠市西南）、西河郡、太原郡、冯翊郡（治临晋，今陕西省大荔县）、安定郡（治临泾县，今甘肃省镇原南）、上郡、平阳郡、弘农郡（治弘农市，今河南省灵宝市北）、魏郡（治邺县，今河北省临漳县西南）、京兆郡（治长安县，今陕西省西安市西北）、上党郡等地都分布有匈奴。此外还有内迁南匈奴与鲜卑融合的铁弗匈奴、匈奴左沮渠王后裔与临松卢水地区的居民融合的匈奴沮渠氏。这些入塞的匈奴部落，后来都集结在刘渊复兴匈奴的大旗下，掀起了声势浩大的反晋斗争，并最终推翻西晋，建立了割据政权。十六国时期的汉赵、大夏、北凉即是匈奴民族政权。

二、北匈奴

北匈奴被东汉打败以后，开始了漫长的西迁之旅。北匈奴西迁首先到达了伊犁河流域的乌孙区域，在那里停留了一段时间之后，继续迁徙至锡尔河流域的康居辖区。大概在此过程中，匈奴中的一部分人在乌孙和康居偏北地区建立了悦般国。其他匈奴人则继续向西迁徙至顿河以东的阿兰聊国（奄蔡国）[②]。罗马历史学家阿密阿那思（330—390 年）写的

---

① 《晋书》卷 97《北狄传》，第 2549 页。

② （晋）陈寿：《三国志》卷 30《魏书·乌丸鲜卑东夷传》注引《魏略》，奄蔡国条，中华书局，1959 年，第 862 页；（北齐）魏收：《魏书》卷 102《西域传》，悦般、粟特条，中华书局，1974 年，第 2268、2270 页。

《历史》一书中记载，4 世纪中叶，匈奴人出现在顿河流域东面后，向西对阿兰聊人的国家展开进攻，阿兰聊人国王被杀，国家被征服。占领了阿兰聊人的领土之后，匈奴继续西渡顿河。当时匈奴人的首领是巴拉米尔（Balamir），在他的率领下，匈奴人征服了顿河以西的东哥特人，并与东哥特的公主和亲，在一段时间内，匈奴人允许东哥特人有自治的权利。之后匈奴人继续渡过聂斯德河侵入西哥特人的领地，西哥特人则向西渡过多瑙河进入罗马帝国境内。大批的哥特人与小部分的匈奴人和阿兰聊人在进入罗马境内后，因与地方官之间的矛盾，不断发生骚乱。378 年，罗马帝国发动了平定哥特人的战争，这次战争的结果是罗马军队惨败，皇帝瓦伦斯亦死于战争[①]。之后，东哥特人和西哥特人都获得了属于自己的土地，此后他们与罗马帝国之间的摩擦和战争一直存在，395 年，罗马帝国分裂为东、西两个帝国。在哥特人扰动罗马局势期间，匈奴人在原哥特人和阿兰聊人居住的南俄草原暂时休养和安定下来，并继续向西占领了多瑙河下游的潘诺尼亚地区。在这个过程中，匈奴人曾经试图以此为基地向南越过高加索山脉入侵亚美尼亚等地，但是均没有成功。

匈奴人与罗马帝国发生直接关系是在罗马帝国分裂之后。时东罗马将领哥特人干那斯（Gainas）叛乱，逃亡至多瑙河下游，希望得到匈奴人的庇护。时任匈奴的单于乌单（Uldin）将其捕杀，并将头颅送回东罗马。在这之后，匈奴人继续追击哥特人和其他蛮族，迫使他们一路向西进入了意大利和西班牙境内，进而扰动了西罗马的局势。之后，匈奴人退回了潘诺尼亚地区，频繁侵扰东罗马地区。408 年，乌单在一次征伐东罗马边地满载而归途中被罗马人袭击杀死。乌单统治时期，从南俄草原一直到欧洲中心地带皆在匈奴的控制之下。陈序经据《罗马编年史》记载说，乌单是多瑙河以外所有蛮族的统治者[②]。

乌单之后，见于欧洲史籍的匈奴人首领是奥克塔（Oktar）和卢加（Ruga）。尽管关于这两位首领的记载很少，但是有学者认为在这段时间，匈奴人已经建立了以潘诺尼亚为中心的欧洲匈奴帝国[③]。422 年和 426

① 〔美〕W. M. 麦高文著，章巽译：《中亚古国史》，中华书局，2004 年，第 199 页。

② 陈序经：《匈奴史稿》，第 529 页。

③ 〔美〕W. M. 麦高文著，章巽译：《中亚古国史》，第 215、216 页。

年，卢加率领匈奴人先后侵入东罗马色雷斯和马其顿，这两次入侵之后，东罗马帝国年奉匈奴帝国350磅黄金，以换取边境的暂时安宁。卢加去世后，匈奴人由两位单于共同执政，他们分别是布雷达（Bleda）和阿提拉（Attila）。其间，匈奴与东罗马帝国签订了新的不平等条约。条约规定，东罗马帝国每年向匈奴奉送的金磅增加一倍；引渡逃亡罗马的匈奴人口；罗马帝国放弃与多瑙河以北各部落签订的各项条约，这些部落皆归匈奴统治；在匈奴的东罗马俘虏每逃亡一人惩罚东罗马黄金八片等[①]。条约内容说明东罗马帝国在与匈奴的对峙中明显处于下风，然而对东罗马帝国而言，来自匈奴人更大的威胁还在二十年之后。

在两位单于共同执政十年之后，匈奴帝国继续保持着强盛的状态。435年，布雷达去世，阿提拉成为匈奴帝国唯一的单于。据普利斯库斯的《出使匈奴王廷记》记载，阿提拉身材矮小，胸膛广阔，头大眼小，胡须稀疏且呈灰色，鼻子扁平，体形不太均称。阿提拉生活简朴，其饮食起居甚至比起很多匈奴贵族都要低调，他和他众多的妻子们住在木结构的宫殿中。他在接待外国使臣时动作矜持而有时也不失宽容，在他的儿子面前，他也会笑容满面，表现出他的慈爱。这些特征让阿提拉在日常生活中看起来平易近人[②]。实际上，阿提拉最显著的特点是他卓越的军事才能、沉着冷静的性格和超强的自信。他发动的一系列对东、西罗马的战争给欧洲带来了前所未有的震动。447年，阿提拉率领匈奴大军进攻东罗马，深入达达尼尔海峡和希腊的温泉关，包围君士坦丁堡，东罗马帝国被迫求和。此战之后，巨额的经济赔偿让东罗马帝国的经济处于破产的边缘。450年，阿提拉统领包括东哥特人、日耳曼人、撒克逊人、勃艮第人、阿兰聊人和法兰克人在内的匈奴联军向西直逼高卢奥尔良地区。西罗马与西哥特军队联合应战，双方在加泰隆尼亚平原上会战，这也是欧洲历史上规模最大的战役之一，这场战役造成了双方数十万伤亡。这场战役之后，阿提拉决定撤退回莱茵河。第二年，阿提拉再次率军西

---

① 以上内容参见齐思和、耿淡如、寿纪瑜选译：《中世纪初期的西欧》，第29—36页；〔英〕爱德华·吉本著，黄宜思、黄雨石译：《罗马帝国衰亡史》，第84—99页。

② 关于阿提拉的描述主要见于普利斯库斯的《希腊史残稿》，转引自〔美〕W. M. 麦高文著，章巽译：《中亚古国史》，第219、220页。

进意大利，占领米兰和阿奎利亚，南下逼近罗马。后因军中发生疫情，阿提拉无心恋战，于是在西罗马承诺奉送大量财物之后，顺势撤兵。经过此次阿提拉的打击，西罗马帝国实际上已经名存实亡了。

453 年，阿提拉在新婚后的第二天被发现死在了床上。在他统治的二十年时间里，匈奴帝国进入了极盛时期，版图东起咸海，西至大西洋海岸，南起多瑙河，北至波罗的海。阿提拉死后，诸子为瓜分领土发生了内讧，匈奴役属下的日耳曼人联合其他部落乘机造反，匈奴帝国迅速瓦解。468 年，阿提拉的一个儿子在进攻罗马时被杀，这是西方典籍中对匈奴人最后的记载。

第四章　匈奴的政治与军事

特殊的生态环境和社会环境造就了匈奴独特的政治、军事文明。单于统治下的“行国”体制、两翼制、分封制是匈奴最基本的中央和地方统治方式，这些政治制度反映了匈奴内部利益分配的逐层分级原则。匈奴的军事与经济、政治制度相适应，实行军政合一、兵民合一、全民兼兵的制度。

第一节　单于继承制度

单于是匈奴最高的行政首领和军事统帅，总揽行政、军事等一切权力。单于全称“撑犁孤涂单于”，匈奴谓天为“撑犁”，谓子为“孤涂”，其意相当于中原“天子”的称谓。“单于”为“广大之貌也，言其象天单于然也”①，意在突出单于君权神授。汉文史籍中匈奴最早的单于是头曼单于，其时也被认为是匈奴政权的草创时期②。头曼单于以后，匈奴政权经历了五十余代单于（包括五单于争立、南北匈奴分裂时期），单于一般在“挛鞮氏”（《后汉书》记作“虚连鞮氏”）家族中产生。

头曼单于之后，冒顿、老上、军臣都以父死子继的继承方式承袭单于位，其间历经八十余年。这一阶段匈奴使四方朝贡，西汉也主动向匈奴提出和亲、岁贡的请求，这种盛世局面与匈奴政权的稳定、单于更替有序平稳过渡有很大的关系。军臣单于之后，匈奴单于继承出现了新变化。军臣单于指定的继承人是他的儿子於单，但是，军臣的弟弟伊稚斜凭借武力赶走了於单，自立为单于，时间大概是在元朔三年（前126）。

---

① 《汉书》卷94上《匈奴传上》，第3751页。

② 何天明：《对匈奴创建政权若干问题的探讨——匈奴政权始自冒顿单于说质疑》，《内蒙古社会科学》（汉文版）2006年第1期。

这是匈奴继承制度的一个转折点，伊稚斜单于成为匈奴历史上第一个以兄终弟及方式承位的单于。伊稚斜单于去世之后，单于位又回到了父死子继的承位方式，他的儿子乌维、孙子詹师庐相继继位。詹师庐号称儿单于，在位仅三年就死了，之后儿单于的叔叔、乌维单于的弟弟右贤王句黎湖当了单于。此时是太初三年（前102），这是匈奴政权中首次出现叔承侄位的情形。也就是说乌维单于之后，他的儿子和弟弟先后登上单于位。从此开始，匈奴单于继承在很长一段时间内较为混乱，两种继承方式交替上演。

句黎湖单于之后其弟左大都尉且鞮侯被立为单于，且鞮侯单于之后则是他的儿子左贤王被立为狐鹿姑单于。狐鹿姑单于在位之时，他的异母弟弟左大都尉受到国人的拥戴，但狐鹿姑单于的生母想让他把单于位传给她的另一个儿子，于是杀了左大都尉。狐鹿姑单于死前留下遗言立他的弟弟右谷蠡王为单于，可在他去世之后，颛渠阏氏联合卫律等矫单于令，立狐鹿姑的儿子左谷蠡王为壶衍鞮单于。从这个过程可以看出，狐鹿姑单于之后，其弟系与子系的争夺异常激烈，父死子继和兄终弟及两种继承方式产生的矛盾已经非常明朗化了。

壶衍鞮单于死后，其弟左贤王虚闾权渠单于继位。虚闾权渠单于之后继位的握衍朐鞮单于是乌维单于之后裔，他既不属于弟系成员也不属于子系成员，远远偏离了单于继承顺位原则，且他能继位多仰仗于他的情人颛渠阏氏的扶持，由此也直接引发了匈奴的内乱。在长期的内部倾轧中，匈奴社会由盛而衰。在经历了多位单于争位的乱局之后，单于位落在了虚闾权渠单于的儿子呼韩邪手中。呼韩邪单于之后，颛渠阏氏和大阏氏约定“传弟于国”，从此，兄终弟及的继承方式在很长一段时间内被遵循和认可，匈奴社会也保持了六十多年安定太平的局面。在呼韩邪单于的第六个儿子呼都而尸道皋若鞮之后，单于继承方式重新回归到子系承位，由此引起诸弟系成员子孙的不满，引发内乱，匈奴统一政权迅速分化瓦解。

南匈奴依附汉朝前期近100年的时间里，南匈奴的单于继承方式有父死子继、兄终弟及、叔侄相继、堂兄弟相承等多种方式，虽然看似无章可循、比较混乱，但是其间单于的继承人一直在第一代南匈奴单于比的儿子和孙子们之间交替更迭，其间经历了12位单于，其中5位是比的儿子，7 位是比的孙子。汉安二年（143），兜楼被东汉立为单于，此后经历的 8 位单于，或受到汉朝的扶持，或自立为单于，其身份史书中没有交代。他们是否仍然出自挛鞮氏家族亦无法确定[①]。

从以上匈奴单于继承情况可知，匈奴单于继承方式在不同的时期经历了不同的变化。一般实行父死子继和兄终弟及的继承方式，两种继承方式下，子系和弟系势均力敌，继承单于位的人数基本相当。总的看来，前期父死子继更具优势，后期兄终弟及实行更多，其中也间或有叔侄相继等其他继承方式。父死子继是伴随着私有制的产生而产生的一种世袭制度。匈奴政权建立后，这个制度并不稳定[②]，也没有形成像中原那样比较成熟的嫡长子继承制，所以，父亲在传子的过程中，也会通过世选的名义传位给其中的一位儿子[③]。因此，头曼单于在将要改变主意从传位冒顿改换为传位少子之时，引来了杀身之祸。尽管如此，在匈奴政权建立初期的相当长的时间里，单于按照父死子继的方式进行交替，没有产生大的矛盾和冲突。但是既然匈奴对单于继承制度并没有具体要求和明确规定，那么，有实力的单于的兄弟们自然就会有觊觎单于位之心，兄终弟及的出现就再自然不过。

从伊稚斜单于开始，弟系正式加入单于继承的角逐，这也使得单于家族成员在王位继承这一问题上有了新的范例，传统的父死子继从此开始受到了兄终弟及的挑战，争夺变得越来越激烈。从文献反映的内容来看，伊稚斜单于的上台并没有遭到太多反对，也没有引起匈奴内讧，可见兄终弟及的继承方式没有受到匈奴贵族们较大的抵制。这种现象反映出在继承身份的认定上，只要保证单于在挛鞮氏家族内产生，其他宗族成员对于单于继承顺位的变换不会有太多的干涉，呼韩邪单于时期诸大臣所言的“今兄弟争国，不在兄则在弟，虽死犹有威名”[④]表达的正是这种观念。而且匈奴是个“尚武”的民族，他们崇拜英雄和有能力的人，

---

① 以上世袭传承参见《史记》卷 110《匈奴列传》、《汉书》卷 94《匈奴传》、《后汉书》卷 89《南匈奴列传》。

② 马长寿：《北狄与匈奴》，第 58 页。

③ 肖爱民：《试析匈奴单于位的继承制度》，《内蒙古社会科学》（汉文版）2007 年第 3 期。

④《汉书》卷 94 下《匈奴传下》，第 3797 页。

单于去世之后，他的儿子们如果尚处于年少阶段，既没有治理政权的经验，也没有统兵打仗的战功，兄终弟及正可弥补这种因单于年少可能给政权带来的不稳定性。这也反映了匈奴单于继承中有能力优先的因素，尤其是在匈奴政权走向衰落的过程中，更需要有经验的单于出现。一些单于在年老之后考虑到这个问题，所以传弟不传子。例如，狐鹿姑单于生前因“子年少，不能治国”，立弟不立子。但实际上，兄终弟及导致的叔侄之间的矛盾在一定程度上加重了匈奴的分裂。

除了基本的继承方式之外，匈奴单于继承还要考虑其他的因素，如左贤王承位、贵人会议和阏氏干涉等情况[①]。

根据文献记载，“匈奴谓贤曰‘屠耆’，故常以太子为左屠耆王”[②]。即左贤王相当于中原“太子”的身份，应是第一顺位继承人。但实际上在呼韩邪单于之前的 13 位匈奴单于中，以左贤王继承单于位的只有两位，分别是狐鹿姑单于和虚闾权渠单于。以右贤王继位的有两位，左谷蠡王两位，左大都尉一位，其他则身份不明。有学者推测，以子继承单于位的冒顿、老上、军臣、儿单于也有可能是以左贤王的身份承位的[③]。但是仅就明确的记载可知，在匈奴前期看不出左贤王在继承单于位时具有明显的优势。左贤王继承单于的优先权是在呼韩邪单于之后才全面凸显出来的，他的六个儿子除长子复株累若鞮单于之外，皆是以左贤王的身份继承单于位的，随后呼韩邪单于的孙子、呼都而尸道皋若鞮单于之子乌达鞮侯和蒲奴也是以左贤王身份继位的，即从复株累若鞮单于开始直到南北匈奴分裂的 7 位继任者，在继承单于位之前皆任左贤王之职。这反映出呼韩邪单于之后，受到中原皇位继承制度的影响，匈奴的单于继承制逐渐完善，这一阶段左贤王才正式成为了名副其实的“太子”。

贵人和阏氏在单于继承人选的问题上也会发挥作用。单于去世之后，新单于的继位需召开贵人会议，并诏诸王于单于庭参加新单于的继位仪式，同时也表明对新单于的拥护。在单于继承出现问题时，贵

① 肖爱民：《中国古代北方游牧民族两翼制度研究》，第 14 页。

② 《史记》卷 110《匈奴列传》，第 2890 页。

③ 李春梅：《匈奴政权左贤王若干问题探析》，《内蒙古社会科学》（汉文版）2008 年第 3 期。

人会议也会出面干涉或调停。例如，且鞮侯单于去世后，立长子左贤王为单于，后因左贤王未赶到单于庭，“贵人以为有病，更立左大将为单于”[①]；狐鹿姑单于病重之时，召集诸贵人商议继任单于的人选；呼韩邪也是受到诸王和左地贵人的拥立而继承单于位的。这些事例说明，贵人会议在确定新单于人选上也起到了一定作用。除了贵人之外，阏氏也会对单于继承产生影响。阏氏音胭肢、焉支，即单于妻子的称呼，相当于中原的皇后和妃妾。单于有众多的阏氏，根据诸位阏氏的权力、恩宠，或者也与出嫁顺序和发挥的作用有关，设有专门的阏氏名号。见于文献记载的有颛渠阏氏、大阏氏、第二阏氏、第五阏氏和宁胡阏氏等，其中颛渠阏氏当为最贵。除此之外，单于的母亲被称为母阏氏，相当于中原的皇太后。另外，文献中还有休屠王阏氏、屠耆阏氏等记录，盖匈奴境内其他封王的妻妾们，也被称为阏氏。阏氏有一定的权力，经常会干预朝政，影响单于决策和单于的继承。例如，狐鹿姑单于生前，在母阏氏的影响下，拟定了他的同母弟弟右谷蠡王为法定继承人，可是在他死后，颛渠阏氏联络国中贵人将新单于的人选改换成了狐鹿姑的儿子左谷蠡王；虚闾权渠单于的颛渠阏氏则在单于死后诸王未及时赶到的情况下，扶立了右贤王屠耆堂为握衍朐鞮单于。阏氏对单于继承的干涉并非皆从自身利益出发。例如，在呼韩邪单于死后，他的颛渠阏氏从匈奴大局出发，另立了呼韩邪单于的长子雕陶莫皋为单于，并商定了传国于弟的继承顺位，稳定了匈奴的政局。以上可见，阏氏在单于继承的问题上具有一定的影响力。

综上所述，在单于继承制度上，单于的儿子和兄弟都有继承单于位的资格，他们不一定严格地遵守左贤王承位的原则，在社会安定国家强盛时期，基本是子系继位，而在政权动荡或者单于的儿子们年少时，更具个人能力的弟系会占据优势，在子系和弟系的争夺过程中，阏氏、贵人的立场会产生很重要的影响。总体而言，在没有一个明确、成熟的继承法则的情况下，继承问题始终是匈奴政局动荡的一个隐患，同时动荡的政局也会使单于的继承更加充满不确定性，二者基本相伴始终。

---

① 《汉书》卷94上《匈奴传上》，第3778页。

第二节　匈奴政权的行政管理模式

匈奴政权的控制范围以蒙古高原为中心，东至今内蒙古自治区东部一带，南沿长城与秦汉相邻，并一度控有河套及鄂尔多斯地区，向西以阿尔泰山为界，北达贝加尔湖周边。匈奴将广阔的统治区域按方位划分为三个行政区。其中单于直辖区居中，是匈奴政权的核心区域，又设左、右一级行政区护卫单于庭。地方辖区内再进行逐级分封，共分为二十四个区域，各派万骑长进行管理。

一、单于庭

单于庭是匈奴最高的领导机构，单于庭每年定期召集三次会议。这三次会议，除了祭祀活动之外，主要是落实和加强单于的统治并商讨重要事项。除了经常性的会议外，遇到特殊情况，单于庭也会召开临时会议商讨国家大事。单于庭通过三次常设会议和不定期会议，集中熟悉各驻牧地的情况，了解国家财力物力，并及时做出决策和统一部署，进而实现对全体匈奴人的有效统治。

单于庭除了以单于为最高的统帅之外，还有辅政大臣参政议政。贵族集团主要有呼衍氏、兰氏、须卜氏、丘林氏。这四大姓氏可能是在匈奴早期发展过程中发挥过重要作用的氏族，甚至在匈奴早期，这四大氏族成员或有资格参与世选制竞选首领之位。在匈奴发展过程中，挛鞮氏的势力增强，并成为最具权威的氏族，由此，匈奴的单于开始在挛鞮氏家族中产生，从此贵族集团则承担了参政议政的角色，盖主管断狱、听讼等文职事物者。贵人氏族常与单于家族有婚姻关系，是单于家族比较稳定的同盟，在帮助单于进行统治的同时，也共享政权的利益。

单于庭直辖区域在西汉代郡、云中郡以北的广阔区域内。元封六年（前 105）之后，单于庭向西北迁徙，直辖区西移至直面西汉朔方郡至武威郡（治姑臧，今甘肃省武威市）的北部区域。单于庭所在地与“茏城”有关，对此，汉文史籍中有很多证据。其一，汉文文献中多次提到茏城是匈奴单于祭祀之处，因此当不会远离单于庭。其二，匈奴历史上，地方封王对单于不满就会拒绝前往茏城朝会。如壶衍鞮单于时期，左贤王、右谷蠡王都曾经因为继承矛盾不参加茏城朝会和祭祀。而虚闾权渠单于病重时，被他废黜的颛渠阏氏令右贤王留在茏城附近，伺机继位[①]。此外，在西汉对匈奴的战争中，西汉将茏城视为一个重要的战略目标。元光六年（前 129），车骑将军卫青击匈奴，“出上谷，破胡茏城”[②]；《史记·平津侯主父列传》记载主父偃在给汉武帝上书中提到“深入匈奴，燔其茏城”[③]的憧憬。可见，茏城在匈奴社会有着特殊的政治地位。桓宽《盐铁论·诛秦》中记西汉军队“北略至龙城，大围匈奴，单于失魂，仅以身免”[④]，此明确说明当时单于正在茏城。以上证据证明，“茏城”就是单于庭所在地，也是单于直辖区的大本营。由于受到西汉军队的连续打击以及其他因素的影响，匈奴单于庭数次迁徙。例如，元朔六年（前 123）之后，伊稚斜单于在赵信的建议下，益北绝幕，北迁单于庭；元封六年（前 105），儿单于继位之后，单于向西北迁徙，左部则迁移到了原来单于直辖区的范围，显然单于庭并非仅在一地。基于此，如果茏城始终是一个固定的城或者是区域的话，在经过西汉几次攻打、单于庭也在不断迁移的情况下，茏城仍然能成为单于祭祀、大臣朝会之处是不太可能的。因此可以推测，在匈奴统一政权存立期间，随着单于庭的三次迁徙，茏城作为单于驻地的核心扎帐区，可能不只一处。最新考古发掘的蒙古国后杭爱省境内和日门塔拉城址是蒙古国境内保存最好、规模最大的古城群落之一，现遗址包括东西相邻、结构相同的三座城址，俗称“三连城”，城内发现大型礼制性建筑台基。考古工作者初步推测，该城可能是《史记》中记载的匈奴祭祀、会盟之地，与匈奴茏城有关，时间在前 3 世纪至 1 世纪[⑤]。

---

① 《汉书》卷 94 上《匈奴传上》，第 3789 页。

② 《史记》卷 108《韩长孺列传》，第 2864 页。

③ 《史记》卷 112《平津侯主父列传》，第 2959 页。

④ （西汉）桓宽整理，陈桐生译注：《盐铁论》卷 8《诛秦第四十四》，中华书局，2015 年，第 430 页。

⑤ 参见内蒙古自治区文物考古研究所、蒙古国游牧文化研究国际学院：《2014 年蒙古国后杭爱省乌贵诺尔苏木和日门塔拉城址 IA-M1 发掘简报》，《草原文物》2015 年第 2 期；吉林大学考古学院、内蒙古自治区文物考古研究所、蒙古国游牧文化研究国际学院、内蒙古博物院、内蒙古师范大学：《蒙古国后杭爱省乌贵诺尔苏木和日门塔拉城址发掘简报》，《考古》2020 年第 5 期；新华社北京 2018 年 1 月 16 日电。

在后杭爱省境内还发现了高勒毛都大型匈奴墓葬群，调查显示高勒毛都1号墓葬总数483座，214座为甲字形墓；2号墓地墓葬总数571座，甲字形墓104座，是典型的匈奴贵族墓葬群，出土了鎏金银龙、玉剑璏、汉代玉璧、西亚金冠形饰、成套的马饰等有较高价值的文物，有学者推测匈奴的王陵就在此处①。这两项考古成果证明蒙古国后杭爱省境内曾经为单于庭所在地是可信的。

二、两翼制度和分封制度

匈奴实行两翼制度，即在单于直辖区的左、右方各设一级地方统治区域。左、右两翼各有固定的活动区域。根据文献记载，左翼在东部，其控制区域包括西汉上谷郡至秽貉、朝鲜沿线以北的草原地带；右翼控西方，统辖上郡以北至月氏、氐羌北面的广大区域，右翼同时负责掌管西域各国事务。左、右翼的统治范围也会随着单于庭的迁徙而有所调整。两翼互不统属，区域内分别设置左右贤王、左右谷蠡、左右大将、左右大都尉、左右大当户、左右骨都侯，其中左右贤王和左右谷蠡王是单于之下最大的四个王。他们在服从单于统一调遣的前提下可以总揽地方政务，集军政于一体。匈奴有尚“左”习俗，因此，左贤王的地位要高于右贤王，左谷蠡王的地位也高于右谷蠡王。《后汉书·南匈奴列传》记载：“其大臣贵者左贤王，次左谷蠡王，次右贤王，次右谷蠡王，谓之四角。”② 按此，则南匈奴时期左谷蠡王的身份也高于右贤王。四大封王的驻地大概分布在单于直辖区的四角方位，相关研究认为：“左贤王位于东方南部，南与中原的上谷郡、东与乌桓相接。左谷蠡王位于东方北部，北与丁零相接。右贤王位于西方南部，与氐羌相接。右谷蠡王位于西方北部，与坚昆等族相接。”③

① 周立刚:《探索匈奴文化 蒙古国高勒毛都2号墓地纪行》,《大众考古》2017年第10期；河南省文物考古研究院等:《蒙古国后杭爱省高勒毛都2号墓地M189陪葬墓发掘简报》,《华夏考古》2018年第2期；孙文晔:《匈奴贵族墓中蒙联合考古实录》,《北京日报》2020年5月19日09版；周立刚:《高勒毛都2号墓地调查记（一）》，河南文物局网，2020年6月8日。

② 《后汉书》卷89《南匈奴列传》，第2944页。

③ 〔日〕泽田勲著，王庆宪、丛晓明译:《匈奴——古代游牧国家的兴亡》，第145页。

左、右翼下共划分二十四个区域，各派当户、都尉等万骑长进行管理，形成“二十四长”制。南匈奴时期则包括左右日逐王，左右温禺鞮王，左右渐将王，称为“六角”。这些都是匈奴的二级地方行政机构。无论是“二十四长”还是“六角”一般不会授予外族和外姓，皆由单于宗族子弟担任，原则上有次第继立单于的权力，但实际的情况往往并非如此。大部分情况下，各大王并非逐级晋升至左贤王后才继承单于位，而是根据势力强弱直接晋升单于，乱世尤其如此。诸二十四长和六角之下，再按十进制继续细分为各级官员，有千长、百长、什长、裨小王、相、封都尉、当户和且渠等基层职官。

在匈奴政权发挥作用的大部分时间里，左地对东胡、乌桓、丁零等族的管辖比较稳固。匈奴政权走向衰落时期，东面的乌桓才开始出现叛乱，但是匈奴最后的覆灭恰恰是由相对稳定的左地失控开始的。最终东胡族系古族代替匈奴占据了蒙古高原。匈奴的右地相对于左地而言战事较多。匈奴的两大主要资源储备地——河南和河西都在右地统辖之下，驻牧在西南的右贤王经过数次努力最终还是先后失去了对这两个区域的控制。而匈奴在西域的扩张也消耗了右地大量的兵力和财力。

左、右翼的封王是否存在世袭制还不明确。根据文献记载，“诸大臣皆世官”①，也就是说地方部王会世袭产生。有学者认为，各王在没有继承单于位的情况下，他们的位置是可以传位给儿子的，并由当朝单于认定即可②。但是如果地方封王是世袭产生，那么历代旧单于的子弟世袭占据四大封王的重要位置，每一任新单于的子弟将如何分封，该分封到什么地方？而且往任单于的子弟世袭占据左右贤王、左右谷蠡王的位置，他们在原则上具有单于继承权，可是他们与新单于的血缘关系越来越远，这在常规情况下是行不通的。如何权衡没有继承单于位的诸王的利益和新任单于新一轮的分封，关系到匈奴社会的稳定和有序发展，但就如何解决新一届中央政权与地方行政的关系，目前还没有发现具有说服力的观点。匈奴的地方封王的更替和传承比起单于继承制来更加错综复杂，

---

① 《史记》卷110《匈奴列传》，第2890页。

② 李春梅：《论匈奴的世袭制度》，《内蒙古大学学报》（哲学社会科学版）2010年第3期。

在匈奴长达三百年的政权历程中，如何权衡现任、前任甚至是往任单于的近亲子弟在地方的利益，以及以何种方式有序地世袭和延续，目前仍是一个有趣和未解的难题。

在内部封王之外，匈奴还有许多封王，这些封王多不是通过血缘关系分封，他们大部分是异族部落本来的首领、异姓大臣，或者是汉族政权中地位较高的降者等，此可视为外部封王。匈奴早期对于征服的各部落一般保留部落名号，允许他们继续在原活动区域生活，并任用本部落原来的首领进行统治，如浑邪王、休屠王就属这种情况。这些较早依附匈奴的部落，在匈奴政权的发展过程中基本被纳入了匈奴的族属范围之内，对匈奴政权具有一定的认可度，隶属于匈奴地方四大王的管辖，接受匈奴的军事调遣，在战争中被认为是匈奴较为忠实的伙伴。与此相对应的是被匈奴征服的各族，他们多活动于本来驻牧的区域，并始终保持自己独立的族名，在名义上是匈奴的藩属，需要向匈奴承担缴纳赋税的义务。这些藩属族会随着匈奴政权的盛衰时服时叛。臣服期间，他们有时会与匈奴联合出兵，但不一定会接受匈奴的军事调遣。对于这些部族，匈奴一般会分封汉族降臣或匈奴的异姓大臣进行管理。例如，卫律被封为丁零王，负责监管丁零活动区域的各族；卢绾亡入匈奴后，被封为东胡卢王，监管东胡系各族；李陵投降匈奴后，且鞮侯单于以女妻之，并封其为右校王，负责管辖鬲昆一带。但这些封王并不是真正名义上各族的王，丁零、鬲昆、东胡系的乌桓等族在接受匈奴役属之后，其自身的社会组织仍然存在，匈奴封王只是负责监管这些地区，与东汉时期汉朝派出的使匈奴中郎将具有监察南匈奴动静之职责是大致相似的。在匈奴衰落时期，丁零、乌桓等族纷纷起兵反叛，成为打击匈奴的重要力量，这也说明了他们与纳入匈奴统治和匈奴族属之下的其他部王是有区别的。另外，匈奴还会以异姓大臣封王，如卢屠王、呼衍王等，也会通过承认新占领区的王的称号来实现对这些区域的统治。这些封王一般都活动在匈奴的边境地区。

综上所述，以单于为核心的各贵族集团维系着匈奴对各地区的基本统治。在左、右翼分封的过程中，血缘关系是基本的纽带，通过分封，整个单于家族完成了对土地、资源和部众的管理，形成了等级森严的政权组织形式，并通过异姓分封对边缘地区实行羁縻统治。但是这种政体缺乏稳固的政治、经济基础，单于难以服众或政权不稳的时候，诸王为了各自利益不能有效团结在一起，地方势力就会增长。匈奴后期，这种现象越来越严重。

第三节 法 律

匈奴法律是草原上习惯法的进一步健全和完善。在政权建立之前，所谓的法律就是民族约定俗成的禁忌和习惯。随着匈奴政权的建立，早期的习惯法被进一步规范和完善，统治阶级赋予了其政治的权威，用以驾驭政权和治理部民。匈奴法正如《盐铁论·论功》中描述的那样："法约而易辨，求寡而易供。是以刑省而不犯，指麾而令从。"[①]

文献中关于匈奴的基本法律只有一处明确记载："其法，拔刃尺者死，坐盗者没入其家，有罪小者轧，大者死。狱久者不过十日，一国之囚不过数人。"[②]仅从这段记载可知，匈奴的法律中至少有盗窃、械斗、小罪和大罪四种罪名。针对这四种罪有"囚禁""没""轧""死"四种刑罚。

在这几种刑罚中，学界对于"没"的解释没有太大的分歧，主要是指对犯盗窃罪者没收其财产，或者是将犯罪者及其家口没为奴隶。在呼韩邪单于时期，与汉朝在订立盟约中提到"有窃盗者，相报，行其诛，偿其物"[③]，就是说匈奴侵盗汉朝财物要大于政权内部盗窃的罪行，不仅要偿还财物而且要被诛杀，显然这是为了维护双方友好盟约的一种官方誓言，是对盟约的一种约束，不属于匈奴法律范围的内容。而且就实际情况而言，这种量刑也不适合经常掠夺汉朝边境的匈奴人。

相关的一些研究中，对"拔刃尺者死"有不同的解释。一种认为是拔刀伤人过一尺者处死[④]。另一种观点则认为是拔刀剑及一尺者，处

---

① （西汉）桓宽整理，陈桐生译注：《盐铁论》卷9《论功第五十二》，第488页。

② 《史记》卷110《匈奴列传》，第2892页。

③ 《汉书》卷94下《匈奴传下》，第3801页。

④ 林幹：《匈奴史》，第28页；潘国基：《秦汉史话》，北京出版社，1992年，第131页；项英杰：《中亚：马背上的文化》，浙江人民出版社，1993年，第76页。

死刑[①]。

第一种观点强调的应该是拔刀伤人而且伤害达到了一定程度才会处以死刑，至于拔刀伤人情节较为轻微的，可能适用于其他惩罚方式。这种理解强调的是对个体造成的实际伤害，与刀剑本身无关。但是游牧民族的传统习俗中喜以决斗定胜负来解决日常生活中的争端，甚至军事训练比拼也是常有的事，若因为拔刀相斗致伤而判处死刑，似不太可能。第二种观点注重的并非伤害本身，而是对刀剑的管制问题。有学者以匈奴时期刀剑的长度为佐证来考量这条法律条文。例如，阿尔丁夫在分析中国古代北方民族青铜刀剑实物后得出结论，匈奴短剑的长度多在汉代一尺以上，因此他认为，“拔刃尺者”即剑将出鞘，实际上属于“意图犯罪”，因此会被处以死刑[②]。武沐进一步补充说：“长兵器用作匈奴内部的械斗，这是法律严令禁止的行为，因此无论其行为的结果如何都是死罪。”[③]《匈奴刑法新解——兼论秦汉时期匈奴法律的立法目的与特点》一文指出，匈奴短剑剑身多不足汉代一尺的长度，如果拔剑一尺以上就意味着刀剑已经出鞘，有置人死地的可能，因此会判处死刑[④]。可见后一种观点认为“拔刃尺者死”强调的是长兵器应该用于战争，日常生活中拔刀剑及一尺者，即被视为械斗、斗殴等非法用途，无论是否对人员造成伤害都是要治死罪的。以上分析虽不无道理，但是就匈奴社会的实际情况而言，刀剑出鞘难以避免。游牧民族日常生活中，刀剑不仅是武器，也是随身携带的主要生活工具，用于防身、宰杀牲畜、割物、裁剪等，严格限制刀剑出鞘，这对于游牧民族的生活会有很大的影响。而且，古代战争频繁的年代，刀剑是普通牧民的常备用品，很多刀剑并没有配套的剑鞘或者刀鞘，因此拔出刀剑一尺及一尺以上者即判处死刑，对于

---

① 〔日〕江上波夫著，张承志译：《骑马民族国家》，第38页；阿尔丁夫：《关于匈奴法“拔刃尺者死”的确切含意问题——同林干教授商榷》，《蒙古学信息》1995年第3期；武沐：《匈奴史研究》，第112页。

② 阿尔丁夫：《关于匈奴法“拔刃尺者死”的确切含意问题——同林干教授商榷》，《蒙古学信息》1995年第3期。

③ 武沐：《匈奴史研究》，第112页。

④ 于凌、李焕清、刘举：《匈奴刑法新解——兼论秦汉时期匈奴法律的立法目的与特点》，《黑龙江民族丛刊》2008年第1期。

“其约束轻，易行也”[1]的匈奴人而言可操作性不强，难以实施，也影响了匈奴人正常的生产和生活。

综合以上两种观点，结合匈奴社会的实际历史情况，“拔刃尺者死”应对匈奴人有两个层次的约束：一是刀剑是牧民们常用的武器和工具，在允许正常使用的情况下，以此故意伤人且达到一定程度者是会被处以死刑的。“刃”本身具有刀口、（用刀剑）杀人之意，因此这里强调以武器斗殴致人伤残将会受到严重的惩罚。二是长剑与短剑或刀比起来，更多被用于战争，而非日常的生活。因此“拔刃尺者死”还突显的是匈奴士兵之间不得以战争武器斗殴的纪律，这或是杜绝军队内讧、严格军纪、保证战斗力的一条法令。以上两种可能性与拔刀或者拔剑的长度及伤人伤口的长度都没有太大的关系。从这条法令也可看出，在匈奴，无论是上层贵族还是普通的部民都可持有刀剑，是百姓中寻常的物件，但其本身又具有杀伤力，因此约束对其的用途就很有必要了（图一、图二）。

图一　双鸟环首青铜短剑（内蒙古博物院藏，鄂尔多斯市准格尔旗瓦尔吐沟出土。图片见河南博物院：《匈奴与中原——文明的碰撞与交融》，中州古籍出版社，2012年，第114页）

① 《史记》卷110《匈奴列传》，第2900页。

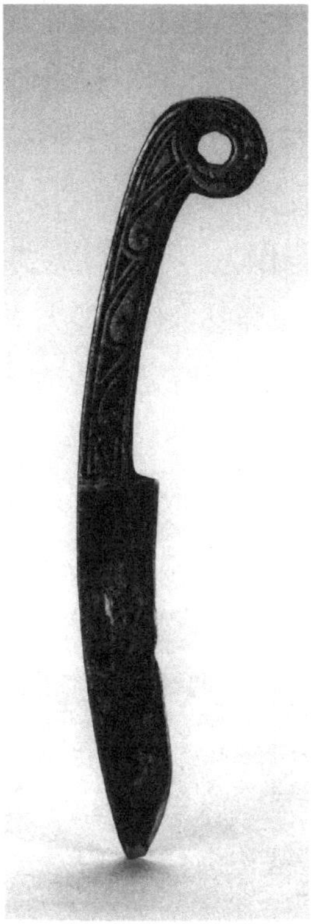

图二　卷云纹青铜削刀（内蒙古博物院藏，内蒙古呼和浩特市征集。图片见河南博物院：《匈奴与中原——文明的碰撞与交融》，第116页）

"轧"，是针对小罪的刑罚，就其到底是什么样的惩罚方式，文献中给出了不同的解释。颜师古注《汉书》曰："辗轹其骨节。若今之厌踝者也。"[①]《汉书·刑法志》中记录有这种刑法。《汉书》引服虔注云："刃刻其面也。"[②]《汉书》引如淳注："轧，椃杖也。"[③]今人在相关研究中，基本排除了以刀割面的可能性[④]。因为在北方民族中，有以刀割面流血表达悲伤的习俗，匈奴亦有此习俗："匈奴闻秉卒，举国号哭，或至梨面流血。"[⑤]匈奴以丧葬的传统习俗作为惩罚方式的可能性不大。辗轹骨节是古代的一种酷刑，即碾压踝骨或者小腿致残的一种方式。这个惩罚要比

① 《汉书》卷94上《匈奴传上》，第3752页。

② 《汉书》卷94上《匈奴传上》，第3752页。

③ 《汉书》卷94上《匈奴传上》，第3752页。

④ 武沐：《匈奴史研究》，第114页；于凌、李焕清、刘举：《匈奴刑法新解——兼论秦汉时期匈奴法律的立法目的与特点》，《黑龙江民族丛刊》2008年第1期。

⑤ 《后汉书》卷19《耿秉列传》，第718页。

"没"和"囚"严酷得多。匈奴"贵壮健"，以如此残忍之刑罚处置小罪犯人不太可能，正如武沐提到的，匈奴当不会以伤残肢体而使其丧失劳动能力或行动能力作为刑罚方式[①]。匈奴社会中何为小罪不得而知，但小罪当不至于被"没"，所以被单列出来实行"轧"的惩罚方式。如果仅从以上三种文献的解释中做出选择，适合作为"小罪"惩罚方式的"轧"最有可能是杖责。当然，文献中的三种解释是古代中原人士对匈奴"轧"刑的不同理解，都不符合匈奴"轧"刑的实际情况也是有可能的。

囚禁也是匈奴的一种刑罚。从"一国之囚不过数人"可以看出，匈奴监狱用处其实并不大，收监的人很少，而且收监时间很短，时间长的也不过十日。这与游牧的生活习俗有关，游牧社会流动的生活状态很难有固定的监狱将犯人囚禁在一地，并将人力、物力、财力浪费在看管犯人的事情上。由此也可见，"囚"是上文几种刑罚里较轻的惩处方式，针对的也当是"小罪"中情节较轻的犯人。

死刑是匈奴对犯有大罪者的惩罚方式。文献中匈奴单于下令诛杀的对象有作战不力者，如休屠王和浑邪王丢失河西；通敌谋反者，如左大都尉欲杀单于而被诛杀等。总之就是不听从单于庭号令者、有损单于集团利益者皆可被视为大罪[②]。但这只是单于庭随时随境发布的号令，还是纳入了匈奴法律范畴的明文规定，还是值得商榷的。

对匈奴人犯法行为如何量刑定级，当主要依靠司法官员来审讯和判定。匈奴政权负责司法的职官主要出自呼衍氏、兰氏、须卜氏家族，其中呼衍氏为左，兰氏、须卜氏为右。当遇到一些重要案件，司职官员无法做出判断时，则需"口白单于"，由单于来做出决断，尤其涉及大的政治性、军事性案件则必须由单于来判定裁决。

除了上述明确的法律条文之外，匈奴也可能存在政治、经济、军事的相关法律，汉文阙载而已。例如，对单于统治权威的维护、在西域收取赋税、各部王对单于的义务、匈奴军纪与军法等。这些内容若没有相对的法律准则，就会有很大的随意性，单于庭也很难实现对偌大疆域内各部的有效统治。上节提到的一些政治体制和继承制度及职官的等级本

---

① 武沐：《匈奴史研究》，第 114 页。

② 丛晓明：《中日学者匈奴法释义比较研究》，《前沿》2015 年第 11 期。

身就属于法律规定的范围。而战争中的赏罚分明，以及军事体制等内容在某种程度上也可视为是一种军事法令。

第四节　军　　事

匈奴是一个游牧的军事国家——“明以战功为事”[①]。匈奴政权建立之后，进一步规范了军事制度，以确保匈奴各部军队的统一行动力，增强军队团结协作的战斗力，其根本作用在于保障单于对军权的控制，维护统治权的稳固。匈奴的军事制度主要包括军制、兵制、军纪、军法和军事习俗等内容。军政合一、兵民合一、生产组织与军事组织合一是匈奴军事制度的主要特点。

单于是匈奴最高行政首领和军事统帅，单于以下的各部王在其所领区域内也没有文臣武将之分，多集军政于一身，他们都必须服从单于的统一调遣。单于亲自领兵出征的战争，左、右翼一般要派兵协同作战，文献中多次记录单于“使右贤王”“使左贤王”“遣右大且渠”“遣左骨都侯，右伊秩訾王”等出兵的号令。而汉朝方面为了防止匈奴左、右方互相增援，一般在攻打匈奴时，往往分兵几路，分别应对单于庭和各部王的军队。例如，天汉二年（前 99），汉使贰师将军将三万骑出酒泉，击右贤王于天山；使骑都尉李陵将步兵五千人出居延北千余里，与单于会。如果各部王在军事上有失职的表现，单于有权实行惩罚。元狩二年（前 121），河西之战中，单于认为匈奴右部驻守河西的休屠王和浑邪王作战不力，致使匈奴遭受重大损失，因此“欲召诛之”[②]，二王惧而降汉；神爵四年（前 58），乌桓击匈奴东边姑夕王，掠走较多匈奴人口，单于震怒，姑夕王恐，即与乌禅幕及左地贵人谋立稽侯珊为呼韩邪单于。

军政合一的军事制度一方面使匈奴军事行动快速高效，不会形成互相拖拉和掣肘。但是另一方面，分封的各级长官在本区域内极具军事权威，使得各部部众实际上服从的是本部的首领，而并非单于。例如，冒顿还是万骑长的时候，对其统领下的士兵下令“有不射鸣镝所射者，辄

① 《史记》卷 110《匈奴列传》，第 2899 页。
② 《史记》卷 110《匈奴列传》，第 2909 页。

斩之”[①]，在实际的操作过程中，冒顿言出必行，通过斩杀不服从命令者，在自己的军队中树立了绝对的权威。因此在他把鸣镝射向头曼单于之时，经过严格训练的士兵也将箭射向了头曼单于。由此可以看出，匈奴军政合一的军事体制，也会造成地方势力的扩张和单于权力的衰微，如果各部王出现了叛乱或者谋反，那往往就是举部之众的行为。

兵民合一，兵即是民，民即是兵。对于匈奴人而言，游牧的生产习俗和全民皆兵的社会环境下，谙熟骑射是匈奴男子必须具备的本领。因此，匈奴人从童年时期便“引弓射鸟鼠；少长则射狐兔”[②],从小的生活和训练培养了匈奴人优良的骑射技术、长途奔跑和野外生存能力。这既是作为个体游牧人基本生存本领的训练，同时也为匈奴军队培养了合格的士兵。在成长过程中，匈奴小孩随同家人狩猎、放牧羊群、游戏娱乐，骑射都是其中必不可少的内容。这也使他们逐渐具备了过硬的专业技能，等到成年之后，便成为娴熟弓马的合格士兵，因此匈奴“士力能弯弓，尽为甲骑”[③]。

军政合一、兵民合一体制下，生产与战争之间可以迅速转换。在日常的游牧和狩猎甚至是屯田的生产过程中，一旦战争发生，男子上马出征，妇女照顾牲畜和家庭，即文献中记载的“宽则随畜，因射猎禽兽为生业，急则人习战攻以侵伐”[④]，“戎马良弓，家有其备，人有其用，一旦有急，贯弓上马而已”[⑤]。汉朝人把匈奴这种快速的应战能力视为天性使然。同时，战争成为匈奴获取经济利益的手段之一。匈奴主动挑起的战争大都能做到“以战养战”，甚至还可以补充游牧经济的单一性和脆弱性，因此，在历史时期，匈奴会发动经常性的寇边。但是，由于士兵本身就是从事生产的主要劳动力，战争中人口的死亡也会直接影响匈奴经济生产中的人口数量，所以一旦中原王朝发动大规模的深入匈奴腹地的战争，匈奴无论战败还是战胜，都会造成本土物资的消耗和生产性人口的流失，使匈奴的游牧经济很快出现衰落。

匈奴建立了行之有效的军队编制。匈奴军事组织依据十进制有具体

① 《史记》卷110《匈奴列传》，第2888页。
② 《史记》卷110《匈奴列传》，第2879页。
③ 《汉书》卷94上《匈奴传上》，第3743页。
④ 《史记》卷110《匈奴列传》，第2879页。
⑤ （西汉）桓宽整理，陈桐生译注：《盐铁论》卷9《论功第五十二》，第488页。

的层级划分。各级长官根据职级的高低，领兵的数量也不等。“万骑”是最高的编制单位。万骑长所领士兵在一万至数万，万骑长一般都由单于家族的成员担任。例如，冒顿在继位之前，就具有将“万骑”的资格。万骑长之下还有千长、百长、什长等军事职级。千长统兵千人，百长领兵约百人，什长大概可领十几个到几十个兵。匈奴的各级军事组织层层递进，既独立又隶属于上一级的军事组织，兼具灵活性与统一性。各部首领和各级长官在不发生内讧的情况下，无须向单于汇报，可独立出兵寇扰中原边境或者处理与邻族的冲突。例如，汉文帝四年（前 176），冒顿单于在给汉文帝的书信中写道，右贤王因与汉朝边吏发生冲突，在没有请示单于的情况下寇汉边，自己表面上责罚右贤王西征月氏，实则是为炫耀匈奴实力。汉文帝六年（前 174），汉文帝回信单于中提到：“单于若称书意，明告诸吏，使无负约。”[①]这里提到，单于若真要和汉朝和平相处，就应该明令诸部各级职官不要寇边，以遵守合约。由此可以看出，如果没有单于明令禁止的行为，左、右各部王与周边势力的战争和冲突具有较大的随意性。事实上，单于也并没有严令禁止匈奴各部的寇边活动。根据《居延汉简》中的记录，除了匈奴单于和各部王组织的大规模的入寇之外，匈奴不定期的包围、突袭、掠物资、破坏关塞等行为非常频繁。从规模而言，多则百骑，小则十几骑，如“本始二年闰月乙亥虏可卒六骑入卅井辟非□”[②]，“本始三年九月庚子虏可九十人甲渠止北隧略得卒一人盗取官三石弩一矢十二牛一衣物”[③]等。这些机动性很强的军事行动背后，反映了匈奴简约易行又较为有序的军事行动特征。

激励性的分配制度和严明的军纪是匈奴战斗力的保证。匈奴人在战争中斩首敌人赐一卮酒，士兵在战争中所虏获的财物和俘虏可以据为己有。这在很大程度上刺激了匈奴人的战斗力，所谓“人人自为趣利”“故其见敌则逐利，如鸟之集；其困败，则瓦解云散矣”。在战争中，“战而扶舆死者，尽得死者家财”。这种习俗使得战死的士兵可以被运回家乡安葬，显示出了一种共同作战的情谊。匈奴认为，战争中的撤退和或者远

---

① 《汉书》卷 94 上《匈奴传上》，第 3758 页。

② 陈直：《居延汉简研究》，中华书局，2009 年，第 714 页。

③ 陈直：《居延汉简研究》，第 586 页。

走并不是羞耻的事情——“利则进，不利则退，不羞遁走”。当然这种战争习俗是在作战将领统一命令下集体的撤退或者迁徙，不能理解为士兵在战争中个人的懈怠甚至私逃。事实上，匈奴在战斗中的军纪非常严明，如冒顿单于在攻打东胡之时，“冒顿上马，令国中有后者斩”，这既是鼓舞士气的战前动员，同时也是针对集体作战所下达的军令和军纪。

匈奴在发动战争时，有观星月占卜的习俗——“举事而候星月，月盛壮则攻战，月亏则退兵”。匈奴与军事相关的习俗还有“壮者食肥美，老者食其余。贵壮健，贱老弱”。据中行说的解释，这一社会现象正是因为“匈奴明以战攻为事”而产生的[①]。可见具备战斗能力是匈奴人重要的个人价值体现，也是匈奴社会中对英雄、强者的一个判定标准，他们受到尊重，并会因此享有权利，得到更多的分配物资。

匈奴军队主要由骑兵构成，机动性强，善于野战、包围战，骑兵轻装易行，且驰且射，速度“至如猋风，去如收电”[②]。匈奴的兵器主要有弓、箭镞、弩机、刀、剑、戈、矛、斧和流星锤等[③]。匈奴的弓箭是进行远距离作战的武器。箭镞一般有铜制、铁制、骨制。匈奴的弓箭制造量很大，考古出土的大量箭镞也可佐证这一点。匈奴还有一种发射时带有响声的箭头，称为鸣镝，冒顿单于射杀头曼单于时就是用了鸣镝。短兵相接、直接厮杀主要用刀和剑，防护武器则主要是铁制的铠甲（图三、图四）。

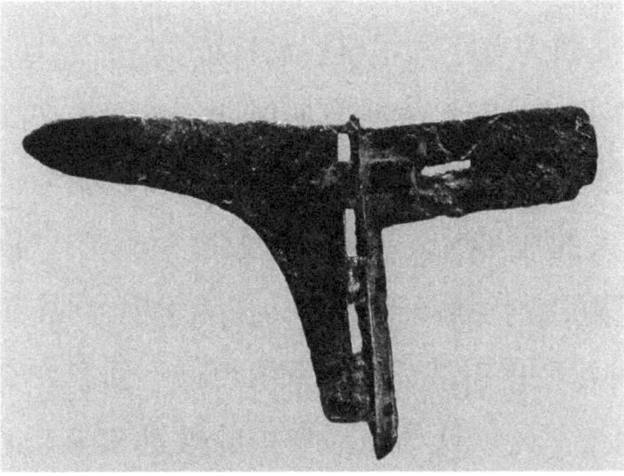

图三　青铜戈（宁夏博物馆藏，宁夏中宁匈奴墓出土。图片见河南博物院：《匈奴与中原——文明的碰撞与交融》，第121页）

① 以上引文参见《史记》卷110《匈奴列传》、《汉书》卷94《匈奴传》。

② 《汉书》卷52《韩安国传》，第2401页。

③ 马利清：《原匈奴、匈奴历史与文化的考古学探索》，第76—82页。

图四　青铜盔（内蒙古呼和浩特市托克托县博物馆藏，内蒙古呼和浩特托克托县出土。图片见河南博物院：《匈奴与中原——文明的碰撞与交融》，第 121 页）

综上所述，匈奴的军事制度与其社会形态相适应，并符合游牧经济形态的特点。匈奴依靠强大的军事力量，结束了草原上部落不相统一的局面。但是，军政合一的军事体制也造成了地方势力的独立性增强，当匈奴国力衰微时则会演变为单于集权统治的巨大隐患，成为导致匈奴分裂和内讧的原因之一。

第五章　匈奴的经济生活

《淮南子·原道训》记载："陆处宜牛马，舟行宜多水，匈奴出秽裘，于、越生葛絺，各生所急，以备燥湿，各因所处，以御寒暑，并得其宜，物便其所。由此观之，万物固以自然，圣人又何事焉。"[①]可见自然环境"直接决定着人们劳动的方式、产品的种类及产量，甚至决定着经济发展的走向"[②]。蒙古高原高寒干旱，多草原和沙漠，又缺乏灌溉的能力，不宜耕种，因此这里的原始农业逐渐被更加适应自然环境的畜牧业所替代。而随着人们对马的应用，北方草原的畜牧业具备了迁移的特征，成为游牧型畜牧业——随畜牧而转移，逐美草甘水而趋牧，这也成为匈奴及之后生活在蒙古高原的北方民族的主要经济方式。狩猎业、农业、手工业和商业是匈奴畜牧经济的重要补充。

第一节　畜　牧　业

畜牧业是匈奴主要的生产方式。匈奴通过畜牧业，将草场转换为直接的经济资源，故有匈奴"因水草为仓廪"之说[③]。畜牧业是匈奴的经济命脉，直接影响着匈奴政权的兴衰成败。

匈奴建立统一政权后，进一步加强了对畜牧业的管理和对牧场的保护。首先，划分了各部落的牧场，不同部落在固定的区域内游牧。匈奴人"逐水草迁徙""居无恒所"的生活方式包含了牧人对于资源保护的自觉意识，并且匈奴逐渐开始按照季节的不同，划分不同的营地，使草场

---

① 何宁撰：《淮南子集释》卷1《原道训》，中华书局，1998年，第38页。

② 赵庆伟：《中华民族凝聚力形成和发展中的经济因素探讨》，《族群与族际交流》，民族出版社，2003年，第205页。

③ （西汉）桓宽整理，陈桐生译注：《盐铁论》卷9《论功第五十二》，第488页。

得到合理的利用。其次，匈奴的畜产有专门的人进行放牧，一般是分群放牧。因此在“马邑之谋”时，匈奴人因看到畜产无人放牧而感觉奇怪，从而提高了警惕，避免了被伏击的危险。最后，匈奴在每年秋天会召集全体大会，统计各部落的畜产种类和数量，以便更好地了解和掌握国家的经济实力。

马、牛、羊是匈奴基础性的畜产，也是匈奴人生活资料的主要来源。匈奴自单于以下皆食畜肉、饮湩酪、衣皮革、披毡裘、住穹庐。在战国晚期和两汉时期的匈奴墓葬中，马、牛、羊等畜养动物形象的饰牌和饰件及殉葬的动物骨骼逐渐增多，这反映了匈奴畜牧业逐步发展的过程。汉朝在与匈奴的战争中，俘获牲畜动辄百余万头。例如，元朔二年（前127）河南之战中，汉朝虏获匈奴牛、羊百余万头；元朔五年（前124），卫青出高阙塞，掠夺匈奴右地牲畜数千百万；掌管丁零的卫律曾经拥有“马畜弥山”；永元元年（89），窦宪攻打北匈奴，获得牛、马、羊百余万头；阳嘉三年（134），车师后部击匈奴，获其牛、羊十余万头，如此频繁的、大规模的牲畜掠夺，足可见匈奴畜牧业的发达。

匈奴特别重视养马，人与马密不可分，因此以“万骑”立官号。匈奴人从小就开始练习骑术。在匈奴的墓葬中出土的马衔、马面饰、马鞍等马具，证明了匈奴人非常善于用马，马在生产和生活中发挥了最大的效益。在游牧生产和生活中，马的应用可以使牧人有效地驾驭和掌管牧群，同时可进行较远距离的迁徙，提高生产效率。在日常生活中，马对于传递信息、拉近草原部落彼此之间的距离都有很大的作用。马还是匈奴重要的生活资料，马肉可供食用，马奶可以作为饮料和制作马奶酒等。此外，马也是匈奴忠实的伙伴，围猎野兽时，马必不可少。马在战争中的价值更是不可估量。匈奴以骑兵见长，要具备强大的战斗力，马匹至关重要。匈奴养马业的兴盛和发达在“白登之围”的列阵中可窥见一斑。据文献记载，匈奴以马的颜色分成四个方向组成了包围圈，西方尽是白马；东方尽青駹马，即青色的马（亦有说是面白而身黑色的马）；北方是乌骊马，即黑色的马；南方尽骍马，即赤色的马。匈奴能以马的颜色列阵进攻，可见马的数量非常庞大。比起其他牲畜的外流，匈奴对马匹格外珍惜，在战争时期，匈奴更是严格控制战马外流，在相对和平的时期，单于也会集中精力“寝兵休士卒养马”[1]，以保证在下一次战争中的战斗力。汉武帝发动汉匈战争之后，作为战胜方的西汉，因“汉亦马少”暂时停止攻打匈奴转而征战南越。匈奴当时的骑兵也受到了严重的损失，马匹的数量锐减，因此在汉武帝用兵南越之时，经常寇扰北方边境的匈奴也偃旗息鼓，休养士马了（图五）。

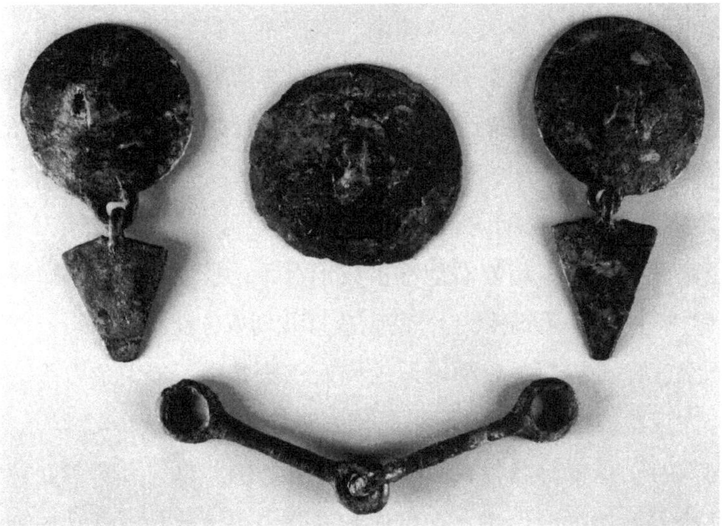

图五　青铜马面饰一组（内蒙古博物院藏，内蒙古鄂尔多斯杭锦旗桃红巴拉出土。图片见河南博物院:《匈奴与中原——文明的碰撞与交融》，第 122 页）

匈奴的牲畜除了常见的马、牛、羊之外，还有很多“奇畜”。据《史记》记载匈奴奇畜有“橐驼、驴骡、駃騠、騊駼、驒騱”等。橐驼即骆驼；驴骡是公马和母驴所生的后代；駃騠是远缘杂交而生，马父赢子，也有说是骏马之名；騊駼是北方产的一种毛色以青为主的野马，被历代视为名马，极受人们的重视；驒騱亦为野马之名。可见匈奴在养殖、动物杂交和培育技术方面取得了很大的进展。这些奇畜主要被用于交通运输、负重致远和贸易交换，有的也用于战争。奇畜以匈奴右部居多，除匈奴自身畜养外，由西域流入者也不在少数。文献记载，康居大人为迎接郅支单于，就曾经遣使献骆驼、驴马数千匹。随着匈奴与中原交往的加深，这些动物也多流入西汉，史称：“骡驴馲驼，衔尾入塞，驒騱騵

① 《史记》卷 110《匈奴列传》，第 2896 页。

马，尽为我畜”[①]。可见，在匈奴境内，这些牲畜的数量虽不及马、牛、羊，但也比较常见。正如《盐铁论·崇礼》所记录的那样：“骡驴馲驼，北狄之常畜也。中国所鲜,外国贱之。”[②]故所谓“奇畜”只是中原并不常见而已。

与农业比较而言，畜牧业的不稳定性和脆弱性是客观存在的，匈奴的畜牧业也不例外。畜群的饲养和繁殖需要适宜的气候条件，还有繁盛的水草。汉匈战争之后，匈奴连续丢失河南、河西地区，被迫徙居于“幕北寒苦无水草之地”[③]，这在很大程度上影响了匈奴的畜牧业生产，匈奴也从此开始由强盛走向衰落。除此之外，畜产流失更多的时候是受到自然灾害的影响。草原地区常出现旱、风、霜、雪等灾害，畜群一遇到这些灾害的袭击便无力抗拒，数以万计的牲畜会被吞噬，生产遭到破坏，社会经济即趋萎缩。天汉元年（前100）以后，匈奴境内的自然灾害频繁发生，严重影响了畜牧经济的发展。儿单于继位当年，匈奴发生了大雨雪，畜产多饥寒而死；始元三年（前84），匈奴又下了数月雨雪，畜产多死。与此同时，战争也夺去了匈奴大量的畜产。本始二年（前72），西汉与乌孙联合，获得匈奴右谷蠡王辖境内的马、牛、羊、驴、骡、驼七十余万。不久之后，匈奴境内再次下了大雨雪，一日深丈余，人民、畜产冻死者多。元康三年（前63），匈奴又遭遇天灾，畜产死亡十之六七，匈奴大虚弱。同年，匈奴遭到丁零、乌孙、乌桓的攻击，畜产流失严重，经济处于崩溃的边缘，由此也引起了匈奴社会的动荡不安。这种经济困境直到呼韩邪单于附汉之后才有所改善。

匈奴分裂之后，畜牧业在一定时期内仍然是南匈奴主要的经济方式。漠南地区的地理环境和气候条件较之漠北都相对较好，畜牧业的发展也比北匈奴的发展更加稳定。东汉政府选择水草丰美的地方安置南匈奴部众，保留了他们原有的生产方式，南匈奴的日常生活中仍然以走马及骆驼为娱乐。在南匈奴单于庭所在地的西河美稷，即今准格尔旗境内出土了大量的马、羊、鹿、狼等动物饰牌和具有游牧文化特色的器物[④]。黄烈

---

① （西汉）桓宽整理，陈桐生译注：《盐铁论》卷1《力耕第二》，第22页。

② （西汉）桓宽整理，陈桐生译注：《盐铁论》卷7《崇礼第三十七》，第375页。

③ 《史记》卷110《匈奴列传》，第2912页。

④ 盖山林：《内蒙古自治区准格尔旗速机沟出土的一批铜器》，《文物》1965年第2期。

认为，这些器物起码有一部分是属于南匈奴的[1]，这也在一定程度上反映了南匈奴当时的经济生活状况。但是也不得不承认，随着匈奴人口的快速增加，牧场的压力越来越大。从东汉给南匈奴的赏赐来看，牛、羊占有很大的比重，动辄数万头，这在汉朝赏赐匈奴的惯例中很少出现，说明南匈奴的畜牧业经济比起匈奴强盛时期已经不可同日而语。而且随着东汉末、曹魏时期对南匈奴实施的一系列经济改革，内迁匈奴人有很大一部分开始从事农耕，内迁匈奴的农业比重逐渐增加。

第二节　狩猎业和农业

狩猎业是匈奴最原始、持续时间最长的生产活动，畜牧业兴起之前，匈奴主要以狩猎业来维持生计。在畜牧业兴盛之后，狩猎业仍然是匈奴重要的经济来源之一。匈奴也存在农业，由部分匈奴人和北迁的汉人经营。

一、狩猎业

文献记载，匈奴人以“射猎禽兽为生业”[2]。他们从小开始学习狩猎，儿童时可骑羊引弓射鸟鼠，稍微长大一些，则射狐兔，成年的匈奴人可以射猎猛兽。从考古出土的大量的动物纹饰牌和被认为是匈奴文化的部分岩画中可以窥见狩猎业在匈奴生活中的地位。原始艺术的取材来自原始的经济生活。德国旅行家封·登·斯坦恩说：“只有把这些人（按指巴西的印第安人）看作狩猎生活的产物，我们才能了解他们。他们全部经验的最重要部分都是和动物界相联系的，而且在这个经验的基础上形成了他们的世界观。因此，他们的艺术题材也是以令人沉闷的单调的方式取自动物界。可以说，他们的全部令人惊异的丰富的艺术是生根于狩猎生活之中的。”[3] 这段论述对于匈奴而言同样适用。对匈奴遗存的考古发掘中，发现有大量带有动物纹饰的艺术造型，除了家畜之外，题材中常见

① 黄烈：《中国古代民族史研究》，人民出版社，1987 年，第 185 页。

② 《史记》卷 110《匈奴列传》，第 2879 页。

③ 转引自刘锡诚：《原始艺术及其在民间文化中的遗留与影响——关于非物质文化遗产理论问题的探讨》，《河南社会科学》2009 年第 6 期。

的还有虎、鹿、狼、鹰等野生的飞禽走兽。有虎豹相争、鹰虎相斗、虎食鹿等野生动物之间的搏斗场面，也有野生禽兽对畜养动物的撕咬，如猛虎踏羊食牛、狼咬羊、虎马斗等场景[①]。这些动物纹饰生动传神，刻画了匈奴家养动物、野生动物争斗的常见场景。

大量刻有类似纹饰器物的出土，至少可以说明两个问题：第一，匈奴境内有丰富的野生动物资源，有成群的鹿群、野马以及大型猛兽，这为匈奴狩猎业的发展提供了前提条件。《汉书·匈奴传》记载："北边塞至辽东，外有阴山，东西千余里，草木茂盛，多禽兽，本冒顿单于依阻其中，治作弓矢，来出为寇，是其苑囿也。"[②]在河套地区和漠北地区的匈奴墓葬中，也都发现了大量的野生动物骨骼，说明匈奴拥有较丰富的狩猎物。呼韩邪单于依附汉朝之后，汉朝使者就曾发出"塞下禽兽尽"[③]的感叹，可见匈奴的狩猎是非常频繁的。第二，从动物纹中虎等大型野兽对马、牛、羊袭击的画面来看，野生动物会经常威胁到匈奴人的牧群，为了保护家养动物，狩猎也是必不可少的行为。匈奴的狩猎物除大型野兽外，主要有鹿、羚羊、野猪、狼、狐、兔、鼠及各种鸟类。尤其是对鹿的射猎最为常见，在阴山岩画中就刻画了许多猎人执箭射猎鹿的场景。其所获狩猎物，既可用于日常的饮食起居，也可用于对外交换（图六～图八）。

狩猎除了带给匈奴人经济实惠之外，也是把军事训练和生产相结合起来的有效手段，匈奴人通过狩猎可以提高士兵个人作战能力和集体作战的协调能力，因此，"习勒骑射"是匈奴士卒日常生活的一项重要内容。冒顿单于在射杀头曼单于之前就曾经率领士兵以行猎鸟兽作为掩护；乌维单于在汉武帝派使臣言语挑衅之下，因深知匈奴经济面临困境，选择"休养息士马，习射猎"[④]。匈奴也常将出征和出猎结合进行，随时将狩猎转变为对敌战斗。例如，元凤三年（前78），匈奴数万骑南下行猎，随后攻西汉塞外亭障，掳掠吏民；神爵二年（前60），虚闾权渠单于将

① 乌恩：《我国北方古代动物纹饰》，《考古学报》1981年第1期。

② 《汉书》卷94下《匈奴传下》，第3803页。

③ 《汉书》卷94下《匈奴传下》，第3801页。

④ 《史记》卷110《匈奴列传》，第2912页。

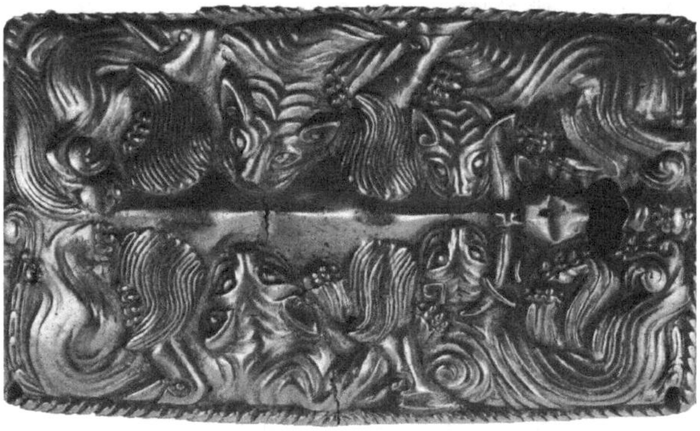

图六　虎噬牛金饰件（内蒙古博物院藏，内蒙古鄂尔多斯杭锦旗阿鲁柴登出土。图片见河南博物院：《匈奴与中原——文明的碰撞与交融》，第 174 页）

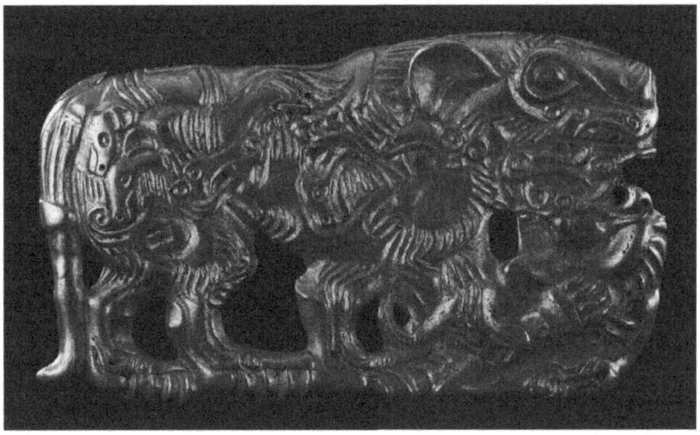

图七　立虎形金饰牌（鄂尔多斯青铜博物馆藏，内蒙古鄂尔多斯东胜区塔拉壕乡碾房社窖藏。图片见河南博物院：《匈奴与中原——文明的碰撞与交融》，第 56 页）

图八　立式鹿形青铜饰件（内蒙古博物院藏，内蒙古鄂尔多斯准格尔旗速机沟出土。图片见河南博物院：《匈奴与中原——文明的碰撞与交融》，第 52 页）

十万余骑在汉匈边塞射猎，射猎途中想要掳掠汉朝边境，汉朝则在得知匈奴大规模射猎之时就已经提前做好了防御准备；元和二年（85），匈奴行猎至涿邪山，与北虏温禺犊王不期而遇，于是双方展开了激战。以上可见匈奴将射猎与战斗结合是常有的事情，因此汉朝每遇匈奴边境射猎时都会倍加防范。

除了狩猎业外，匈奴也可能存在渔猎业。苏武在北海牧羊，也曾捕鱼为食，且因会织渔网受到单于之弟於靬王的尊重。因此，匈奴境内有湖泊的地方应该也存在以渔猎为生者。

二、农业

关于匈奴是否存在农业，文献的记载存在前后抵牾之处。《史记》和《汉书》开篇都记载匈奴无耕田之业，《盐铁论》亦说匈奴“外无田畴之积”[①]。但文献在记录匈奴与汉朝的交战过程中，又多次透露出匈奴境内是存在农业的。例如，元狩四年（前119），卫青北击匈奴，到达窴颜山赵信城（今蒙古国杭爱山南），得匈奴积粟以补充军粮，返回时还将城中剩余的粮食烧毁。这些粮食固然有可能是通过掠夺、交换或赏赐的方式而来，但也不能完全排除是匈奴自己经营所得。卫青火烧积谷至少证明，匈奴已经有储备粮食的习惯。征和四年（前89），狐鹿姑单于冤杀了汉朝降将李广利，恰逢此事之后，匈奴境内连下了数月雨雪，“谷稼不熟，单于恐”[②]，此事虽有迷信的色彩，但是天灾造成的谷稼不熟很显然是指匈奴人自己种植的庄稼，非如此，单于不会恐惧，也不会认为是李广利在报复匈奴。颜师古在此事条下注曰：“北方早寒，虽不宜（黍）（禾）稷，匈奴中亦种黍穄。”[③]从这一事件可以判断匈奴是存在农业的。汉人卫律也曾经为匈奴谋划“穿井筑城，治楼以藏谷”[④]。当然也必须承认，受地理环境和自然气候的影响，匈奴的农业很难形成规模，且因缺乏必要的灌溉系统和农耕经验与技巧，他们的农业更多是原始的靠天吃饭，收成是有限的（图九）。

---

① （西汉）桓宽整理，陈桐生译注：《盐铁论》卷7《备胡第三十八》，第386页。

② 《汉书》卷94上《匈奴传上》，第3781页。

③ 《汉书》卷94上《匈奴传上》，第3781页。

④ 《汉书》卷94上《匈奴传上》，第3782页。

图九　中国北方地区谷物图（内蒙古史前文化博物馆供图）

匈奴在与汉朝的频繁交往中，粮食的输入非常庞大。投降匈奴的汉人中行说曾经提到过：汉所输匈奴缯絮米糵，令其量中，必善美而已，否则，匈奴就会在秋天庄稼成熟时，以骑驰蹂躏并抢夺汉朝的粮食。呼韩邪单于时期，西汉转边谷米，前后多达三万四千斛。由此可见，匈奴对粮食的需求是迫切的。这会刺激到匈奴内部自身农业的发展，因此部分匈奴人也会经营农业。文献中有匈奴单于遣四千余人屯田车师，遣左右大将各万余骑屯田右地的记载[①]。在诺彦乌拉匈奴人的墓葬中，出土了储藏粮食的大型陶器和农作物的种子；在中国、蒙古国和俄罗斯的匈奴考古发掘中都发现了一些农具，如铁犁、铁铲、铁锄、石磨和铁镰等[②]。这些都可以作为匈奴人自身经营农业生产的证据。匈奴人也利用流亡匈奴的汉人为他们从事农业生产。上文提到有积粟的赵信城，就是匈奴为汉朝降将赵信所修筑的城，城里安置了许多流入匈奴的汉人，他们当以

① 《汉书》卷96下《西域传下》，第3922页；《汉书》卷94上《匈奴传上》，第3788页。

② 〔苏联〕С.И.鲁金科著，孙危译，马健校注：《匈奴文化与诺彦乌拉巨冢》，第31—33页；潘玲：《伊沃尔加城址和墓地及相关匈奴考古问题研究》，第32、33页；马利清：《原匈奴、匈奴历史与文化的考古学探索》，第76页。

田居为生。王莽时期，西域的戊己校尉史陈良等人率领男女二千余人降入匈奴，匈奴使人众别置零吾水（今地不详）上“田居”，即从事农业生产[①]。除此之外，匈奴役属下的乌桓和西域诸族也存在农业，匈奴人也从他们那里获得农产品。

建武二十五年（49），南匈奴迁入缘边八郡后，其中的云中、西河等地，农耕经济的比重较大，南匈奴长期居住在这里，牧场的压力使的一部分匈奴人只能选择农耕的生产方式来维持生计。吕思勉在《胡考》一文中对此有很好的概括：“其众即至千、万落，沿边虽云土满，不得尽为牧场，非力耕何以自存乎？”[②] 建初元年（76），由于南匈奴居住地区发生蝗灾，农业歉收，出现饥荒，东汉政府对三万余人进行了赈济。农业粮食歉收会导致人民饥荒的发生，可见南匈奴农业经济占据重要地位。曹魏时期，对南匈奴人口实行劝勤农桑，命令颁布后，强制执行，从而增加了内迁匈奴经济生活中农业的比重。

第三节　手　工　业

手工业是匈奴经济生活的主要部门之一。对于匈奴手工业的研究，考古学提供了丰富的材料和支撑。从功能来看，匈奴的手工制品主要包含生产用品、生活用品、武器、祭祀礼仪用品及工艺品。从材质来看，有金属加工、毛皮加工、木制、陶制和骨制等。匈奴手工业基本是自然状态下进行的自给自足的生产，即便出现剩余产品也只是以物易物。

一、畜产品加工业

对于广大匈奴牧民来说，围绕动物的皮、毛、肉、乳等系列原材料进行的再加工是每户家庭必要的生活补充，是匈奴人日常生活中必不可少的工作，也是匈奴社会最传统的手工制作。畜产品加工的生产原料可以就地取材、相对充足，因此匈奴的畜产品加工业始终以家庭为单位的个体手工业形式存在，他们不会雇佣专门的匠人，因为几乎每个成年的

① 《汉书》卷 94 下《匈奴传下》，第 3823 页。

② 吕思勉：《胡考》，《匈奴史论文选集（1919—1979）》，第 47 页。

牧民都会制作皮毛制品，且由于明显的家庭和社会分工，妇女更多地承担了这方面的工作。

匈奴皮毛加工的主要产品有毡帐、毡席、毡毯、衣服和靴帽等。毡即用羊、驼等动物皮毛经湿、热、挤压等物理作用后制成的块片状无纺织物，具有良好的回弹、吸湿、吸震和保暖性[①]。一般制作穹庐用的毛毡以粗羊毛加工而成，室内保暖和内墙装饰的毡席和毡毯用细羊毛加工而成。匈奴人的毡毯绘制有各种各样的图案，简单的有条纹、涡旋纹，更复杂一点的有动物之间的搏斗场面，如双头的怪物、鹰攻击鹿、牛和狮子搏斗等图案。在诺彦乌拉墓葬中出土了一批彩色帷幔式的毡毯，以毛线织成，上面绘有几何图形和虎纹，织物为赤杨色。在虎纹饰图案中以黑色环纹缝制出虎身脊背，两端以刺绣工艺分别绣出虎头、虎爪形象，这些纹饰与匈奴青铜器的纹饰非常相近[②]。另外，匈奴的墓葬中还出土了希腊的、波斯式的绣织物，这些外来品通过战争劫掠、朝贡、交换等方式进入匈奴。在实物传播的过程中，也带动了技术和工艺的交流，因此匈奴的毛织技术也受到了西亚甚至更远的欧洲技术的影响。匈奴本土毡毯上大树的形象就被认为具有典型的西亚艺术形象的特点[③]。

匈奴还通过狩猎获取稀有野生动物，并将其皮毛做成珍贵的裘皮，在与邻国的交聘中，这类毛皮制品是非常名贵的礼物，在贸易交换中也极受推崇。建武二十八年（52），北匈奴派遣使者前往洛阳贡裘，此裘皮作为北单于求和之物，其制作必是非常精美。以上毡毯和衣物皆是匈奴的必需和消耗之物，可见匈奴对皮毛的需求量很大。据文献记载，匈奴征服乌桓以后，要求乌桓人缴纳畜皮，被称作“皮布税”[④]。

除皮革、毛织品之外，畜骨也是畜产品加工的主要原料。畜骨一

---

① 郑天挺、吴泽、杨志玖主编：《中国历史大辞典》（下卷），上海辞书出版社，2000年。

② 〔苏联〕С.И. 鲁金科著，孙危译，马健校注：《匈奴文化与诺彦乌拉巨冢》，第94—101页。

③ 〔苏联〕С. И. 鲁金科著，孙危译，马健校注：《匈奴文化与诺彦乌拉巨冢》，第95页。

④ 《汉书》卷94下《匈奴传下》，第3820页。

般被用来制作弓矢、箭镞、骨饰、骨制工具、筷子和篦梳等，这些物品在匈奴的考古遗存中均有发现。铜器和铁器出现后，骨制品被部分取代。

二、金属制造业

匈奴的金属制造业在其整个手工行业领域中占据主导地位。随着考古资料的不断出土，匈奴的金属制品展现在世人面前，显示了匈奴在金属制造行业不容小觑的发展实力。匈奴的金属器有金、银、铜、铁制品，产品种类很多，大致可分为武器、装饰品、生产用具和生活用具。

1. 铜器制造业

匈奴人曾长期使用青铜器。公元前7—前3世纪的匈奴墓葬中，有不少随葬的铜器。在内蒙古鄂尔多斯地区、外贝加尔布里亚特共和国的伊沃尔加城以及蒙古国的诺彦乌拉等大型的匈奴墓葬内都出土了数量较多的青铜器[①]，多为小型器物，便于携带，种类较多较全。大致有兵器，如短剑、镞、刀等；生产工具，如斧、鹤嘴斧；日常生活类，有炊具、镜、铃、壶、鼎、三足香炉、三脚烛台、钟、炉和勺等；车马器具，如马衔、马镳、马面饰、马颈饰等；装饰品，如管状饰、扣饰、冠饰、带扣、环、耳坠、项圈，以及马、羊、虎、熊、狼、鹿、飞禽等各种铜塑动物造型和动物纹饰牌等（图一〇）。其中青铜装饰中非常典型的动物纹与游牧生活息息相关，这种纹饰一般出现在饰牌、饰扣上，形状以长方形和椭圆形居多，多数饰牌都有孔、钩或是纽。各种饰牌以透雕、浮雕、

① 参见田广金、郭素新编著：《鄂尔多斯式青铜器》；郑隆：《大青山下发现一批铜器》，《文物》1965年第2期；田广金：《桃红巴拉的匈奴墓》，《考古学报》1976年第1期；田广金、郭素新：《内蒙古阿鲁柴登发现的匈奴遗物》，《考古》1980年第4期；塔拉、梁京明：《呼鲁斯太匈奴墓》，《文物》1980年第7期；乌恩：《中国北方青铜透雕带饰》，《考古学报》1983年第1期；伊克昭盟文物站、内蒙古文物工作队：《西沟畔汉代匈奴墓地调查记》，《内蒙古文物考古》1981年创刊号；内蒙古文物考古研究所：《凉城崞县窑子墓地》，《考古学报》1989年第1期；潘玲：《论矩形透雕阶梯纹青铜牌饰》，《考古》2010年第7期；潘玲：《伊沃尔加城址和墓地及相关匈奴考古问题研究》，第34—37页。

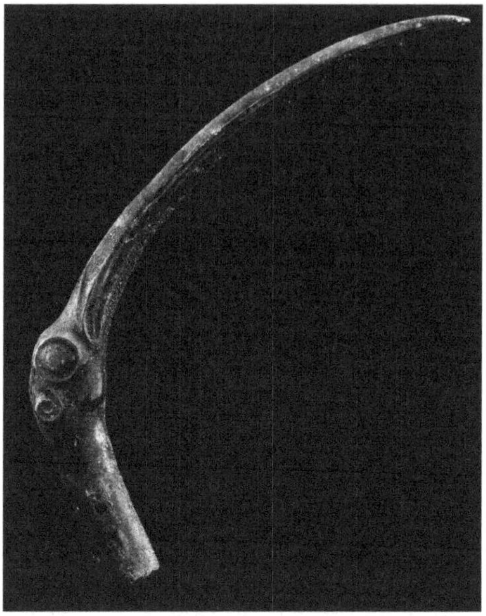

图一〇　鹤头铜杆饰（内蒙古博物院藏，内蒙古鄂尔多斯准格尔旗速机沟出土。图片见河南博物院：《匈奴与中原——文明的碰撞与交融》，第 166 页）

线刻等手法刻画出栩栩如生的动物形象[①]，反映出草原生动的生态场景，形成了具有独特风格的草原青铜文化艺术造型（图一一、图一二）。此类纹饰在欧亚草原分布广泛，虽然对于这些装饰艺术的起源点的认识还存在分歧，但它们之间存在明显的共性和相同特质，在漫长的历史长河中，欧亚民族在手工技术领域内的交流和借鉴是显而易见的。

地质考察发现，匈奴活动区域内拥有较丰富的铜矿、铜铅矿资源，这为匈奴的青铜制造提供了必要条件。大量青铜器的出土，尤其是大型重器的出土，证明了匈奴青铜制作有专门的工场和匠人，是一个独立的手工业部门。研究者还发现，匈奴时代青铜器的表层上镀有富锡层，镀层既有纯锡，也有铅锡合金，镀锡青铜器呈现出银白色的光泽，不易生锈[②]，反映了匈奴以及其先民的智慧和创造力，在中国乃至世界手工业发展史上都占有重要的一页。

---

① 田广金、郭素新：《北方文化与匈奴文明：早期中国文明》，第 405—408 页；乌恩：《中国北方青铜透雕带饰》，《考古学报》1983 年第 1 期。

② 韩汝玢、埃玛·邦克：《表面富锡的鄂尔多斯青铜饰品的研究》，《文物》1993 年第 9 期。

图一一　透雕双龙铜饰牌（宁夏同心县文物管理所藏、宁夏同心倒墩子汉代匈奴墓出土。图片见河南博物院:《匈奴与中原——文明的碰撞与交融》, 第 170 页）

图一二　透雕牛铜饰牌、透雕几何纹铜饰牌（宁夏同心县文物管理所藏，宁夏同心倒墩子汉代匈奴墓出土。图片见河南博物院:《匈奴与中原——文明的碰撞与交流》, 第 180 页）

公元前3世纪以后，匈奴进入了铁器时代，武器和生产工具逐渐运用了更为坚韧的铁，但铜器仍然在日常生活中被广泛使用。

2. 铁器制造业

匈奴是北方草原地区进入铁器时代的一个重要的民族载体。在相当于公元前7—前3世纪的匈奴石板墓中已经出现了铁器制品。主要种类有马具、武器和工具，如刀、剑、镞、钉、马衔、马镳等，说明了匈奴进入铁器时代的时间至少不晚于这一时期。策·道尔吉苏荣进一步判断，大概在公元前5—前4世纪的时候，匈奴已经开始使用铁器了①。公元前3世纪开始，匈奴的铁器制品已经普遍运用于军事、生产、生活的各个领域，且从出土的铁马衔等马具制法上看较之前更加精致，质量也比之前出土的要高。在匈奴墓葬中还发现了冶铁的炼炉遗址②。

匈奴的铁器制作工艺相对简单，更注重实用性，而非追求外观的精美，这也方便大规模的铸造。在出土的匈奴铁器中，镞、剑的数量最多。另据文献记载，元初三年（116），东汉邓遵在击败北匈奴之后，缴获了3000件匕首和2000件釜。匈奴铁制马具数量也较多，在伊沃尔加古城、诺彦乌拉、补洞沟等匈奴墓葬中都有出土，其中马衔、马镳样式丰富，做工丝毫不逊于中原。铁制马具和武器的出现是匈奴社会迅速发展的重要原因，也是匈奴政权建立的有力推动因素。匈奴的农具多是铁制品，随着与中原交往的加深，匈奴境内的农业成分有所增加，很多进入匈奴的汉人仍然以种地为生，因此农具也出土了不少，如犁铧、锄、铲、镰刀、锸等。这些农具形制与中原的农具类似，很显然是受到了汉人的影响，或者本身就是汉人制作的。铁器的广泛应用促进了匈奴社会生产力的发展，从此冶铁业成为游牧民族长盛不衰的重要产业，大大提高了游牧民族的战斗力和生产力。

3. 金银器加工业

匈奴的金银制品在贵族生活中受到偏爱。在蒙古国诺彦乌拉墓葬、俄罗斯伊沃尔加古城的古墓群及中国内蒙古自治区杭锦旗阿鲁柴登、准

---

① 转引自林幹：《匈奴史》，第281页。

② 潘玲：《伊沃尔加城址和墓地及相关匈奴考古问题研究》，第23页。

格尔旗玉隆太、伊金霍洛旗石灰沟、锡林郭勒盟太仆寺旗、准格尔旗西沟畔及陕西省神木县纳林高兔等墓葬中均发现了匈奴的金银器。金银器种类中头饰、项饰和腰带饰居多。头饰分为冠饰、耳饰和项饰。项饰有金饰片、镶金边蚌饰、方形金属珠等，耳饰有耳环、耳坠、方形金串珠等，腰带饰多为饰扣、饰牌。此外，金制品中还有金甲、金留犁及不同形状和不同用处的金饰片。这些金银器的装饰风格多为马、羊、鹿、虎、刺猬、鸟等动物单体造型和动物之间的咬斗造型，如虎牛咬斗纹带扣、羚羊形金饰件、狼鹿纹银缀饰、虎衔羊纹银项圈等，牌饰浮雕图案形象生动，工艺精湛，是匈奴金银器中的艺术精品（图一三、图一四）。

图一三　虎头形银节约（鄂尔多斯青铜器博物馆藏，内蒙古鄂尔多斯准格尔旗西沟畔出土。图片见河南博物院：《匈奴与中原——文明的碰撞与交融》，第 178 页）

相较于铁器和铜器而言，匈奴金银器制作更加精细，设计精巧，形制多样，反映出匈奴在金银加工业领域掌握了较高的工艺水平。“从能包金、镀金、压片、锤揲、凿孔、抽丝、焊接等技术观之，其工艺水平已属不低。”[①] 西汉时期，随着匈奴与汉朝物质文化交流的加深，“金银器出现了银筒、银匙等生活用具，均素面，用银片打制，显示出原始的粗朴之风。装饰品上的纹饰，讲求祥和气氛，反映了匈奴金银器造型的时代特征。在工艺上，已由浅浮雕发展为高浮雕，透雕技法大量使用，

① 林幹：《匈奴史》，第 130 页。

1.鹰顶金冠饰

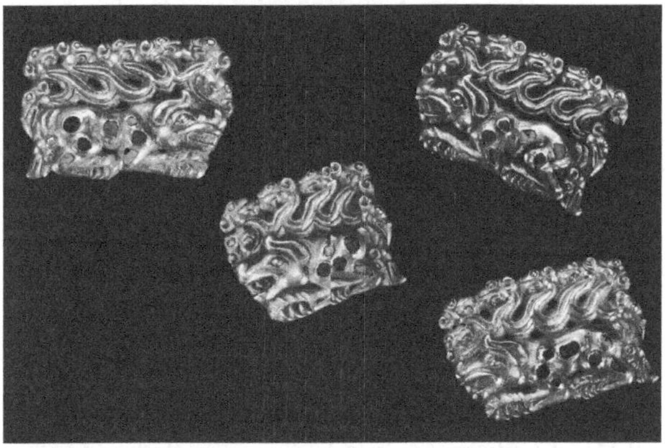

2.嵌松石虎鸟纹金饰牌（一组4件）

3.刺猬形金饰件

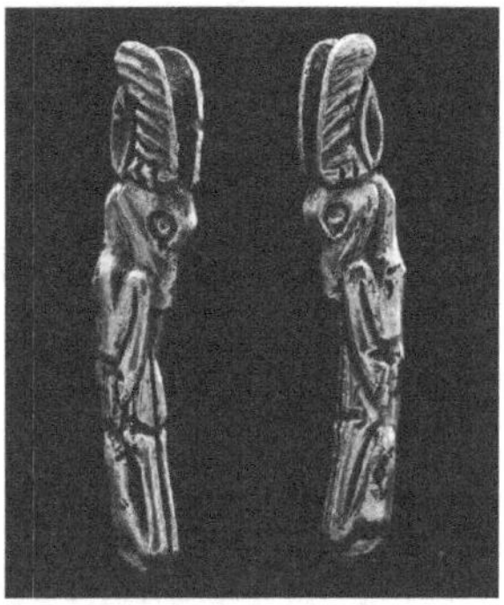

4.屈肢羚羊形金饰件

图一四　阿鲁柴登墓出土金饰件（内蒙古博物院藏，内蒙古鄂尔多斯杭锦旗阿鲁柴登墓出土。图片 1 见塔拉主编:《相映成辉——草原丝绸之路文物精华》，内蒙古人民出版社，2014 年，第 86 页；图片 2～4 见河南博物院:《匈奴与中原——文明的碰撞与交融》，第 38—41 页）

新出现包金、掐丝工艺，使匈奴金银器成熟发展起来”[①]。在匈奴金银器中出现的“怪兽纹”形象，在斯基泰—西伯利亚和阿尔泰艺术中广为流行[②]。因此可以判断，匈奴金银器造型艺术也受到了西方文化因素的影响。

综上所述，匈奴的金属制造业已经达到了较高的水平。其工艺和技术融合了中西文化的特色，具有明显的民族特色和地域风格，在中国冶金业发展史中占据重要地位。

三、制陶业

制陶业是匈奴重要的手工业之一。从目前出土的匈奴陶器来看，匈奴早期陶器以泥质陶为主，多为手制，制作较粗糙。在蒙古国石板墓中出土的公元前 7 世纪—前 3 世纪的匈奴陶器一般是粗土罐、瓶和坛，口外翻，扁圆形，有粗颈脖和细颈，外部有横纹或垂直条纹[③]。在中国北方桃红巴拉墓葬中出土的 3 件罐，素面，火候很低，陶质疏松，均手制。器形较小，罐呈筒状，口稍侈，平口，直唇，下部稍内收，直腹，平底稍圆，放立不稳[④]。公元前 3 世纪之后的匈奴陶器在种类和形制上有所增加，出现了少量的轮制陶器，以慢轮修复为主，少量采取快轮工艺技术。色彩除了灰陶之外，增加了褐陶、红陶和黑陶。器形主要有各种形状的罐、碗、鬲、瓶、坛状小陶器，其中罐的种类最多。有口外侈、鼓腹、小平底的小口圆腹罐，大口、卷沿的浅腹罐、深腹罐和直腹罐，这些都是匈奴具有代表性的陶器。罐有细颈和粗颈之分，器身外壁光滑。在诺彦乌拉、伊沃尔加古城、毛庆沟墓地、崞县窑子墓地、补洞沟墓地、西沟畔墓地、玉隆太墓地、宁夏同心县倒墩子汉代匈奴墓地等匈奴墓葬中都发现了类似的陶器。器表装饰常见有刻划水波纹、滑压暗纹、凸弦纹、凹弦纹、斜线纹、网格纹、绳纹、三角形折线纹、堆纹、篦纹

① 张景明：《匈奴金银器的造型艺术与文化象征》，《民族艺术》2006 年第 2 期。

② 张景明：《匈奴金银器在草原丝绸之路文化交流中的作用》，《中原文物》2013 年第 4 期。

③ 马利清：《原匈奴、匈奴历史与文化的考古学探索》，第 72、73 页；〔苏联〕С. И. 鲁金科著，孙危译，马健校注：《匈奴文化与诺彦乌拉巨冢》，第 68—70 页。

④ 田广金：《桃红巴拉的匈奴墓》，《考古学报》1976 年第 1 期。

等，其中较为常见的装饰是单线水波纹。纹饰多出现在颈部和腹部之间，也有单一纹饰直接从罐口直接滑压暗弦纹至罐底。还有的器表装饰采用组合纹饰，即在肩颈部加凸棱弦纹和凹弦纹，在陶器的颈部和肩部相接处或腹部用水波纹划分出边界线，并与其他层次的图案相区别，腹部则采用网格纹、堆纹等多种纹饰装饰。俄罗斯伊沃尔加城址和蒙古国中央省博尔努尔苏木出土的匈奴陶罐大多也采用了这些装饰技法[①]。在宁夏同心县倒墩子汉代匈奴墓地发现的罐，卷沿，圆唇，高领，溜肩，深腹，平底，颈肩处有凹弦纹、间断绳纹装饰，腹部饰波浪纹和交错绳纹[②]。以上出土的匈奴陶器反映出匈奴制陶技术和工艺水平都不是很高，正在经历从手制到轮制的过渡阶段。在形制和装饰技巧上部分地借鉴了战国时期和汉代中原陶器的器形和纹饰，如暗纹和肩颈之间加凸棱就是中原流行的装饰手法[③]（图一五、图一六）。

图一五　三足陶鬲（宁夏博物馆藏，宁夏同心县倒墩子汉代匈奴墓出土。图片见河南博物院：《匈奴与中原——文明的碰撞与交融》，第 181 页）

图一六　灰陶罐（宁夏博物馆藏，宁夏同心县倒墩子汉代匈奴墓出土。图片见河南博物院：《匈奴与中原——文明的碰撞与交融》，第 181 页）

匈奴陶器一般用作盛器和炊具。在桃红巴拉发现的直腹素面夹砂褐陶罐底部发现了明显的烟熏痕迹，可见其在随葬之前是烹煮之具[④]。在外

① 以上参见宋国栋：《北魏陶器装饰的匈奴遗风》，《草原文物》2012 年第 2 期。

② 钟侃、乌恩、李进增：《宁夏同心县倒墩子汉代匈奴墓地发掘简报》，《考古》1987 年第 1 期。

③ 宋国栋：《北魏陶器装饰的匈奴遗风》，《草原文物》2012 年第 2 期。

④ 田广金：《桃红巴拉的匈奴墓》，《考古学报》1976 年第 1 期。

贝加尔和蒙古国发现的一些匈奴墓葬中，也出土了这类带镂孔的陶器，孔直径1—2厘米，有的陶器内还存有谷物。策·道尔吉苏荣推测："匈奴人储藏谷物的方法，是把谷物装在一个下部有孔的大型陶器里，然后放进地下室或放在一个专用的房间里。"[①] 另外，在文献记载中还提到了且鞮侯单于之弟於靬王在北海射猎时，曾赠予苏武一件名为"服匿"的陶缶，是装酒的盛器。可见陶器是匈奴人日常生活中常见的生活器皿。由于本身较金属制品廉价，因此在匈奴普通牧民的墓葬中，陶器是主要的随葬品。但由于其脆而易碎的质地，所以相关墓葬中出土的匈奴陶器多为碎片和器耳。

四、车辆制造业

《考工记》记载："胡之无弓车也，非无弓车也，夫人而能为弓车也。"[②] 也就是说，匈奴没有制作弓、车的工匠，不是说没有能够制作弓、车的人，而是那里人人都能制作弓、车。可见先秦时期，北方地区的车辆普遍存在。在匈奴早期生活的阴山地区，发现了大量的岩画，这些岩画很多以车辆为题材。早期车型有简单的单辕两轮车，车的架构中可见到清晰的舆、轴、辕，后来逐渐出现了辐条，没有固定的数量。较晚一些的岩画中还出现了双辕双轮车、四轮车等较为复杂的车型，一般由马套驾，根据车的大小、形制不同，套马的数量也不等。盖山林认为，此可能为匈奴的遗存。虽然这种观点还存在分歧，但是足可以反映车辆制造业在北方民族中的悠久历史。据王子今考证，在陕西凤翔战国初期秦墓BM103中出土的2件牛车模型是世界上最早的标志双辕车产生的实物资料，疑为秦人发明。而在阴山岩画中也出现了双辕双轮多辐车的图案，王子今据此推测，这些车辆岩画的年代应该也在秦汉时期[③]。如果是这样的话，则阴山岩画中的双辕车辆图至少有一部分是匈奴人遗留下来的。但是客观地说，并没有证据证明这些车辆图与秦朝出现的双辕车辆谁的时间更早一些。

---

① 林幹：《匈奴史·附录一 史事和资料》，第272页。

② 李学勤主编：《十三经注疏·周礼注疏》卷39《冬官考工记》，第1059页。

③ 王子今：《阴山岩画古车图像与早期草原交通》，《文博》2008年第6期。

匈奴车辆的形制、大小和装饰根据实际的用途和主人的身份不同存在差异。主要种类有运输车、战车、篷车等。篷车有车厢，车厢上部以木棍和毡织物搭出帐篷，这类车主要是供人乘坐或是迁徙时的临时住所，贵族妇女的乘舆则在篷车的基础上装饰得更讲究一些。在阴山岩画的车辆图中，有双马单辕车辆、双马双辕中舆车辆、单辕双轮多辐圆舆车辆、双辕双轮多辐车辆等不同的图案，表现出车辆的结构、造型在逐步成熟、完善①。文献中记载了一种名叫“轒輼”的匈奴车辆。《汉书·扬雄传》颜师古注引应劭语：“轒輼,匈奴车也。”②“轒輼”车更早的记载见于战国时期,《孙子·谋攻》《玉篇·车部》《墨子·备城门》等书中介绍，其车四轮，车上设一屋顶形木架，架外蒙以生牛皮，并涂以泥浆，可防敌之矢石火攻。车内可容十人，攻城时将其推至城下与城墙贴近，人员在其掩蔽下可安全作业。由此可见，至晚从战国时期开始，中原的“轒輼”车为攻城战车车名。匈奴的“轒輼”车盖以其形制和用途与中原“轒輼”车类似而被中原史家命名。同时，就匈奴的生活习性和军事特点而言，其大规模铸造攻城作战车的可能性不是很大，因此匈奴的“轒輼”车更多用于军事运输和日常交通。《汉书·扬雄传》所存《长扬赋》中记录，汉讨伐匈奴时以“砰轒輼，破穹庐”③来彰显汉武帝之武功，此处以车辆和穹庐来代表匈奴，可见二者皆为匈奴社会典型之物（图一七）。

车辆制造中以木材制造主体框架，包括车辙、车轮、车辕、车身等，再以金属和皮毛加工各种车辆的配件。由于特殊的地理环境，匈奴人对车辆的坚实、防滑、耐磨、抗颠簸等性能都有较高的要求。因此匈奴的车辆更加注重实用性，侧重简便易行、坚实耐用。对此《盐铁论·论功》描述曰：“匈奴车器无银黄丝漆之饰，素成而务坚。”④匈奴制造车辆的场所主要在草木茂盛的阴山地区和张掖地区。匈奴车辆的产量很大，在西汉昭帝时期的“盐铁会议”上，桑弘羊以“胡车相随而鸣”来形容贤良文学一方相互随声附和的情形⑤。桑弘羊的比喻反映出了匈奴车辆鱼贯出

---

① 盖山林：《内蒙阴山山脉狼山地区岩画》,《文物》1980 年第 6 期。

② 《汉书》卷 87 下《扬雄传下》应劭注，第 3562 页。

③ 《汉书》卷 87 下《扬雄传下》，第 3561 页。

④ （西汉）桓宽整理，陈桐生译注：《盐铁论》卷 9《论功第五十二》，第 488 页。

⑤ （西汉）桓宽整理、陈桐生译注：《盐铁论》卷 6《散不足第二十九》，第 290 页。

图一七　铜车軎（宁夏同心县文物管理所藏，宁夏同心县李家套子汉代匈奴墓出土。图片见河南博物院：《匈奴与中原——文明的碰撞与交融》，第 185 页）

行的场景——不仅数量多，且车轮和车上配饰会发出轧轧声和叮当声，由此也可见匈奴车辆给汉族文人留下了深刻的印象。在汉与匈奴的战争中，常常会俘获众多车辆。例如，永初三年（109），汉朝军队打败了南单于，缴获穹庐和车数千辆；阳嘉三年（134）的车师战役中，汉朝又获北匈奴车千余辆。

匈奴有以车辆殉葬的习俗。在匈奴的相关墓葬中出土了许多关于车辆的残件。如在诺彦乌拉大墓中发现有带滑盖的双轮车，有部分车轮、车舆的残件，研究表明它们属于同一辆马车，并且能够复原[①]。高勒毛都 M20 中发现了使用带盖双轮车，可见清晰的木质辐条，车厢底部为黑色，侧面为红色[②]。此外，在巴勒洛德、康德拉梯耶夫等匈奴墓葬中，都有木制、青铜车具出土[③]。这些实物资料与文献记载相互印证，反映了匈奴车辆制造业具备一定规模。

① 〔蒙古〕D. 策温道尔吉、D. 巴雅尔、Ya. 策仁达格娃、Ts. 敖其尔呼雅格著，潘玲、何雨濛、萨仁毕力格译，杨建华校：《蒙古考古》，第 127 页。

② 〔蒙古〕D. 策温道尔吉、D. 巴雅尔、Ya. 策仁达格娃、Ts. 敖其尔呼雅格著，潘玲、何雨濛、萨仁毕力格译，杨建华校：《蒙古考古》，第 128 页。

③ 〔苏联〕C. И. 鲁金科著，孙危译，马健校注：《匈奴文化与诺彦乌拉巨冢》，第 59 页。

五、木器加工业

木器加工涉及的领域非常广泛，包含了弓箭、车辆、穹庐以及家具的制作等。这些手工行业更多是综合类的手工行业，需要木器、制毡、金属加工的协同合作。

匈奴制作穹庐主要以木结构为主要支撑，包顶为拱形，有木制的墙架、天窗、椽子和门。以毡为帐幕，易搭易拆，便于携带。匈奴对弓箭的消耗量非常大，其中的弓弧和箭杆即属于木器制作的范围。好的木材制造出来的弓张力大，弹力强，射程远，具有很强的杀伤力。因此，匈奴在制作弓时，对于木材原料的选择要求也高，多用松木、桦木等原料。匈奴大型的木材基地在阴山河套和河西地区。《汉书·匈奴传》记载："北边塞至辽东，外有阴山，东西千余里，草木茂盛，多禽兽，本冒顿单于依阻其中，制作弓矢，来出为寇，是其苑囿也。"[①] 河西地区的张掖郡（治觻得县，今甘肃省张掖市西北）北边出产优质的木料，西汉中郎将夏侯藩上报大司马王根云："匈奴有斗入汉地，直张掖郡，生奇材木，箭竿就羽，如得之，于边甚饶，国家有广地之实，将军显功，垂于无穷。"西汉曾经试图向匈奴索要该地，单于以"匈奴西边诸侯作穹庐及车，皆仰此山材木，且先父地，不敢失也"[②] 为由拒绝了西汉的要求。

匈奴墓葬出土的棺木做工精细，木板之间的契合和镶嵌严丝合缝，以榫卯固定，各种支架、构件平滑、圆润，以此情况判断，匈奴人在木器制作过程中使用了锯子、刨子、凿子、钻、斧子等工具[③]。在匈奴的相关墓葬中还出土了多件木制鞍桥、动物雕刻、桌椅残件、弓箭、盛器、器盖、车辆残件、木楯及各种大小不等、形制不等的木制构件等，可见木制品在匈奴比较普遍。

综上所述，手工业给匈奴经济生活增添了丰富多彩的内容，对于提高匈奴社会生产力水平、改善日常生活具有重要作用。铁器的广泛应用

① 《汉书》卷94下《匈奴传下》，第3803页。

② 《汉书》卷94下《匈奴传下》，第3810页。

③ 〔苏联〕C.И.鲁金科著，孙危译，马健校注：《匈奴文化与诺彦乌拉巨冢》，第62页。

对于提高匈奴族的战斗力、促进匈奴地区经济多样化的发展具有重要的意义；木器、车辆、毛毡等行业的快速发展也直接带动了匈奴境内的交通运输、城市等综合性行业水平的提高，因此手工业的进步是对匈奴各个行业的巨大促进。

第四节　商　　业

商业是匈奴经济生活中的一项重要的内容。与赠予或者劫掠比起来，通过贸易完成的物资交流更具有长远性和稳定性，因此受到匈奴的青睐，也是匈奴人获取域外所需物品的一种重要经济手段。

互市是匈奴与中原之间贸易的主要方式，即在汉匈边境关塞要地开展集市，汉人和匈奴人可以在这里进行商业贸易活动，以物物交换为主。关于匈奴与汉朝最早的官方互市记载是在匈奴老上单于、西汉文帝时期，“逮至孝文，与通关市”[①]。汉景帝时期继续与匈奴和亲、通关市，其间匈奴停止了对西汉边境大规模的寇扰行动。汉武帝即位，继续厚遇关市，多让利匈奴，因此匈奴自单于以下皆亲汉，来往于长城内外的匈奴人络绎不绝。“马邑之谋”失败后，西汉为了减少匈奴的寇扰，迎合匈奴人“嗜汉财物”的特点，继续频繁开设关市以达到安抚匈奴之目的。汉匈战争全面爆发后的数十年间，汉朝对匈奴实行了经济封锁，关市一度关闭。始元三年（前84），面临经济窘境的狐鹿姑单于向汉朝提出想要与汉重新开关市的愿望，但遭到了西汉的拒绝。此后一直到呼韩邪单于依附汉朝之后，汉朝与匈奴才复又“通货市买”，匈奴南部的经济也得以迅速恢复。东汉时期，互市则成为东汉羁縻匈奴的一种经济手段。时由于匈奴分裂，国力衰落，匈奴不能再通过武力的威慑促使东汉开关市，只能请和亲，希望东汉开放关市。建武二十八年（52），北匈奴“数乞和亲，又远驱牛马与汉合市”[②]；永平六年（63），北单于再次请求与东汉合市，遣使求和亲，东汉以匈奴不寇扰边境为条件，允许了合市请求。元和元年（84），北匈奴单于遣大且渠伊莫王等率众驱牛马

① 《汉书》卷94下《匈奴传下》，第3831页。
② 《后汉书》卷89《南匈奴列传》，第2946页。

万余头与汉贾客交易。其间，匈奴诸王大人先到达关市，东汉在郡县为其设官邸接待并给以优厚的馈赠。这起贸易是东汉与匈奴之间的一次大型的官方贸易。

除了官方贸易之外，关市也对普通百姓开放。无论是汉朝还是匈奴，和亲、朝贡和赏赐换来的物资很少有机会落入平民手中，因此互市也是平民迫切需要的。为了生存，边境的匈奴人和汉族人会想各种办法出关入塞，进行贸易交换。根据《居延汉简》的记载，当时在敦煌、张掖、居延（今内蒙古自治区额济纳旗额济纳河中下游地带）等边郡地区居民点的汉人有出售小鸡、鱼肉、鸡蛋给匈奴的记录[①]。这种贸易关系在考古发掘中也有大量反映。在蒙古国的诺彦乌拉、后杭爱省的高勒毛都等匈奴墓葬里，都出土了中原的物品，充分反映了匈奴与汉朝物质交流的广泛性。

对互市的管理主要由西汉方面负责。汉朝可以决定互市开设的时间和地点，一般互市的场所选在匈奴右地、西汉河西地区的边郡开设，有固定的开放和关闭时间。汉朝还设有专门的“市吏”对互市进行管理，有违反关市贸易条例者，“市吏”可处以惩罚。匈奴人在关市中进行贸易也会受到汉朝“市吏”的监管。汉朝方面出入关市，还需要有朝廷专门签发的出入证，即“用传出入”，持有“传”者方可进入关市进行贸易，私自到边关通市或者是私自出关与匈奴交市者,即“阑出财物于边关”[②]，都视为非法。汉朝方面严格禁止铁器、兵器和马匹进入互市市场，汉昭帝之前,“马高五尺六寸齿未平，弩十石以上，皆不得出关”[③]。汉武帝时期还明确规定不允许民间与私自进入汉朝的匈奴降人交易。尽管禁令严峻，但是走私贸易并没有完全杜绝。例如，匈奴浑邪王率众降汉后来到长安，长安商人同他们私下贸易，被发现之后，五百人被处死。

匈奴方面对于互市的要求没有明确的记载，但从“自单于以下皆亲汉，皆往来长城下”[④]的记载可以推测，匈奴对于进入关市贸易者应该

① 王庆宪:《从两汉简牍看匈奴与中原之间的经济文化交流》,《中央民族大学学报》2004 年第 4 期。

② 《史记》卷 120《汲黯列传》，第 3109 页。

③ 《汉书》卷 7《昭帝纪》，第 222 页。

④ 《汉书》卷 94 上《匈奴传上》，第 3765 页。

无太多的限制。匈奴在互市中主要是以马、牛、羊、骆驼以及各种畜产品和野生动物的皮毛等换回汉朝的丝绸、粮食和手工艺品、乐器等。其主要的目的是补充匈奴人日常生活所需，满足贵族的奢侈享用以及将多余的物品重新转卖而获取利润。匈奴人“尚乐关市”，因此他们不会主动破坏或者阻碍关市的开展。根据文献记载，尽管匈奴经常寇扰西汉边境，但是并没有发现汉匈通关市期间匈奴有首先挑起战争的行为。例如，汉武帝初年开设关市之后，在汉匈关系较为融洽的局面下，汉武帝让常与匈奴贸易的马邑人聂翁壹利诱单于，事情败露后，引起了匈奴的入寇；元光六年（前 129），武帝下令出兵击匈奴于关市下。以上两次记载中，对关市的破坏都是由汉朝方面发起的。匈奴往往会在关市无法顺利进行之后，展开大规模的寇边行动以弥补无法以正常贸易所获取的物资。

开设互市以来，匈奴与汉朝在经济上互通有无，互惠互利，汉匈边境上的商贾车辆往来频繁，匈奴人、汉人还有来自西域诸国的商人都往来于关市下，“通货羌、胡，市日四合，每居县者，不盈数月辄致丰积”[①]。汉人桓宽撰《盐铁论》卷 1《力耕》也记载，匈奴的骡驴、橐驼衔尾入塞，驒騱、騵马都大量流入西汉。活跃的商业贸易不仅丰富了匈奴人民的生活，促进了其社会发展，也让汉朝得到了军事与农耕所需的牲畜和坚实耐用的毛皮制品，所谓“异物内流则国用饶”[②]。不仅如此，长城内外的汉人、匈奴人通过物资的交流加强了对彼此的了解，这种交往有利于缔造和平的边境环境，后来匈奴部众的多次附义内属与此有很大的关系（图一八）。

除了汉朝之外，匈奴的商业贸易伙伴还有西域，还可以经由西域与中亚、西亚和欧洲之间进行贸易往来。匈奴人流动性强，这也使匈奴很早就有进行长距离贸易往来的传统。在汉朝与西域联通之前，西域、中亚与中原的贸易主要是通过匈奴中转来完成的。而在更早的先秦时期，中西的交通也是通过北方草原部族传入中亚进而进入欧洲的。

草原丝路是最早产生的东西方交流往来通道，远远早于绿洲之路和

① 《后汉书》卷 31《孔奋列传》，第 1098 页。

② （西汉）桓宽整理，陈桐生译注：《盐铁论》卷 1《力耕第二》，第 22 页。

图一八　五铢钱（宁夏同心县文物管理所藏，宁夏同心县倒墩子汉代匈奴墓出土。图片见河南博物院：《匈奴与中原——文明的碰撞与交融》，第 181 页）

海上之路。它东起中原的黄河中下游，向北越过燕山、阴山，经蒙古高原，向西或经天山，或经阿尔泰山，进入中亚、欧洲等地。公元前 2 世纪，匈奴控制了草原丝路，联通着中原与西域、中亚、欧洲之间的贸易往来。建元三年（前 138），张骞第一次出使西域，就是从草原丝路到达中亚，往返过程中皆被匈奴扣押。西汉联通西域后，开辟了绿洲丝绸之路。从玉门关、阳关出西域，分为南北两道，一条是从鄯善傍南山北，沿河西行至莎车，为南道，南道西逾葱岭出大月氏、安息；另一条是自车师前王庭随北山，沿河西行至疏勒，为北道，北道西逾葱岭出大宛、康居、奄蔡。西汉通西域之前，这些区域主要在匈奴的控制之下，即使是西汉凿通西域后的大部分时间内，西域诸国也都在匈奴与汉朝之间摇摆不定，或者同时与匈奴和汉朝存在联系。因此这条道路仍是匈奴与中亚之间进行贸易往来的主要通道。永元三年（91），活动在蒙古高原的北匈奴西迁，越过阿尔泰山进入乌孙，然后到达康居，最终抵达欧洲，其西迁路线疏通并拓展了草原丝路。历史时期，受游牧民族往来迁徙的影响，这条草原之路上的文化交流非常活跃，这与匈奴在中西交通史上的开拓和经营有密不可分的关系。

匈奴通过控制草原丝绸之路的交通要道而垄断了中西商业贸易。例如，匈奴的金银器中，各类型的动物纹饰牌、金珠项饰、各种配饰等都与斯基泰文化有相通、相近之处。但是在早于斯基泰文化的中国夏家店上层文化中也发现了类似的造型，也不能排除其影响斯基泰文化的可能性。正如学者所总结的那样："在南俄罗斯罗斯托夫州发现的斯基泰文化遗迹中，出土的属于公元前五至四世纪的金银器与中国北方草原地区战国晚期匈奴金银器既有相近的地方，同时又有一定的差异，这正是说明中西文化之间的交流状况。”[①]匈奴之后北方草原的金银器制造更是吸收了印度、罗马、波斯和粟特等文化因素。常可见到的典型的鲜卑金属带饰，在汉文史籍中称为“鲜卑郭落带”，在西方，这种类似的金属带式，被称为“斯基泰—西伯利亚带钩”。可见，匈奴与西亚、欧洲是存在广泛物质交流的，双方之间对于技术的借鉴也是不言而喻的。除此之外，匈奴还把从汉朝那里得到的物资拿到西域或者中亚的市场上进行贸易和交换，商品远销到大秦、波斯、希腊等地，西方的商品也由此输入东方。在匈奴大型贵族墓葬中出土了具有希腊、波斯风格的毡毯和织物，刺有十字架、花鸟鱼虫、风景、人物形象等图案，还出土了绘有典型希腊、罗马风格的赤身男女像银饰牌、罗马玻璃碗、西亚金冠饰等域外物品[②]，它们中至少有一部分是通过商业交换而流入匈奴的。

匈奴与西方的商业往来活跃了地区经济贸易，加强了各国人民之间早期因经济接触而产生的文化交流。无论是中亚、欧洲等地，还是留居在蒙古高原和农牧交错带的游牧民族和汉人，他们的经济生活、政治制度、宗教信仰、习俗风情等都随着草原丝绸之路上物质文化交流的日益频繁和深入而产生了相通和共融，匈奴在此过程中做出了重要贡献。

---

① 张景明:《匈奴金银器在草原丝绸之路文化交流中的作用》,《中原文物》2013 年第 4 期。

② 〔苏联〕С.И. 鲁金科著，孙危译，马健校注:《匈奴文化与诺彦乌拉巨冢》，第 110—129 页;〔蒙古〕D. 策温道尔吉、D. 巴雅尔、Ya. 策仁达格娃、Ts. 敖其尔呼雅格著，潘玲、何雨濛、萨仁毕力格译，杨建华校:《蒙古考古》，第 123 页；周立刚:《探索匈奴文化 蒙古国高勒毛都 2 号墓地纪行》,《大众考古》2017 年第 10 期。

第六章　匈奴与汉朝、西域的关系

匈奴与汉朝的关系是匈奴历史的重要内容。公元前 202 年，刘邦建立了西汉政权，此后直到永元三年（91）北匈奴西迁为止，匈奴政权与两汉政权共存近三百年，其间双方和亲与战争交替出现，抑或并行发生，呈现出多样性的民族关系，这种曲折的、反复的发展历程，反映的是双方军事实力的此消彼长。另外，公元前 3 世纪匈奴的势力开始进入西域，并在之后一百多年里经营西域，匈奴也成为中国历史上最早对西域实行统治的北方民族。

第一节　匈奴与西汉的关系

西汉政权建立后，与匈奴形成了两种不同社会形态的南北比肩并存局面，双方发生直接接触不可避免。就当时形势来看，匈奴在冒顿单于的统领下统一北方草原，正是锐意进取的强盛之时，为了经济利益，匈奴马首南下是势所必然。而中原刚刚经历了秦末农民起义和四年的楚汉争霸战争，西汉对区域内的平叛尚未完成，其面临的局势和实力都尚不具备与匈奴发生正面冲突的条件。但是西汉建立的第二年即公元前 201 年，匈奴大军兵围西汉代郡重镇马邑（今山西省朔州市），时负责驻守马邑的韩王信投降匈奴，并引匈奴兵南下，长驱直入抵达晋阳（今山西省太原市西南）。大军压境迫使汉高祖刘邦不得不调集军队正面应对，匈汉双方的首次较量，就这样猝不及防地拉开了序幕。

一、“白登之围”与匈汉和亲

汉高祖三年（前 204），刘邦亲自率领军赴晋阳抵御匈奴，匈奴则利用诱敌深入计策，藏匿精兵，以老弱病残为饵步步撤退，刘邦率骑兵追逐匈奴，到达平城（今山西省大同市东北）后，后续步兵没有全部赶到，冒顿以三十余万军队分四路将刘邦的军队包围在白登山（今山西省大同市东北），又派兵阻截汉军援兵，双方相持了七日，被围困的汉朝军队粮草匮乏，面临极大困境。这就是历史上著名的“白登之围”。“白登之围”以匈奴有意放松包围圈的一角，使刘邦大军突围撤退而告结束。据文献记载，冒顿单于有意解围的行为有多种原因，其中最为后世津津乐道的是西汉采用“陈平秘计”，厚币贿赂阏氏，并言西汉要向单于进献美女，阏氏害怕夺其宠爱而从中斡旋，说服冒顿单于放过了刘邦。此外，事先与冒顿单于约好的韩王信属部王黄、赵利未能如期而来，冒顿单于恐有阴谋，所以放弃了对峙。以当时的局势而言，匈奴在短时间内无法消灭汉朝军队，况匈奴发动战争主要是出于经济目的，冒顿单于本人也应无意持久作战。

白登一战成为匈汉势力对比的试金石。西汉虽是被动迎战，但这次战争是刘邦在取得“垓下之战”和连续平定几位诸侯之乱之后的乘胜而进，战前素善纳谏的刘邦对于刘敬“愚以为匈奴不可击也”的劝告置之不理[1]，战争中西汉方面还有谋臣陈平，名将周勃、樊哙、灌婴相随出征，可见刘邦欲在匈奴面前立威的决心。可是，如此高规格的应战以西汉惨败而终，这反映出初建的西汉在军事实力上暂时还无法与匈奴的势力抗衡，同时，刘邦被困多少使西汉君臣产生了对匈奴的忌惮心理。“和亲”政策由此开始实施。

刘邦从平城回到长安后，随即派遣刘敬出使匈奴提出和亲，允诺西汉将以公主嫁给冒顿单于。伴随和亲政策颁布实施的还有双方的停战协定：汉朝需向匈奴输送数目庞大的絮、缯、酒和食物；匈奴与西汉以长城为界，长城以北为匈奴统辖，长城以南为西汉控地，双方约为兄弟，不得互相侵扰。除此之外，在之后的和亲中还增加了开关市的内容。在实际的操作过程中，西汉以宗室女代替公主承担了和亲的任务，匈奴方面也没有完全执行互不侵扰的约定。

刘邦去世之后，汉朝在很长一段时间里仍然采取了和亲、隐忍的对匈政策。其中一个典型的事例是冒顿单于给吕后送来的一封信。信的内容大致是冒顿单于要与吕后直接联姻。对匈奴而言，父子兄弟之间存在

① 《史记》卷99《刘敬列传》，第2718页。

收继婚的习俗，所以冒顿单于是真有此意还是仅为揶揄不得而知，但是对于礼教森严的汉朝而言，这无疑是巨大的侮辱。文献记载，吕后震怒，群臣愤慨，欲击匈奴。大臣季布此时提起白登七日被围，至今伤痍之事，吕后不得已选择隐忍不发，以谦逊的姿态回信冒顿单于，自称：年老气衰，发齿堕落，不足以配冒顿单于[①]。由此也得到了冒顿单于的友好回应：献马，复和亲。冒顿单于之后，老上单于和军臣单于先后继位，西汉王朝则经历了“文景之治”，其间双方继续实施和亲政策。尽管老上单于时期对西汉的挑衅和入寇明显增加，汉文帝也积极出兵抵御，但是和亲仍然是双方主要的外交基调。

汉匈和亲最初是在匈奴强大的军事威慑下提出来的，西汉方面多少有点不得已而为之。尽管如此，和亲使双方都得到了实际的利益。对于匈奴而言，通过和亲不仅增强了在草原地区的政治影响力，且从中获得了丰厚的财物；而西汉通过和亲，在一定程度上达到了安边的目的，为恢复社会生产，巩固和稳定新生的政权争取了时间和相对安定的边境环境。最重要的是，和亲使匈汉人民所受战乱之苦明显减少，人民乐见其成。因此，和亲在当时具有积极的社会意义，也为后世处理民族关系提供了一种有效的手段。据不完全统计，匈汉共同存立期间，完成了十数次和亲外交。随着双方实力的转变，在汉武帝征伐匈奴之后，匈奴方面开始主动请求和亲，以继续获取经济补偿，并取得西汉在政治上的庇佑。汉王朝则将和亲作为拉拢和安抚匈奴不同派系的一种常用外交手段。

二、“马邑之谋”与匈汉战争

和亲政策实行以来，匈奴对西汉边境的侵扰虽有所减少，但是并没有完全停止。对于西汉而言，匈奴之患如鲠在喉。这种匈强汉弱的局面在西汉武帝继位以后得到了扭转。汉景帝十六年（前 141），年轻的汉武帝登上了西汉皇位，在雄厚经济实力的支撑下，西汉对匈奴妥协、退让的政策有所改变。

从文献的记载来看，汉武帝即位之初，仍然保持了与匈奴友好的交往，不仅继续实行与匈奴和亲的政策，还明确表示会遵守厚遇关市、赠

① 《汉书》卷 94 上《匈奴传上》，第 3755 页。

送匈奴财物的约定。与此同时，汉朝也在为军事打击匈奴做准备，汉武帝以李广屯兵云中，程不识屯军雁门，加强了边郡驻防；并鼓励民间养马；建元三年（前138），汉武帝还派张骞出使西域，以断匈奴右臂。

元光元年（前134），匈奴军臣单于遣使西汉请和亲，武帝根据廷议结果，暂时答应继续与匈奴实行和亲。但是不久之后，汉武帝采纳了马邑人聂翁壹伏击匈奴的计划。元光二年（前133），汉武帝以韩安国、李广、公孙贺为将，率领三十万大军埋伏马邑，以马邑城及城中财物为饵诱军臣单于，这个事件被称为“马邑之谋”。军臣单于率领十万骑兵入武州塞，行至马邑城外百余里，见畜产布野无人收视而心生怀疑，在抓了西汉的一个小吏之后得知是西汉的阴谋，遂引兵退去。这次西汉预谋的伏击，虽然双方并没有发生正面冲突，匈奴方面也无伤亡，但是这一事件激发了匈奴强烈的不满，于是匈奴拒绝和亲，对西汉边境的侵扰也由之前的小寇不断演变成了大规模入寇，史称寇盗“不可胜数”。“马邑之谋”也成为匈汉关系的重要转折点，此事之后，双方关系迅速恶化，不久之后全面战争爆发。

元光六年（前129），汉四路大军分出郡县突击匈奴，除卫青取得小胜之外，其他三路大军无功而返。此战之后，匈奴侵寇西汉上谷、渔阳、雁门尤甚，驻守渔阳的西汉名将韩安国也遭围困。元朔二年（前127），汉武帝派卫青、李息领兵，避开匈奴主力，出云中至高阙，攻破匈奴属部楼烦王和白羊王，夺取匈奴河南地，此即有名的“河南之战”。河南地是匈奴右贤王驻牧区域，是匈奴统辖区域内相对富庶的地方，战略地位十分重要。西汉军队占领这里后，筑朔方城，修缮秦时蒙恬所筑故塞，屯兵以防备匈奴。匈奴丢失河南地后，新继位的伊稚斜单于听取西汉降将赵信的建议，益北绝幕，以诱汉兵。匈奴右贤王则试图夺回河南地，多次游击侵扰朔方郡。元朔五年（前124），卫青出朔方高阙塞六七百里，夜围右贤王，匈奴伤亡惨重，被俘获一万五千余人，损失裨小王十余人。这次战役是匈奴自与西汉交战以来最大的一次失利。

河南地之战后，汉武帝乘胜出击，夺取了匈奴的河西之地。元狩二年（前121），骠骑将军霍去病领兵出陇西郡攻打匈奴，过焉支山（今甘肃省山丹县东南的胭脂山）千余里，深入休屠王领地，数战数捷，杀折兰王、卢胡王，并缴获祭天金人。同年，霍去病与公孙贺又领兵攻下祁连山。霍去病大军压境时，驻牧在河西的浑邪王和休屠王又遭伊稚斜单于的猜忌，于是举部投降汉朝，其间休屠王因游移不定，被浑邪王所杀。西汉置匈奴降众于塞外上郡、朔方郡、陇西郡、北地郡和云中郡，称为“五属国”。至此匈奴又丢失陇西、河西地区，势力被严重削弱。

元狩四年（前 119），汉武帝命卫青出定襄、霍去病出代郡，深入漠北攻打匈奴，卫青以轻骑突击，包围了伊稚斜单于，单于出逃。卫青追至寘颜山赵信城，烧尽其粮草而还。霍去病一支则与左贤王交战，亦大获全胜，并在狼居胥山（今蒙古国境内肯特山）和姑衍山（今蒙古国乌兰巴托东）祭祀天地，到达瀚海（今蒙古高原北境）而还。至此匈奴远遁，幕南无王庭。

漠北之战后，匈奴伊稚斜单于和乌维单于先后向西汉提出重修和亲之事。西汉要求匈奴太子入质，单于称臣，但匈奴坚持依故约和亲，两个政权从此开始了长期的交涉和口水战。双方经常互扣使者，其间汉武帝试图再击匈奴，但匈奴避而不出。元鼎六年（前 111），汉朝派公孙贺、赵破奴分出九原（今内蒙古自治区包头西北）和令居（今甘肃省永登县西连城）数千里，不见匈奴兵而回。元封元年（前 110），汉武帝在平定南越之后向匈奴下战书，匈奴没有应战。太初元年（前 104），匈奴左大都尉欲杀儿单于降汉，请求西汉支援。西汉筑受降城（今内蒙古自治区乌拉特中旗东阴山北），并于太初二年（前 103）派赵破奴将两万骑出朔方北两千余里到浚稽山（今蒙古国土拉河、鄂尔浑河上源以南一带）接应左大都尉，后被单于发觉，杀左大都尉并追击围困汉军于受降城外四百里，赵破奴被俘。这次战役之后，匈奴复侵云中、定襄（治成乐县，今内蒙古自治区和林格尔县西北土城子）、五原、朔方等汉缘边郡县，破坏西汉所设障塞。匈奴右贤王亦侵入酒泉、张掖，汉匈之间的战争再次爆发。时匈奴经历了三代单于的休养，国势稍有恢复。而西汉在与匈奴停战的近二十年间，又发动了征伐南越、朝鲜的战争，并以武力威慑大宛、楼兰、姑师等国，连续的战争让西汉政权人力、物力消耗严重，国内兵疲民怨，军事实力已经大不如从前。从天汉二年（前 99）到征和三年（前 90），西汉又发动了几次对匈奴的大战，多以失败告终，带兵的主将李陵和李广利先后投降匈奴。在汉武帝去世前的三年里，西汉罢兵息戈，匈奴也久经战争，疲惫不堪，自单于以下“常有欲和亲计”[①]。

汉武帝时期对匈奴的连续打击是造成匈奴由强盛走向衰落的重要原因之一，也成为之后匈奴分裂的间接推手。战争给匈汉人民带来了巨大的灾难。汉武帝执政晚期也认识到大规模的对外战争使天下百姓愁苦，于是下罪己诏书，调整了对匈奴的政策，集中精力发展和恢复国内的生产，因此在汉武帝去世之后，西汉社会又出现了昭宣复兴的局面。而匈奴在经过了与西汉几十年的大战之后，先后丢失了水草丰美的河南、河西之地，漠北又常遇天灾，且鞮侯单于之后匈奴统治阶级发生了内讧，国力急剧衰落。汉匈关系也进入了新的历史时期。

三、呼韩邪单于附汉和昭君出塞

始元二年（前85），匈奴统治阶层因权力之争发生内讧，在经历了壶衍鞮单于、虚闾权渠单于、握衍朐鞮单于的分化和局部内讧之后，到五凤元年（前57），匈奴出现了五位单于争位的乱局，经历混战之后，匈奴政局演变为了郅支单于和呼韩邪单于的对立。与此同时，匈奴境内自然灾害频发。面对匈奴这种国内形势，汉朝许多大臣提议“因其坏乱举兵灭之”[②]，大臣萧望之力排众议，主张“辅其微弱，救其灾患，四夷闻之，咸贵中国之仁义”[③]，汉宣帝采纳了后者的建议，对匈奴实行怀柔策略。甘露元年（前53），呼韩邪单于南迁近塞，随后在“事汉则安存，不事则危亡”的政治局势下，遣子入质，表示愿意依附汉朝，由此揭开了匈汉关系的新篇章。

甘露二年（前52）和甘露三年（前51），呼韩邪单于先后两次前往长安入朝觐见，正式向汉朝称臣。汉宣帝以客礼待之，允许单于“赞谒称臣而不名”[④]，地位在诸侯王之上。随后汉朝派军队护送呼韩邪单于出朔方鸡鹿塞（今内蒙古自治区磴口县西北），并留大军屯兵卫护。除此

---

① 《汉书》卷94上《匈奴传上》，第3781页。
② 《汉书》卷78《萧望之传》，第3279页。
③ 《汉书》卷78《萧望之传》，第3280页。
④ 《汉书》卷94下《匈奴传下》，第3798页。

之外，西汉在经济上也给了呼韩邪单于很大的资助，转边谷米，给赡其食，赠其衣物。在汉朝的支持下，呼韩邪单于率领的匈奴南部民众益盛，史载："单于足以自卫，不畏郅支。"[①] 此期间，郅支单于在甘露三年（前51）也遣子入质，西汉同样遇之甚厚。后因郅支单于怨恨西汉与南部亲密而远自己，于是杀汉朝使者，率部离开漠北王庭转往今伊犁河流域一带发展。建昭三年（前36），郅支单于被西汉斩杀。郅支单于死后，匈奴的内乱告一段落，匈奴社会结束了三十年来多位单于争立、混战的局面，实现了呼韩邪单于率领部众依附汉朝时期的初衷："从汉求助，如此匈奴乃定。"[②] 竟宁元年（前33），呼韩邪单于再次入西汉朝觐。这次觐见中，他向汉元帝提出了"愿壻汉氏以自亲"[③]，表达了匈奴想进一步与西汉建立亲密关系的愿望。汉元帝下诏，从宫中挑选合适人选以公主身份与匈奴和亲。于是有了历史上著名的"昭君出塞"事件。

昭君嫁到匈奴后，呼韩邪单于上书汉庭愿保塞上谷以西至敦煌，传之无穷，请罢西汉备塞吏卒，使匈汉人民安居乐业。昭君亦被封为"宁胡阏氏"，寓意为：匈奴得之，可得安定。在今内蒙古自治区包头市麻池召湾的汉墓里出土了"单于和亲""单于天降"等瓦当残片，被认为可能是与昭君出塞有关的物证[④]。昭君出塞后终身未能返回故土，她与呼韩邪单于生有一子，名伊屠知牙师，后被他的异母哥哥呼都而尸道皋若鞮单于杀害。呼韩邪单于死后，昭君按照匈奴收继婚的习俗，嫁给了新任单于复株累若鞮单于，生了两个女儿。昭君出塞之后的六十年里，呼韩邪单于的儿子相继为单于，他们都实行了对汉友好的政策。因此汉匈边境和平，人民休养生息，史称："边城晏闭，牛马布野，三世无犬吠之警，黎庶亡干戈之役。"[⑤] 虽然不能说这种局面全仰仗昭君之功，但她在其中所发挥的积极作用当是不可否定的。昭君之后，她在匈奴的家人和西汉的

---

① 《汉书》卷94下《匈奴传下》，第3801页。

② 《汉书》卷94下《匈奴传下》，第3797页。

③ 《汉书》卷94下《匈奴传下》，第3803页。

④ 内蒙古文物工作队编：《内蒙古文物资料选辑》，内蒙古人民出版社，1964年；包头市文物管理处编：《包头文物资料》（第二辑），内部资料，1991年；张海斌：《包头汉墓若干问题述论》，《内蒙古文物考古》2000年第1期。

⑤ 《汉书》卷94下《匈奴传下》，第3833页。

侄子仍然继续为汉匈两族的和平友好而努力奔走。在王莽实行错误的对匈政策之后，他们仍然试图修复和挽回汉匈关系，提倡和亲、反对战争。这与昭君的影响有直接的关系（图一九）。

图一九 “单于天降”“单于和亲”“四夷尽服”瓦当（内蒙古博物院藏，内蒙古包头市召湾出土。图片见河南博物院：《匈奴与中原——文明的碰撞与交融》，第 158、159 页）

昭君去世后，匈汉人民为了纪念昭君，为她修建了多处衣冠冢，目前可知的就达十多处。其中最为著名的是位于今天呼和浩特市旧城南郊的“青冢”。后世对她的评价也非常高，历朝历代直至近现代，以昭君为题材的诗歌、故事、小说、戏剧层出不穷。就历史和现实而言，“昭君出塞”已经不仅是一次政治性的联姻，她已经成为民族间友好交往的历史文化符号，代表了各族人民对和平的向往和热爱。

四、王莽时期对匈奴的政策

呼韩邪单于之后经历了四代单于，到乌珠留若鞮单于囊知牙斯时，匈奴与汉朝之间维持了半个多世纪的友好局面又开始出现裂痕，其直接原因是王莽违背宣、元二帝时期与匈奴的故约，颁布了错误的对匈政策。

王莽执政期间，对匈奴下达了以下诏令：令单于遣王昭君女须卜居次云入长安侍奉太后；以厚赐诱令单于改名；强令单于送交归附匈奴的西域降者，并在乌珠留若鞮单于竭力求情的情况下，召集西域诸王并当众杀死了曾经避难匈奴的西域二王，以儆效尤；随后王莽下令，凡汉人、乌孙、乌桓、西域有逃亡匈奴者，匈奴皆不可接受，令单于奉行；又告乌桓停止给匈奴交皮布税，由此也引发了匈奴对乌桓的战争。以上王莽对匈奴的政策步步紧逼，不仅严重干涉了匈奴的内部事务，而且具有明显的侮辱性和歧视性。乌珠留若鞮单于最初考虑到汉朝有扶助先父之恩，同时也不愿与汉朝再起争端，因此对王莽的无理要求选择了屈从和忍让。王莽正式篡汉后，对匈奴的干涉变本加厉。新莽政权首先派遣使臣收回西汉颁授的“匈奴单于玺”，更换为“新匈奴单于章”；又更匈奴单于名曰“降奴服于”。始建国三年（11），王莽诱赂呼韩邪单于诸子孙，欲在匈奴境内立十五个单于，以分化匈奴势力，与此同时，王莽积兵三十万压境匈奴。此举严重地威胁到了乌珠留若鞮单于的地位，于是，单于以王莽非汉室子孙，正式向新莽政权宣战。此后匈奴侵入云中、雁门、朔方等缘边郡县，单于同时诏令匈奴左右部都尉、缘边诸王，使入塞寇盗，侵略吏民畜产，新莽政权边境虚耗。

乌珠留若鞮单于去世后，匈奴内部以昭君女婿须卜当为代表的主和派仍然试图挽回匈奴和新莽政权的关系，他们扶持了亲莽的咸为单于，并希望促成双方的再次和亲。王莽故技重施，改匈奴为“恭奴”，改单于为“善于”，咸单于不得已被迫答应了这次改号。咸单于去世之后，新立的呼都而尸道皋若鞮单于继位之初也派使者入长安奉献，表达了与新莽政权亲善的态度。王莽却在此时强掳须卜当至长安，欲出兵辅立其为匈奴单于，此举招致了匈奴单于的怨恨和大举入寇，北边边郡由是坏败。王莽时期对匈奴的政策造成边境紧张局势和战乱不绝。呼韩邪单于以来，匈奴与汉朝“数世不见烟火之警”的和平局面最终在王莽错误政策的步步紧逼下宣告破裂，史称：“及莽挠乱匈奴，与之构难，边民死亡系获”“数年之间，北边虚空，野有暴骨矣。”[①] 这种局面直至东汉初年亦无改善。

第二节　匈奴与东汉的关系

新朝末年，中原爆发了绿林、赤眉起义，西汉宗室刘秀于 25 年称帝，史称东汉。时匈奴在位者仍为呼都而尸道皋若鞮单于舆。舆在王莽时期就因王莽欲另立单于的举动而经常寇扰边境。更始二年（24），更始帝派遣王昭君的侄子王飒等人出使匈奴，重新授单于西汉旧制玺绶，希

① 《汉书》卷 94 下《匈奴传下》，第 3826 页。

望与匈奴恢复友好关系，但此时匈奴社会相对稳定，中原则经历了两汉之间的内乱，社会动荡，况单于舆认为，在消灭王莽的过程中，匈奴有功于汉，因此他不再愿意向中原称臣。东汉建立之后，匈奴更是积极地支持东汉边境割据势力，试图搅乱东汉政局。

一、东汉初期的匈汉关系

建武元年（25），东汉渔阳太守彭宠反汉，相继攻下右北平、上谷数县，之后彭宠派遣使者贿赂匈奴，双方约定和亲之后，匈奴出兵援助彭宠大军顺利占领蓟县（今北京城西南），彭宠自立为燕王。建武四年（28），刘秀大军北伐，匈奴再次派两路大军增援彭宠。彭宠被杀之后，自称为武帝后裔的卢芳送美女与匈奴和亲，并允诺向匈奴称臣，匈奴遂派数千骑兵迎卢芳于匈奴，立其为帝。建武四年（28），匈奴遣无楼且渠王入五原塞，与割据的李兴和亲，并说服李兴等其他边境割据势力尊卢芳为汉帝。建武五年（29），李兴、闵堪引兵至单于庭迎卢芳入塞称帝，都九原，与东汉相持。卢芳政权完全是匈奴在东汉边境扶持起来的傀儡政权，其麾下大部分的士兵是匈奴骑兵，卢芳经常率领匈奴兵在北地侵略。建武十二年（36），卢芳因内部叛乱，再次逃入匈奴。建武十六年（40），匈奴又扶持卢芳在高柳（今山西省阳高县）建立傀儡政权，利用他挑起中原的内战，卢芳与汉军相攻数月之后战败。至此，匈奴对东汉的离间政策无疾而终，卢芳本人在匈奴境内度过了余生。

匈奴除扶持北方割据政权与东汉相持之外，与东汉朝廷也发生了直接的接触。建武六年（30），光武帝曾遣使匈奴，赂遗金币，以通旧好，呼都而尸道皋若鞮单于态度骄踞，无意缓和双方关系。建武九年（33），东汉派大将军征讨匈奴，皆无功而返，匈奴抄暴日增。建武十三年（37），匈奴寇河东，州郡不能禁，东汉政府不得不徙雁门、代郡、上谷三郡百姓，置常山关、居庸关以东，匈奴左部于是转居塞内。之后，东汉不断筑亭候，修烽火，增加边境的兵力，以防止匈奴进一步南下。卢芳势力彻底溃败后，匈奴更加重了对边境的掠夺，史称“杀略抄掠甚众，北边无复宁岁”[①]。面对势头正劲的匈奴，东汉因致力于国内经济的恢复，

① 《后汉书》卷89《南匈奴列传》，第2940页。

所以一再妥协。建武二十年（44），因不堪忍受匈奴的侵扰，东汉省五原郡，徙其吏人置河东。这种匈强汉弱的局面在两年之后，因匈奴的分裂发生了彻底的转变。

二、北匈奴与东汉

建武二十二年（46），单于舆去世，匈奴内部因单于继承问题发生分裂。建武二十四年（48），呼韩邪单于之孙、乌珠留若鞮单于之子比因不得立为单于，效仿祖父呼韩邪单于向东汉称臣，从此匈奴与东汉的关系发生了根本性的转变。

匈奴分裂之后，北单于蒲奴害怕受到东汉和南匈奴的联合打击，多次向东汉遣使贡献方物，史称北匈奴数次乞求和亲，又远驱牛、马与汉合市，重遣名王，多所贡献[①]。但是东汉考虑到与北匈奴和亲可能会引起南匈奴的反叛之心，于是以委婉的言辞拒绝了北匈奴的请求。建武二十八年（52），北单于提出愿率领西域诸国胡客入朝觐见，光武帝在召集群臣商议之后，决定对北匈奴采取羁縻政策，颇加赏赐。在之后的十年内，北匈奴亦遣使如前。永平八年（65），南匈奴须卜骨都侯等得知东汉与北匈奴互派使者，心怀怨愤，欲返回漠北。此事被发现之后，为了防止南、北匈奴部众的交通，东汉始置度辽营，屯五原曼柏（今内蒙古自治区达拉特旗东南）。同年，北匈奴为接应南匈奴降者，与东汉发生冲突，频繁寇扰边郡，导致东汉河西城门昼夜闭守。永平十四年（71），东汉遣诸将四道出塞，北征匈奴，南匈奴随同作战，北匈奴被迫向北撤退。此后，东汉与北匈奴在西域也爆发了战争，漠北腹地的北匈奴又受到南匈奴、丁零、鲜卑与西域的联合打击，国力衰耗，前后南下降服汉朝和南匈奴者数以万计。章和二年（88），南单于上书东汉："宜及北虏分争，出兵讨伐，破北成南，并为一国，令汉家长无北念。"[②]永元元年（89），东汉以耿秉为征西将军，与车骑将军窦宪率骑八千，与乌桓、氐、羌及南匈奴众三万骑，出朔方击北匈奴，北单于奔走。窦宪、耿秉登燕然山刻石纪功，以宣扬汉朝威德。此即为《后汉书》中记载的《燕然山

① 《后汉书》卷 89《南匈奴列传》，第 2946 页。

② 《后汉书》卷 89《南匈奴列传》，第 2952 页。

铭》[①]。永元三年（91），东汉派耿夔出击金微山（今新疆维吾尔自治区西北部阿尔泰山）大败北匈奴军，北单于率残部西迁至乌孙、康居活动区域。北单于西迁之后，北匈奴右谷蠡王於除鞬以蒲类海（今新疆维吾尔自治区巴里坤湖）为据点自立为单于，并一度得到了东汉朝廷的认可。永元五年（93），於除鞬单于在叛走途中被东汉斩杀。此后北匈奴的主力基本撤出了蒙古高原腹地（图二〇）。

图二〇 《燕然山铭》发现地外景图（内蒙古大学蒙古学研究中心高建国博士供图）

三、南匈奴与东汉

南匈奴依附东汉后，迁徙进入缘边八郡。在保证南匈奴对汉臣属的前提下，南匈奴保留了较大的自治权力。同时为了加强对南匈奴的统治，东汉实施了两项政治措施。

一是设置使匈奴中郎将。在南匈奴依附以前，皇帝总是派遣临时性中郎将出使匈奴，建武二十六年（50），东汉正式设立使匈奴中郎将一职。使匈奴中郎将是东汉派遣到南匈奴的最高官员，直接隶属于中央，担负监督和卫护南匈奴的责任，防止其“有离心”的行为发生。除此之

① 《燕然山铭》由随军的班固撰文。据新华社乌兰巴托 2017 年 8 月 15 日电，中蒙两国联合考察队在蒙古国中戈壁省偏西南杭爱山一支脉发现一处摩崖石刻，摩崖石刻宽 130、高 94 厘米，考察队解读了其中的 220 个汉字，经过严密论证后，认为石刻铭文与《后汉书》所记载的《燕然山铭》基本一致，由此确认该石刻即为《燕然山铭》。

外，使匈奴中郎将还必须履行以下职责：及时传达皇帝命令，并将南单于的请求、奏章等转达给东汉政府；保证东汉纳贡制度在南匈奴顺畅执行，这其中包括迎送南匈奴侍子，负责汉廷对南匈奴一年一度的赏赐、赈济及吊祭慰赐等各种形式的物质援助；后期，随着南匈奴叛乱事件经常发生，平息叛乱也成为使匈奴中郎将的主要任务。

二是完善贡纳制度。在匈汉关系上，贡纳制度首先被西汉运用于呼韩邪单于时期。西汉要求呼韩邪单于执行三条约定，即单于入汉朝觐、遣侍子入汉和纳贡。东汉的贡纳制度比西汉更加正规化。按照规定：南匈奴必须遣子入东汉，侍子由南单于的儿子充任；每年年终，单于派一名新人质换回旧侍子；单于必须派遣使者，朝正月，献方物。贡纳制度在保证了南匈奴与东汉之间臣属关系的同时，也规定了东汉必须履行的义务，当南匈奴受到侵扰时出兵卫护，每年需给南匈奴大量的赏赐和生活上的援助。这些赏赐范围广泛，除了单于本人外，他的家族成员、各部首领及有功劳者都可以得到赏赐。除此以外，每逢南单于去世，新单于继位时，东汉要派使匈奴中郎将吊祭死去的单于，赏赐新单于。遇到天灾人祸，东汉还要以赈济的形式给南匈奴经济援助。总的来说，在南匈奴依附汉朝的头四十年，双方的关系较为融洽，南匈奴也具有相对独立的自治权力。但是也可以看出，南匈奴对东汉的经济依赖在步步加深，正如休兰尸逐侯鞮单于屯屠何所说："大兵拥护，积四十年，臣等生长汉地，开口仰食，岁时赏赐，动辄亿万。"①

东汉后期，使匈奴中郎将开始介入单于庭内部矛盾之争，擅自废立甚至杀害单于的事件频繁发生。对南匈奴的普通部众，东汉也是任意征调。面对这种压迫，南单于怯懦，常常处于被动地位。永元三年（91）北匈奴西迁之后，南匈奴与东汉的矛盾更加明朗化，时面对"塞北地空"的大好机会，代表南匈奴最高利益的单于庭反应消极。更令南匈奴部众失望的是，东汉并没有"如呼韩邪故事"，将这个机会给予南匈奴，而是承认了北匈奴右谷蠡王於除鞬的单于地位。这种做法完全破灭了南匈奴部分部众想要统一匈奴的希望，因此从单于安国开始，南匈奴的内讧以及伴随而来的反汉事件接踵而至。

---

① 《后汉书》卷89《南匈奴列传》，第2952页。

永元五年（93），单于安国与新降胡联合，打算诛杀左贤王师子，事情败露后，师子迁居五原塞，不往单于庭会盟。这本来是单于与左贤王的内部矛盾，并没有反汉迹象，但因为使匈奴中郎将杜崇与安国单于不和，乘机上书以安国单于反叛为借口，要求发兵征讨。在不了解事实真相的情况下，汉和帝支持了杜崇的请求。汉朝的态度激起了安国单于的愤怒，于是在"新降胡"的鼓动下，安国单于起兵反叛东汉，他的舅舅害怕受到株连，杀死了安国单于。在这次安国单于反汉事件中，新降胡一直是他忠实的支持者。安国单于被杀以后，师子继承单于位，新降胡夜袭师子单于，十五部二十余万人反叛，并立前单于屯屠何子逢侯为单于，向漠北方向奔去。逢侯单于叛乱达二十四年之久。此后，南匈奴部众反对汉朝的斗争经常发生，大都被汉朝与南单于联合发兵镇压了。

安国单于以后，使匈奴中郎将开始更多地介入单于庭内部矛盾之争，甚至直接参与单于的继承和废立。安国单于以后 12 位单于中（不包括南匈奴部众自立的须卜骨都侯），有 8 位单于受到汉朝或使匈奴中郎将干涉。单于怯懦，常常处于被动地位，直接导致了单于权力衰退，不能有效统治部民，南匈奴一度出现了无政府状态。时中原混乱，南匈奴部众缓慢向南迁徙。曹操"恐其户口滋蔓，浸难禁制"[①]，对内迁南匈奴采取了两个重要的政治措施：其一，吸收上层贵族担任地方官职，使其与部落脱离关系；其二，征调匈奴牧民壮丁，将其编为义从、勇力，分遣各地打仗、驻防，家人迁至邺城，充当人质角色。建安二十一年（216），南匈奴呼厨泉单于入朝，被曹操留在邺城。此后曹操分匈奴为五部，五部除有匈奴部帅领导外，还有汉人司马监督。经过曹操一系列的分化政策，南匈奴内部出现了"单于恭顺，名王稽颡，部曲服事供职，同于编户"[②]的局面。西晋时期的匈奴贵族刘宣曾有"自汉亡以来，魏晋代兴，我单于虽有虚号，无复尺土之业，自诸王侯，降同编户"之语[③]，此说明曹魏时期，南匈奴已经成为东汉境内的一个少数民族了。

---

① （宋）司马光编著，（元）胡三省音注：《资治通鉴》卷 67《汉纪五十九》献帝建安二十一年条，中华书局，1956 年，第 2146 页。

② 《三国志》卷 15《梁习传》，第 469 页。

③ 《晋书》卷 101《刘元海载记》，第 2647 页。

第三节　匈奴与西域的关系

“西域”是汉代以来对玉门关、阳关以西地区的总称。北方民族史研究中所涉及的西域，一般东接玉门关、阳关，西则限葱岭，即今敦煌以西，帕米尔高原以东，巴尔喀什湖东、南及新疆广大地区和中亚的部分地区。班固《汉书》始以“西域”之名列传。据《汉书·西域传》记载，西域有三十六国，稍后分为五十余国，东接匈奴，北临乌孙①。这里的“国”指的是散布于西域各地的以城邦为核心的不同政治势力以及游牧行国。西域诸国的分布以鄯善为起点坐标，大致分为南北两道。鄯善为西域东边门户，是西出阳关、玉门关之后的第一重镇。以此为起点，南线沿天山南麓向西至葱岭，沿线依次有若羌、且末、小宛、精绝、戎卢、扜弥、渠勒、于阗、皮山、蒲犁、莎车、卢城等；出鄯善北线向西至葱岭沿线有渠犁、焉耆、乌垒、龟兹、姑墨、温宿、尉头、疏勒等国；此外，西域东北边上的蒲类海周围还有蒲类、车师，在鄯善的北边；葱岭以北向西延伸还有捐毒、休循、郁城等国；出葱岭西北有大宛、康居，西南则是大月氏的领地。西域境内由北向南有阿尔泰山、天山和昆仑山，皆东西走向，山脉与山脉之间形成了准噶尔盆地和塔里木盆地，盆地内有沙漠和草原交错分布，地形多样且相对封闭，西域诸国就分布在三条山脉之间的塔里木盆地、吐鲁番盆地和准噶尔盆地的边缘和绿洲之中。这种特殊的地理环境造成了西域各国各自为政、互不统属，多则数万人口，少则几千人口。在历史上，由于势力分散且相对弱小，西域地区一般受到北方民族和中原政权的羁縻统治。根据文献的记载，公元前3世纪匈奴的势力开始进入西域，并在之后的一百年里统治西域。公元前1世纪，随着西汉王朝与西域交往的加深，匈奴在西域的统治受到了威胁，并一度退出了西域。王莽时期，匈奴乘乱重新控制了西域。

一、匈奴对西域的统治和管理

匈奴势力向西延伸进入西域是从对月氏的追击开始的。在匈奴兴起

① 《汉书》卷96上《西域传上》，第3871页。

之时，月氏活动于敦煌和祁连山一带。直到头曼单于时期，匈奴仍然需要向月氏提供人质。冒顿单于继位之后，向西击走月氏，月氏出玉门关、阳关，进入西域并继续向西迁徙。匈奴在“至西方求月氏击之”[①]的战争中，一路降服了沿途的西域小国。至晚在汉文帝四年（前 176），冒顿单于已经控制了西域的大部分国家，这一年冒顿单于给汉朝皇帝的信中，曾经明确表示：“楼兰、乌孙、呼揭及其旁二十六国皆已为匈奴。诸引弓之民并为一家，北州以定。”[②]老上单于时期，匈奴与乌孙联合向西追剿迁居于伊犁河流域的月氏，月氏王被杀[③]。匈奴对月氏的打击在西域诸小国中产生了很大的威慑力，由此匈奴基本在西域建立了宗主统治，史称：西域诸国皆“畏服匈奴”，甚至自乌孙以西至安息境内，“故匈奴使持单于一信到国，国传送食，不敢留苦”[④]。

匈奴进入西域之后，针对西域政治经济分散、城邦和行国众多且相对弱小的区域特点，采取了一系列的统治方针以实现其对西域的有效统治。

首先，匈奴在与西域相邻的边地和西域境内的部分地区分封了一些隶属右贤王统辖下的小王。在冒顿单于赶走月氏之后，敦煌、祁连一带就成为匈奴的直接控制区，属浑邪王和休屠王统辖地，元狩二年（前 121），西汉攻祁连山时，曾得该地裨小王以下十余人；在占领呼揭国之后，匈奴分封了呼揭王管理呼揭及其周边地区。呼揭在阿尔泰山内外，属于西域小国。呼揭王在永平二年（59）之后，还曾经自立为匈奴的单于；匈奴在蒲类以东分封兹力支为东蒲类王，驻牧在今新疆维吾尔自治区巴里坤湖附近以东，以驻地为封号；日逐王更是当时匈奴境内与西域有直接关系的封王，负责监管西域本土各国事务。文献中，匈奴最早的日逐王是先贤掸，他是狐鹿姑单于的侄子，先贤掸本来有可能继承单于位，因其父亲突然去世，先贤掸被叔父降为日逐王。徐松《汉书西域传补注》卷上认为，日逐王“盖置在太始时”[⑤]，据此则先贤掸当为第一任日

① 《汉书》卷 94 上《匈奴传上》，第 3757 页。

② 《汉书》卷 94 上《匈奴传上》，第 3757 页。

③ 《汉书》卷 96 上《西域传上》，第 3891 页。

④ 《汉书》卷 96 上《西域传上》，第 3896 页。

⑤ （清）徐松：《汉书西域传补注》卷上，《丛书集成初编》，商务印书馆，1937 年，第 7 页。

逐王。当时狐鹿姑单于实际上是将西域本土作为了日逐王先贤掸的属地，以此使他远离了单于庭这一匈奴权力的中心，后来的事实也证明，日逐王的向背对西域诸国是有直接影响的。伴随着在西域边地的封王政策，匈奴的部众也移民到这些地区，他们一边从事生产，一边对西域进行军事的震慑。

其次，匈奴集中力量控制西域具有重要战略位置的城邦，并使其中较强势力的国家送质子到匈奴，以此来威慑其他城邦国家。匈奴在冒顿时期就征服了乌孙、姑师等地。乌孙活动于伊犁河及伊塞克湖一带，都赤谷城（今吉尔吉斯斯坦伊塞克湖州），是西域西边较强的势力。据《汉书·张骞传》的记载，乌孙的昆莫猎骄靡在父亲难兜靡被月氏打败之后，曾经在一段时间里亡入匈奴，冒顿单于对他有救助和抚育之恩。猎骄靡成年之后，在匈奴的支持下率领族人赶走了已经逃亡至伊犁河流域的月氏，并留居其地。因此，在匈奴强盛时期，乌孙一直臣服于匈奴。乌孙在西域具有较强的导向作用，在乌孙臣服匈奴期间，中亚的大宛、康居受其影响也羁事匈奴。姑师即车师，也是匈奴控制的重要邦国。这里东南通往敦煌，向南通往楼兰，向西通往焉耆，西北通往乌孙，东北则是匈奴进入西域的门户，也是由玉门关北道进入西域的交通要道，因此是兵家必争之地。匈奴占据车师后，在这里移民、屯田。历史上匈奴曾经与西汉为争夺车师展开多次战争，但是在西汉进入西域之前，匈奴对车师具有绝对的控制权。除此之外，匈奴还严格控制了楼兰（后改为鄯善）、焉耆等西域要冲之地，进而全面控制了西域南北诸道国家。

最后，匈奴在西域境内设立了僮仆都尉。《汉书·西域传》记载："匈奴西边日逐王置僮仆都尉，使领西域。"① 从这条记载来看，僮仆都尉是匈奴日逐王辖领下设机构。"僮仆"有仆隶、奴隶之意，在战国、秦汉时期，一般指为主人经营事业的奴隶。显然"僮仆都尉"这一名称表达了匈奴对西域的役使关系。对此，《资治通鉴》胡三省注说："匈奴盖以僮仆视西域诸国，故以名官。"② 王子今在分析匈奴官职名称时，也提到僮

① 《汉书》卷 96 上《西域传上》，第 3872 页。

② （宋）司马光编著，（元）胡三省音注：《资治通鉴》卷 20《汉纪》武帝元鼎二年，中华书局，1956 年，第 658 页。

仆都尉是匈奴职官中的一个特例，受到了汉文化的影响[①]。然在匈奴众多的职官中，未见其他有以汉意选字的职官设置，日逐王部在命名西域都尉时，放弃匈奴语而准确地选用了汉字“僮仆”之意来反映匈奴与西域的关系，这种可能性很小。因此“僮仆都尉”很有可能并非匈奴在西域设置职官的实际名称，而是汉朝方面的意译，这个称呼既可真实地反映匈奴人与西域的关系，也为西汉势力进入西域做了政治舆论的铺垫。

僮仆都尉常驻焉耆、危须、尉黎。此三国皆属于西域北道诸国，是匈奴在西域较早也是较为稳定的控制区域。僮仆都尉主要负责向西域诸国征收赋税。西域地区居民有从事畜牧业、种植业和手工业以及商业者。例如，若羌、鄯善、蒲类和乌孙等国以畜牧业为主，有马、牛、羊、骆驼、驴和骡等畜产资源，匈奴占领西域之后“得其马畜旃罽”[②]；难兜国、渠犁、疏勒和莎车等地“有溉田五千顷以上”“可益通沟渠，种五谷”[③]，西域的山国、蒲类、依耐等还在焉耆、危须、莎车、疏勒寄田，可见这些区域利于农业生产，粮食作物当较充裕；除此之外，西域地区金属矿产资源丰富，史载：“山有铁，自作兵，兵有弓矛服刀剑甲”“其民巧，雕文刻镂，治宫室，织罽、刺文绣，好治食。有金银铜锡，以为器。市列。以金银为钱”[④]等。匈奴以缴纳赋税和交换的形式，将西域的农、畜和手工业产品大量输入匈奴，丰富了匈奴的经济生活，增强了匈奴的国力，此当就是僮仆都尉所承担的主要职责——“赋税诸国，取富给焉”[⑤]。除此之外，匈奴通过对西域的控制，垄断了中西交通要道上的商业贸易，中原与西域、中亚、欧洲之间的贸易皆赖匈奴作为中间商人进行，匈奴从中获取利润。

除了以上统治政策外，匈奴还在西域实施屯田和移民政策。同时匈奴也有将西域人口掠夺至本土为奴的记载。据《后汉书·西域传》记载，在西域隶属匈奴时期，蒲类国王因得罪单于，六千余口蒲类人被迁徙至

---

① 王子今：《匈奴“僮仆都尉”考》，《南都学坛》2012年第4期。
② 《汉书》卷96下《西域传下》，第3930页。
③ 《汉书》卷96下《西域传下》，第3912页。
④ 《汉书》卷96上《西域传上》，第3885页。
⑤ 《汉书》卷96上《西域传上》，第3872页。

匈奴右地贫瘠之地，因号曰阿恶国[①]。被劫掠的人口因不满匈奴的奴役常有逃亡的现象。

二、匈奴与汉朝争夺西域

匈奴统治下的西域很快成为匈奴经济和军事上的有力后援，西汉将其视为匈奴之右臂。汉武帝时期，两次派遣张骞出使西域，以联合西域诸国夹攻匈奴。元鼎二年（前115），张骞成功地游说了乌孙派遣使者和他一同回到西汉。乌孙使者与汉朝通使的消息传到匈奴，匈奴震怒。此时匈奴本土在西汉的连续打击下，势力已经大不如前，一旦西域与西汉联合，匈奴的生存将更加举步维艰，因此乌维单于不得不集中精力稳定在西域的统治，由此也拉开了匈奴与汉朝在西域的争夺。

匈奴首先命令楼兰和车师阻截汉朝派往西域的使者，令他们不得相通。元封三年（前108），西汉出兵突袭楼兰，后破车师，并砍下楼兰王头颅送往西域诸国展示，此事在西域诸国引起震动。经此一战，楼兰表示臣服汉朝，匈奴随后出兵攻击楼兰。楼兰左右为难，于是遣一子入质匈奴，一子入质汉朝。元封六年（前105），儿单于将匈奴单于庭向西北迁徙，进一步加强了对西域的震慑。同年，乌孙畏惧匈奴报复，派出使者与西汉联姻。西汉将细君公主嫁给乌孙昆莫猎骄靡。匈奴闻讯之后也将居次嫁到了乌孙，猎骄靡以其为左夫人。同时，匈奴对西域诸国下令，不允许他们帮护汉朝军队，否则就是与匈奴为敌。西域诸国在两大力量的压制下摇摆不定，当时情势正如楼兰国王给汉朝的奏表中提到的那样："小国在大国间，不两属无以自安。"[②] 太初元年（前104），西汉求大宛良马遭到大宛轻视，于是出兵攻打大宛，西域沿途诸国听从匈奴的指令拒绝提供军粮，汉贰师将军李广利因粮草不济退回敦煌。由此可见，在西汉势力进入西域的头三十年里，匈奴在西域传统的威慑力仍然存在，在与西汉的争夺中仍占据上风，不过，这种情势即将发生扭转。

太初三年（前102），西汉自备了充足的粮草，再次派遣李广利将兵十余万人西伐大宛，攻克大宛首都贵山城（今乌兹别克斯坦塔什干东南

---

① 《后汉书》卷88《西域传》，第2928页。

② 《汉书》卷96上《西域传上》，第3877页。

卡散赛），杀大宛王毋寡，另立大宛国王，并令大宛遣子入质，从此大宛服属汉朝。史书称："汉既诛大宛，威震外国"①。汉军班师途中，沿途西域诸国纷纷表示愿意归附西汉，乌孙也与西汉结盟。西汉在楼兰、渠犁和轮台驻兵屯垦，置校尉。此为西汉在西域设置军事和行政机构之始，匈奴在西域的地位已经岌岌可危。征和元年（前 92），楼兰国王死，国内请西汉质子回去继承王位，汉朝的质子因受到宫刑不遣。新的楼兰王继位不久之后去世，匈奴先派遣质子回去继承了王位。因楼兰在汉朝的两位王子都没有被送回，楼兰王逐渐疏远西汉，与匈奴关系较好，并经常杀西汉使者。元凤五年（前 76），西汉派使臣携带重金到达鄯善（公元前 77 年，楼兰改名鄯善），以赐金币为诱饵刺杀了鄯善王，并告谕西域诸国：鄯善王负汉，以天子之名诛杀。新的鄯善王受汉朝的扶持取得王位，与汉亲厚，汉派兵驻守鄯善伊循（今新疆维吾尔自治区若羌县东北），屯田以镇抚之，其后更置都尉。鄯善是西汉和匈奴进入西域的要冲之地，鄯善归于西汉之后，西汉派遣军队对南道诸国以及鄯善以西数国进行卫护。至此，西域南道诸国已基本在西汉的控制之下，北道诸国的争夺也异常激烈，其中车师是双方争夺的焦点。

车师是匈奴最早控制的区域之一，也是匈奴在西域的主要据点。在西汉初与西域联络之时，车师数为匈奴耳目，攻劫汉朝使者，元封三年（前 108），赵破奴破车师，汉军撤离之后，匈奴出兵稳定了对车师的控制。车师距汉远，亲近匈奴，对过往汉使具有很大的威胁。天汉二年（前 99），汉武帝再攻车师，匈奴遣右贤王率数万骑兵来救车师，汉军失利退回。征和四年（前 89），西汉联通西域六国进攻车师，车师投降，臣属于汉。不久之后，匈奴再出兵降伏车师，并在车师屯田，监护其国。元平元年（前 74），匈奴联合车师出兵击乌孙，乌孙向西汉求救。西汉在本始二年（前 72）派出五路大军进攻匈奴，车师见汉兵大出又臣属于西汉。此后，匈奴扶立乌贵为车师王，并与之联姻，车师再亲匈奴。地节二年（前 68），负责在渠犁屯田的西汉侍郎郑吉发屯田区和城郭诸国兵攻破车师，乌贵求救于匈奴，匈奴无暇救援。此战之后，西汉与匈奴分别立车师王，车师一分为二，即车师前国和车师后国。这就是历史

① 《汉书》卷 94 上《匈奴传上》，第 3776 页。

上的“五争车师”事件。车师分裂之后，匈奴对北道诸国的控制基本瓦解。当匈奴对西域的控制危在旦夕之时，匈奴日逐王先贤掸投降了西汉，时间在神爵二年（前 60）。日逐王是匈奴负责掌管西域的王，随着他的投降，匈奴在西域的统治暂时告一段落，西域也正式臣属于西汉。同年，西汉正式设置西域都护，都护府治乌垒城（今新疆维吾尔自治区轮台县东北），郑吉为首任西域都护长官，“僮仆都尉由此罢，匈奴益弱，不得近西域”①。

事情总是环环相扣的，匈奴本土在经历了与西汉三十多年的战争以及频繁的天灾之后，经济已处于崩溃的边缘，在西域的失利更加重了匈奴的经济负担，这一系列的失败使得匈奴内部出现了呼韩邪单于依附汉朝的举动。而留在漠北单于庭的郅支单于自觉无力对抗汉朝，因此率众西迁，欲并乌孙再图西域。初元五年（前 44），康居王因受到乌孙的困扰，遣使郅支单于，欲联合夹击乌孙。郅支单于遂引北匈奴迁徙至康居东部筑郅支城而居，其间破丁零、坚昆，并数次攻击乌孙、大宛。郅支单于在西方的发展危及了西汉对西域的控制，于是建昭三年（前 36），汉朝西域都护骑都尉甘延寿和副校尉陈汤发西域诸国兵及汉屯田吏卒四万余人经北道入赤谷，过乌孙，进入康居界，击杀了郅支单于。随着郅支单于的去世，匈奴再定西域的计划也失败了。

两汉之间，王莽在西域贬易侯王，由是西域怨叛。地皇四年（23），新莽政权罢西域都护，匈奴重新控制了北道诸国。文献记载：“匈奴单于因王莽之乱，略有西域。”② 东汉建国初期，由于匈奴敛税重刻，西域诸国遣使东汉请求重置都护，光武帝“以天下初定，未遑外事”③ 为由拒绝了各国的请求。建武二十八年（52），北匈奴遣使东汉时提到“率西域诸国胡客与俱献见”④，光武帝则表示：“西域国属匈奴，与属汉何异。”⑤ 由此可见，当时西域诸国仍然在匈奴的臣属之下，且得到了东汉的认可。永平十六年（73），东汉派窦固北征北匈奴，并通西域。次年，东汉复置西

① 《汉书》卷 96 上《西域传上》，第 3874 页。
② 《后汉书》卷 88《西域传》，第 2923 页。
③ 《后汉书》卷 88《西域传》，第 2909 页。
④ 《后汉书》卷 89《南匈奴列传》，第 2946 页。
⑤ 《后汉书》卷 89《南匈奴列传》，第 2947 页。

域都护、戊己校尉。之后二十年，北匈奴在东汉和南匈奴等势力的打击下，势力逐渐衰微，其对西域的控制也在逐渐削弱。与此同时，东汉的班超在西域的经营卓有成效，先后争取了鄯善、伊吾、车师、龟兹、莎车、焉耆等地，并最终使西域五十余国悉纳质内属，西域遂定，北匈奴则向更西迁徙，还有一部分匈奴人融入西域诸族之中了。

综上所述，匈奴通过对西域的控制，在政治上成为草原诸部的共主，对汉王朝形成了很大的威慑；在军事上西域也积极配合匈奴的行动，对西汉的军事力量形成了牵制；更重要的是，西域作为中西商贸交通要道，是草原丝绸之路和绿洲丝绸之路的必经之路，控制了西域就掌握了中西贸易通道，匈奴从中获取了巨大的经济利益。西汉联通西域之后，匈奴势力逐渐从西域退出，随着政治权力的消失，匈奴与西域之间的经济贸易往来也被切断，这更进一步地加快了匈奴衰落的步伐。

第七章　匈奴的文化习俗

匈奴的文化习俗是在草原特定的区域内经过长期的历史发展过程形成的人们共同遵守的行为模式或规范，具有浓郁的民族特色和区域特色，包括衣食住行、婚丧嫁娶、宗教信仰等方面的内容。

第一节　衣食住行

匈奴的衣食住行多仰仗于对畜产品的加工，畜牧业的发展为此提供了丰富的原材料。根据文献记载，匈奴“以穹庐为家室，衣皮蒙毛，食肉饮血”①。除此之外，匈奴贵族也穿丝、锦，饮食中不乏粮食谷物，匈奴境内还发现了城址，交通工具主要是车辆和马匹。

一、服饰

匈奴的服饰多是皮毛加工品，匈奴人将动物皮加工成皮革，做成皮衣、皮裤、皮靴子，或者将畜毛捻成毛线，制作各种毛织衣物。这种材料的衣服既坚韧耐用，又可有效对抗蒙古高原严寒的天气。随着与中原交往的加深，中原的丝绸、绣、锦等更为精美的原料及服饰传入了匈奴，匈奴贵族也穿丝绸或者是丝绸与皮毛结合制成的衣服，史载：“匈奴之来者，家长已上固必衣绣，家少者必衣文锦。”②尽管汉人中行说向匈奴单于建议，丝绸衣物并不适合草原的生存环境，但这并没能改变匈奴贵族对丝绸的热爱。在诺彦乌拉贵族墓葬中，出土了各种材质的衣物，如毛织的裤子，缀有牛皮的靴子，以及丝、绢材质的长衣等。

匈奴服装样式一般为上衣下袴。上衣称为“褶”，左衽，即衣服开襟

① （西汉）桓宽整理，陈桐生译注：《盐铁论》卷7《备胡第三十八》，第382页。

② （西汉）贾谊著，方向东译注：《新书》卷4《匈奴》，第120页。

向左，有圆领和交领的样式，身长过膝或者更短一些。下摆及袖口有镶皮毛者，袖口较窄，少有纹饰和图案。匈奴人还用猎获的野生动物如狐、貂等毛皮加工成“裘”，或者镶制在衣领、袖口等处，或者裁剪成坎肩、披风用以保暖。下衣为“袴”，样式为小腿以上宽松的褶裤，有与足套和袜子连在一起者，也有束口长裤，上面肥大，下面窄小束口。裤腰系带子，以毛线缝制，贵族也用丝绸。匈奴所居之地地寒，多风沙、蚊虫，这种上下束紧的穿衣风格既保暖实用，又利于逐水草而居的生活状况。匈奴的帽子有尖顶帽和圆顶帽，有护耳。匈奴人腰间系带，称为“具带”，有皮质、布质、毛质等，配有带扣和配饰。带饰为金属质地，贵族用黄金带饰，平民一般用青铜和铁质带饰。在中国、蒙古国和俄罗斯的匈奴墓葬中，都出土了匈奴的带扣和牌饰。匈奴人的靴子有长靴和短靴，也有连裤靴。《释名·释衣服》载：“靴，跨也。两足各以一跨骑也。”[①] 靴子底一般为毡制，鞋面以皮革为主，镶嵌贴花，贵族缝制丝绸装饰物，靴子里面有毛织或皮质的厚鞋垫，便于在草地上行走和骑马。考古出土的匈奴衣物为了解匈奴服饰提供了直观的图像。在诺彦乌拉 M6 中，出土了典型的匈奴的上衣和裤子，其中一件沙土色的上衣以丝织物制作，袖口、领口、衣襟处都镶有黑貂皮，裤子一条以毛线编织为主，另一条则为丝绸缝制，还出土了连裤靴样式的下衣[②]。匈奴还有用金银、水晶、蚌、贝壳等制作的头饰、耳饰和项饰品。在今内蒙古自治区鄂尔多斯准格尔旗西沟畔匈奴墓地发现了金项圈、金耳坠、金指套及精美的黄金头饰、蚌饰等，为匈奴配饰提供了实物资料（图二一）。

在匈奴的墓葬中还发现了丝帛，一般为内衣，或用于衣物的里子、系带、头发套等。在诺彦乌拉的匈奴贵族墓葬中出土了一件精美的绣品，上有锦云、鸟兽和神仙骑鹿的场景，绣品上还绣有“新神灵广成寿万年”的字符。显然这些丝绢制品来自汉地。《汉书·匈奴传》中有“单于好汉缯絮食物”，汉人中行说指出，汉人絮缯，“以驰草棘中，衣裤皆裂弊，以视不如旃裘坚善也”[③]。可见丝绸、锦帛等丝织品虽然精美，但并不适合

① （东汉）刘熙：《释名》卷5《释衣服第十六》，中华书局，1985年，第83页。

② 〔苏联〕С.И. 鲁金科著，孙危译，马健校注：《匈奴文化与诺彦乌拉巨冢》，第44—55页。

③ 《汉书》卷94上《匈奴传上》，第3759页。

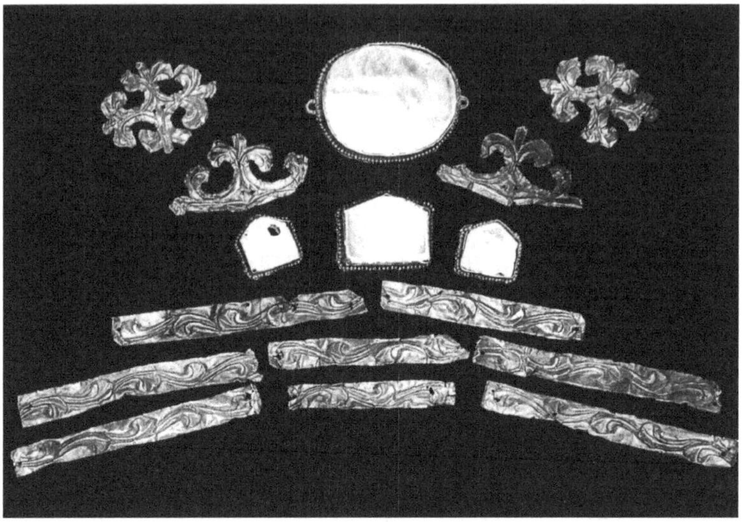

图二一　匈奴妇女贵族头饰（1组16件）（鄂尔多斯青铜器博物馆藏，内蒙古鄂尔多斯市准格尔旗西沟畔出土。图片见河南博物院：《匈奴与中原——文明的碰撞与交融》，第44页）

匈奴社会的生存环境。这些物品一般从汉地流入，为贵族所拥有，普通牧民很少有机会接触到这些精美的丝绢物品。在已发掘的匈奴墓葬中，只有大型的贵族墓才有丝绸出土也证明了这种推测。

匈奴传统的发式是“披发”。披发是人类早期共同的发式，也是匈奴早期最普遍的发式。《淮南子》记载，匈奴“纵体拖发”[①]。在出土的匈奴人图案中，披发的形象较为常见。例如，西安郊区战国晚期秦人墓出土的匈奴人陶俑、西岔沟出土的车夫和车主皆为披发[②]。匈奴男子除披发外也有在头顶或脑后结髻者，称为“椎髻”。《汉书·李陵传》记载，李陵、卫律招待汉使时，“两人皆胡服椎结”，颜师古注曰：“‘结’读曰‘髻’，一撮之髻，其形如椎。”[③]陕西省长安区客庄匈奴墓M140曾发现两个胡人摔跤姿势的腰牌，其头发都是结成一髻，其余拖于脑后[④]。中原在秦代之

① 何宁撰：《淮南子集释》卷11《齐俗训》，第783页。

② 岳连建：《西安北郊战国晚期铸铜工匠墓初论》，《考古与文物》2002年先秦考古专号；孙守道：《“匈奴西岔沟文化”古墓群的发现》，《文物》1960年第Z1期。

③ 《汉书》卷54《李广附李陵传》，第2458页。

④ 考古研究所沣西发掘队：《1955—57年陕西长安沣西发掘简报》，《考古》1959年第10期。

后，结发为髻成为男子普遍的发式，匈奴髻发可能是受同时代中原汉族人的影响。匈奴女性多留辫发，在诺彦乌拉和康德拉梯耶夫等墓葬中出土了百余条粗细不同、长短不同的发辫，这些发辫有两结，有三结，辫梢还加以垂饰，应多属于女子。

二、饮食

匈奴人自君王以下，“食畜肉，饮其汁”[①]。肉食主要来源于马、牛、羊、驴、骡、骆驼等家畜，射猎所获的猎物也会“用为食”。匈奴食肉之法多种多样，从早期食生肉到单纯加工成熟食，后逐渐采用烤、烘、煮等多种烹饪手段，其中以烤炙比较常见。汉代刘熙在《释名·释饮食》中记载，“貊炙，全体炙之。各自以刀割，出于胡貊之为也。”[②]即整体烤炙，然后以刀分割，现在的烤全羊即是这种食用方法。匈奴人以烤肉款待宾客，肉一般不会烤至全熟。《东观汉记·窦固传》记：“羌、胡见客，炙肉未熟，人人长跪前割之，血流指间，进之于固。”[③]匈奴人也食用粮食。文献中有匈奴“治楼以藏谷”[④]的记载。匈奴自己种植的粮食主要是粟和黍。粟，俗称小米；黍，亦称“稷”“糜子”，北方之黄米。除此之外，匈奴也从汉朝那里输入大量的五谷，以补充饮食的单一和不足。

动物乳汁是匈奴的主要饮品，他们还可以制作奶酪、奶酒、奶油、奶皮、奶酥等奶制品，行军时，奶制品和干肉一起成为匈奴主要的军粮。匈奴有饮酒习俗，史载“斩首虏赐一卮酒”[⑤]，匈奴单于也曾将敌人的头颅割下制作饮酒器具。

匈奴的炊具主要是青铜器和陶器。青铜器有大型的煮器，有鼎、釜。鼎，用来煮肉或盛肉的青铜容器，体积比较大，有圆腹三足和方腹四足两种，腹下烧火，鼎口有耳，便于抬举。釜，圆底而无足，安置在炉灶

---

① 《汉书》卷 94 上《匈奴传上》，第 3760 页。

② （东汉）刘熙：《释名》卷 3《释饮食第十三》，第 64 页。

③ （东汉）刘珍等撰，吴庆峰点校：《东观汉记》卷 12《窦固传》，齐鲁书社，2000 年，第 92 页。

④ 《汉书》卷 94 上《匈奴传上》，第 3782 页。

⑤ 《史记》卷 110《匈奴列传》，第 2892 页。

之上或是以其他物体支撑煮物，釜口也是圆形，可以直接用来煮、炖、煎、炒等。陶器则用于存储和作为饮食用具，有壶、缸、罐、碗、盘、缶、尊等。史书记载，汉元帝时车骑都尉韩昌、光禄大夫张猛与呼韩邪单于刑白马饮血结盟时以留犁挠酒，这里的留犁是匈奴的饭匕。

三、居住

匈奴传统的居住方式是以穹庐为舍。《汉书·匈奴传》载："匈奴父子同穹庐卧。"① 制作穹庐是牧民基本的生存技能，家家户户都能独立完成。穹庐以木结构为主要支撑，以旃席为墙帐，毡毯为席。匈奴的穹庐易搭易拆，便于携带，非常适合逐水草而居的游牧生活。"穹庐"按天圆地方的宇宙观念建造，反映匈奴人敬奉天地、与自然和谐相处的价值观和生态观。

匈奴也建筑城镇。出现于汉文典籍的匈奴城镇有赵信城、范夫人城、郅支城等。赵信城，确址待考，大概在今蒙古国杭爱山南麓，匈奴为西汉降将赵信筑城以居，故称赵信城。范夫人城，《汉书·匈奴传》记载："汉军乘胜追北，至范夫人城。"② 颜师古注引应劭曰："本汉将筑此城。将亡，其妻率余众完保之，因以为名也。"③ 王先谦补注引沈钦韩曰："赵信城、范夫人城并在喀尔喀界内。"④ 由上可知，范夫人城故址在今蒙古国达兰扎兰加德城西北。郅支城，据《汉书·陈汤传》记载，郅支单于西迁过程中在康居"发民作城，日作五百人，二岁乃已"⑤，城在都赖水（今吉尔吉斯斯坦的塔拉斯河）旁。有宫城、内城、外城三重，外城由圆木垒成，中城为土筑，宫城为石块砌成。建昭三年（前36），西域都护骑都尉甘延寿、副校尉陈汤率兵攻陷郅支城。

除文献记载之外，考古工作者在蒙古国和俄罗斯境内发现了多处匈奴古城遗址，为匈奴存在城址和庙宇提供了直接的证据。发掘的匈奴城址一般为方形或长方形，规模较小。城内有建筑基址，大型建筑居中，

① 《汉书》卷94上《匈奴传上》，第3760页。
② 《汉书》卷94上《匈奴传上》，第3779页。
③ 《汉书》卷94上《匈奴传上》，第3780页。
④ （清）王先谦：《汉书补注》，上海古籍出版社，2012年，第5655页。
⑤ 《汉书》卷70《陈汤传》，第3009页。

小型基址分布在周围。居民房屋为半地穴式，砖木结构，据不完全统计，这类遗址目前发现约20余处[①]。位于俄罗斯外贝加尔地区的乌兰乌德市西南16千米的伊沃尔加古城是匈奴城址，“城现存南北长248米，北墙现存长194米，南墙现存长216米。城内较平整。西部和西北部略高。”[②]东、南、西三面围以4道土墙，每道土墙内侧都有壕沟，城内发现了80多处半地穴式的房屋，砖坯构建，外用泥土涂抹，屋内东北角有火灶、炕及木板铺位，门在南墙偏东南处。城中心有疑似首领居住的一处地面建筑，城内还有手工作坊，出土了大量农耕用具、粮食和家畜骨骼，陶器上还发现了汉字。这些均显示了这里的居民过着定居的农牧生活，此处或为北迁汉族人和匈奴人共同居住的区域[③]。最新考古发掘的蒙古国杭爱省乌贵诺尔苏木境内和日门塔拉城址是蒙古国境内保存最好、规模最大的古城群落之一，现遗址包括东西相邻、结构相同的三座城址，俗称“三连城”，这个古城群落也被认为是匈奴时期留下的城址。考古学家初步推测，该城址是与匈奴祭祀有关的大型礼制性建筑，或为匈奴单于、贵族的“祠社”遗址[④]。以上这些匈奴城址或为投降匈奴的汉人所居住，或为祭祀之场所，或为匈汉杂居区，或为单于庭政治中心所在地。尽管城镇周围的大部分牧民也还是居住在穹庐之中，但与纯粹的游牧而言，他们的活动区域相对稳定，属于半定居的状态（图二二）。

四、交通

马是匈奴人最重要的交通工具，在匈奴的生产和生活中发挥了最大的效益。草原地广人稀，马带着匈奴人不断驰骋草原，迁徙时用来拉人载物，极大地方便了牧民的生活。放牧时，牧人骑在马上追赶畜群，可以有效地驾驭和掌管牧群，提高生产效率。打猎和围猎野兽时，马也是

① 马利清：《关于匈奴城址功能的探索》，《中州学刊》2013年第1期。

② 潘玲：《伊沃尔加城址和墓地及相关匈奴考古问题研究》，第14页。

③ 参见林幹：《匈奴的城镇和庙宇》，《匈奴史论文选集（1919—1979）》；陈绍棣：《匈奴社会物质生活初探》，《西北民族研究》1989年第1期；马利清：《原匈奴、匈奴历史文化的考古学探索》，第92—94页；〔苏联〕С.И.鲁金科著，孙危译，马健校注：《匈奴文化与诺彦乌拉巨冢》，第34、35页。

④ 新华社北京2018年1月16日电。

图二二 “三连城”外景图（1. 和日门塔拉城址全景航拍图；2. 中城中心台基发掘后航拍图。图片见新华网，记者屈婷、施雨岑:《中蒙联合考古队揭开蒙境内最大“三连城”身世之谜》，http://www.xinhuanet.com/local/2018-01/17/c_1122274130.htm）

必不可少的交通工具。战争中马的价值更是不可估量，匈奴在马上驰骋天下，既大大提高了战斗力，又缩短了草原的空间距离，成就了匈奴族骁勇善战的美名。除此之外，匈奴在贸易、祭祀、娱乐游艺、迁徙、婚丧嫁娶、社会交往等方面都离不开马。匈奴墓葬中出土的马具数量很多，有马辔头、马衔、马面饰、马鞍、鞍峰等。此外，骆驼、驴、骡也是匈奴主要的代步工具。

车在匈奴的交通中也发挥着重要的作用。车辆的载物功能尤其广泛。首先，迁徙时，一个牧民家除牲畜之外的全部家当几乎都需要靠车辆运载，包括生活、生产物品，甚至整个毡房。而匈奴逐水草而居，四时迁徙非常频繁，因此车辆的使用频率尤其高。在非迁徙的季节，日常生活中驮运妇孺老弱、运水、运猎物、送亲、接亲、出殡等方方面面都需用到车辆。在商贸往来中，车运比驼运、马运皆要高效和方便。可以说车辆在匈奴是家家户户必备的交通运输工具，有毡包的地方就会有车辆。运输类车辆又分为载人和载货。运货的车辆为普通毡车，一般无篷和装饰，承载量大于自身重量数倍，简单、朴实、耐用；而供人乘坐的车在装饰方面虽不及中原车辆豪华和讲究，但在舒适度和保暖度上也有一定的要求，一般车厢上覆盖毡帐，冬天酌情增加，夏天撤除，非常方便。此外，在迁徙生活中，车就是一个流动的家。根据季节的不同可以在车厢上部以木棍和毡帐搭出帐篷，为了保暖可在车顶加毡毯，在车前加帷幔。匈奴驾车畜力主要有马、牛、骆驼。马车出现较早，广泛用于战争、运输。在已经发现的岩画车辆图中，多以马引驾，如内蒙古阴山山脉狼山发现了双马驾车图案[①]。具体的分工方面，载重物多用牛车，远途贸易用马车和驼车比较多，战争中则以马车应用最广泛。这种分工与牛车、驼车行驶稳重，马车轻便、速度较快的特点有关。

车辆的使用为匈奴社会生活带来了极大的便捷，不仅提高了出行效率和生产力，大大减轻了人力负担，而且车辆在对交通运输事业做出贡献的同时，也加快了不同区域之间的文化传播和信息流通速度，缩短了不同区域之间的距离。

以上匈奴的衣食住行既与匈奴游牧经济密切联系，又体现了匈奴与周边文化的交流与融合，反映了匈奴人的社会生活状况，是匈奴物质生活的一个缩影和物质生活水平的体现。

第二节　婚俗、葬俗

婚俗和葬俗是匈奴文化习俗中的重要内容。匈奴婚姻制度中实行族外婚和收继婚。族外婚又称外婚制，是指同一氏族内部不得通婚，氏族成员无论男女只能在氏族以外的集团中选择配偶。收继婚是人类在外婚制时期形成的一种婚姻习俗，即父亲死后，儿子可以娶其庶母为妻，兄弟可以娶嫂子和弟妹为妻。广义的收继婚也包括女人在丈夫死后需嫁给丈夫家族的其他男性成员，包括叔伯、侄子之间的收继。匈奴葬俗主要是土葬，实行厚葬之风，还有剺面、殉牲、毁镜、殉发等习俗。

一、婚俗

匈奴实行族外婚。这种婚姻方式排除了血亲之间的通婚关系，有利于人类的繁衍优化，加强了氏族之间的联系。因此，人类在由原始母系社会向父系社会过渡阶段，随着社会生产力的发展和自然选择的规律，普遍都实行了族外婚。

匈奴统治阶层的族外婚主要是政治性的联姻，其中包括单于家族与贵族的婚姻，与周边民族的婚姻等。单于家族子弟的阏氏多出自四大家族，同时单于家族的女子也会嫁给贵族集团，如王昭君的两个女儿就分

---

① 盖山林：《内蒙古阴山山脉狼山地区岩画》，《文物》1980年第6期。

别嫁给了须卜氏和当于氏。除了和贵族联姻外，单于也会以联姻形式奖励功臣或者笼络降将。根据文献记载，伊稚斜单于将姐姐嫁给了赵信，且鞮侯单于将女儿嫁给了李陵，狐鹿姑单于将女儿嫁给了李广利等。可见联姻关系的存续是单于加强与贵族之间联盟的手段，从而形成密切的利益集团，夯实政权统治的基础。而贵族与单于联姻之后，在积极拥护单于统治的同时也实现了自身政治利益的最大化。正如恩格斯所言："对于王公本身，结婚是一种政治的行为，是一种借新的联姻来扩大自己势力的机会；起决定作用的是家世的利益，而绝不是个人的意愿。"[①]文献中没有记载匈奴平民的族外婚，但是可以想见，民间妇女出嫁也当是氏族与氏族之间维持关系的一个重要的途径。匈奴与周边政权的联姻主要是为了达到经济或者是政治的目的。例如，匈奴与汉朝的和亲就是借联姻来实现边境的安宁，同时获取更多的政治资本和经济利益，呼韩邪单于娶王昭君就是其中一个典型的案例。而匈奴与乌孙、车师等西域诸国的联姻目的则更倾向于稳定对隶属区域的统治，扩大势力范围。郅支单于娶康居王之女，又将女儿嫁给康居王就是这一目的具体表现。

匈奴社会实行一夫多妻制度。匈奴单于和贵族有多位阏氏是毫无疑问的。例如，郅支单于在西迁康居之后，尚有阏氏数十人："单于乃被甲在楼上，诸阏氏夫人数十皆以弓射外人。"[②]尽管在文献中没有平民可以娶多位妻子的记载，但是从匈奴社会普遍实行收继婚的情况来看，普通部民在收继父、兄或家族其他成员的妻子之后，一夫多妻当是普遍现象。在众多的妻子中，贵族的正妻一般是门当户对的出身。通过这种等级森严的婚配方式，使得贵族始终保持血统的纯粹性。但是这并不表示贵族男性所有的妻妾都必须有显赫的出身。除了妻的选择外，对于妾身份的要求并不是很严格，从战争中掳掠的女奴也随时可以被纳为妾，成为男人众多妻子中的一员。例如，兴平中，天下丧乱，文姬为胡骑所获，没于南匈奴左贤王，在匈奴十二年，生二子。以左贤王的身份，尚以女奴为妾，

① 恩格斯：《家庭、私有制和国家的起源》，《马克思恩格斯选集》第4卷上，人民出版社，1972年，第74页。

② 《汉书》卷70《陈汤传》，第3014页。

普通部民在战争中虏获的妇人被士兵纳为妻妾的事情也应该并不少见。

匈奴的婚姻习俗中，最为出名的当属“收继婚”。收继婚是社会对财产观念和妇女地位的一种反映，人们普遍认为女子在嫁给丈夫以后，不仅属于丈夫也属于夫家所在氏族，收继婚即是以婚姻方式将妇女约束在本氏族内，以防止财产和人口的外流，并维持男性宗族血统的稳定，这种婚姻形态在北方游牧民族中尤其盛行。据《史记·匈奴列传》记载：匈奴“父死，妻其后母；兄弟死，皆娶其妻妻之”[①]。这是典型的收继婚的婚姻形态。

人类社会的生产大体可分为两种形式，一类是人类社会的物质生产，一类是人类自身的再生产。前者主要出于人类自身的生存需要，后者则主要是出于维系种的延续及族群的发展。收继婚的产生首先是为了避免氏族财产和人口的流失。女性在氏族中的价值，不仅表现于她本身作为劳动力从事家庭生产和社会生产，而且女性承担着为家庭接续人口的任务。在她们出嫁之后，丈夫是她们直接的拥有者和管理者；在丈夫去世之后，家族有权将她们在家族内部进行转让，因此妻子所拥有的财产以及她和她的子女们也被留在了氏族内部。在收继婚制度下，“妇女作为家族内生儿育女的特殊私有财产，并通过一定的程序和习俗规定在家族内得到继承”[②]，这是匈奴社会收继婚存在的主要原因和社会功能之一。

“恶种姓之失也。故匈奴虽乱，必立宗种。”[③]这是汉人中行说所理解的收继婚在匈奴社会存在的必要性。匈奴人重视种姓，有维护血统纯粹性的观念。收继婚制度使妇人所生的子女均出自同一姓氏家族，即使多次改嫁，也不至于易姓，保持了一个氏族内血统之纯粹性。《汉书·元后传》记京兆尹王章对成帝言：“羌胡尚杀首子以荡肠正世。”颜师古注：“荡，洗涤也。言妇初来，所生之子或它姓。”[④]这种习俗正是为了尽可能地避免出生于氏族中的孩子非本族血统的可能性。匈奴氏族制和部落制

---

① 《史记》卷110《匈奴列传》，第2879页。

② 向旭旭、于亮：《浅论匈奴婚姻习俗中的宗法性》，《华中人文论丛》2013年第1期。

③ 《史记》卷110《匈奴列传》，第2900页。

④ 《汉书》卷98《元后传》，第4020、4021页。

组织形式长期存在，是基本的生产和社会组织形式，与经济利益、生产、军事和社会保障等内容都有直接的关系。收继婚反映了匈奴“对种姓纯洁的严格恪守”①,同时使得看似松散无序的游牧生活在社会组织结构方面维持了有序的血缘组织，这种血亲关系是维系氏族的纽带，维护了氏族之间的团结。总之，在当时的社会环境下，收继婚有其存在的合理性。

收继婚还规定男女双方的权利和义务。妇女只限制在本氏族内再嫁，维护氏族财产，参加劳动也是她们所必须履行的义务。男子具有收继氏族内寡居妇女的权利，同时他们也必须对所收继的妇女和他们未成年的子女尽赡养的义务。收继婚使得妇女在丈夫去世之后可以自动地有所归属，不至于流离失所，对于妇女的生活多少有些保障。因此，武沐说，匈奴的收继婚不仅是一种婚姻制度，而且还是匈奴身份继承制度的重要组成部分和一种赡养制度②。在收继制度下，政府不再需要考虑因战争带来的人民的流离失所，这个问题通过传统的收继婚在氏族内部得到了妥善的安置，因此收继婚有效地“起着社会调节作用”③。

收继婚在匈奴普遍实行，即使是统治阶级的婚姻也不例外。政治婚姻中，通过收继，与老单于结盟的贵族自动转到了支持新单于的阵营中，单于和贵族都从中获益。王昭君在呼韩邪单于死后，也不得不遵循匈奴的“收继婚”习俗。王昭君再嫁，其所担当的政治角色仍然继续存在，通过和亲维护的匈奴与西汉之间的友好关系得以继续维持。从她的例子也不难看出，匈奴妇女在婚姻方面并没有自主权，她们在丈夫死后，没有选择再嫁或者不嫁的权利，只能在夫家所在的大家族中被收继。

收继婚作为一种重要的文化习俗，是匈奴社会对种姓、财产保护的一种体现，同时在本族的人口繁衍、抚养子女、防止部落分散等方面都起到了重要的作用，有益于氏族的发展和壮大。因此收继婚在古代游牧社会里是适应生产力和社会实际情况的，在当时的匈奴以及以后的北方民族中盛行自有其存在的必要性和合理性。

---

① 武沐：《匈奴史研究》，第 98 页。

② 武沐：《匈奴史研究》，第 85 页。

③ 莫任南：《古代游牧民族的妻后母、报寡嫂风俗》，《湖南师范大学社会科学学报》1989 年第 5 期。

二、葬俗

匈奴实行土葬制度。根据目前对匈奴墓葬的发掘情况来看，多为长方形土坑墓，以单人仰身直肢葬、南北向居多，死者头向北[①]。南北匈奴分裂之后，匈奴在南迁和西迁的过程中，葬式也呈现出多种变化，出现了多人葬、东西向、侧身屈肢葬等葬式。匈奴氏族都有公共的墓地。乌桓人就曾“发匈奴单于冢墓，以报冒顿之怨”[②]。在已经发掘的匈奴墓葬中，一般一处匈奴墓葬地会发现几座到上百座的匈奴墓葬[③]，马长寿指出：“在一长串坟墓里埋着的人们，他们在身［生］前的氏族或家族里是亲属关系上最接近的一群。”[④]

匈奴人相信人死后灵魂仍然可支配祸福，因此，在战争中运回他人尸体者，会得到死者的财产作为报酬。对死神的敬畏使得匈奴无论平民还是贵族都实行厚葬之风。死者多以木制棺椁装殓，也有石棺，棺盖上摆放石头，小孩一般以瓮棺装殓。在目前发掘的匈奴墓葬中，出土的随葬品非常丰富，有金属器物、骨器、石器、陶器、谷物等。在贵族的墓葬中还有来自中原和中亚、西亚的丝绸、织毯、漆器、玉器、铜器、金银器及钱币等。这与文献记载的匈奴“其送死，有棺椁金银衣裘”[⑤]吻合。

据文献记载，匈奴“无封树丧服；近幸臣妾从死者，多至数千百人”[⑥]。但是有关匈奴墓葬资料显示，匈奴人墓葬有地上建筑，以石块和土混合堆筑而成。“漠北地区主要有圆形封丘和方形封丘两种，大型墓

---

① 参见田广金：《桃红巴拉的匈奴墓》，《考古学报》1976 年第 1 期；〔苏联〕С. И. 鲁金科著，孙危译，马健校注：《匈奴文化与诺彦乌拉巨冢》，第 7 页；内蒙古文物考古研究所：《凉城崞县窑子墓地考》，《考古学报》1989 年第 1 期；伊克昭盟文物站、内蒙古文物工作队：《西沟畔汉代匈奴墓地调查记》，《内蒙古文物考古》1981 年创刊号。

② 《后汉书》卷 90《乌桓鲜卑列传》，第 2981 页。

③ 策·图尔巴图、萨仁毕力格：《蒙古国境内匈奴墓葬研究概况及近年新发现》，《草原文物》2011 年第 1 期。

④ 马长寿：《北狄与匈奴》，第 66 页。

⑤ 《史记》卷 110《匈奴列传》，第 2892 页。

⑥ 《史记》卷 110《匈奴列传》，第 2892 页。

葬多方形封丘，普通墓葬封丘多为圆形。”[①]“带有封丘的匈奴墓葬数量较多，现存封丘一般不高，约0.3—2.5米，有圆形和方形两种，多用石块砌成，或用石块与黄土混合而成。”[②]也有学者指出：“漠南则均无地上建筑，地上建筑的有无与时代和地域分布有关。”[③]因此，《史记》中所列的匈奴葬俗可能是对局部地区的片面了解，并不能代表匈奴的整体葬俗。至于文献所记载的“近幸臣妾从死者，多至数千百人”的习俗有考古材料可资佐证。在蒙古国发现的大型甲字形墓葬周围分布有很多陪葬墓，如调查发现的高勒毛都2号墓地中，有甲字形墓葬104座，陪葬墓326座。墓室边长30米以上的甲字形墓一般都有数量不等的陪葬墓[④]。由此可以认为，匈奴贵族去世后，确实有陪葬的习俗。但是这些陪葬墓的主人是否为“从死者”，即为殉葬而死，还不能确定（图二三～图二五）。

图二三　蒙古国高勒毛都2号墓地M189主墓葬及陪葬墓全景（河南省文物考古研究院供图）

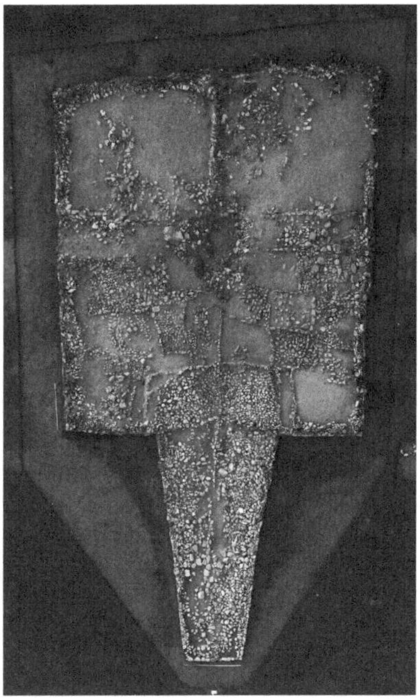

图二四　蒙古国高勒毛都2号墓地M189墓顶低空照（河南省文物考古研究院供图）

① 马利清：《原匈奴、匈奴历史文化的考古学探索》，第95页。

② 单月英：《匈奴墓葬研究》，《考古学报》2009年第1期。

③ 马利清：《原匈奴、匈奴历史文化的考古学探索》，第96页。

④ 周立刚：《高勒毛都2号墓地调查记（一）》，河南文物局网，2020年6月8日。

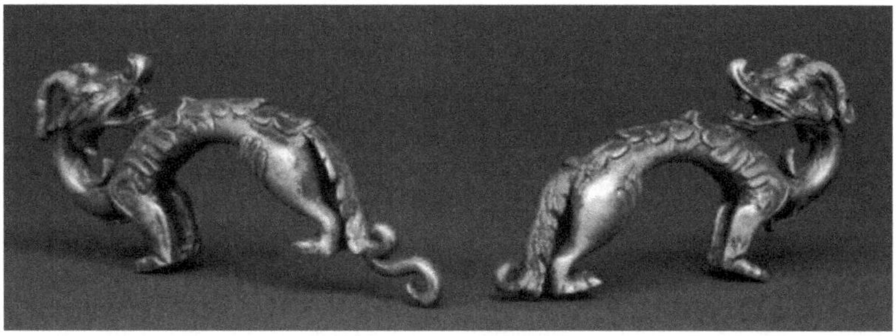

图二五　蒙古国高勒毛都 2 号墓地匈奴时期贵族墓 M189 出土鎏金银龙（河南省文物考古研究院供图）

文献记载，匈奴还有“剺面”的葬俗。“剺面”又称“梨面”，即在遇到大忧大丧之时，用刀割面，以致血泪俱流，以表达哀痛的心情。“剺面”是我国古代北方少数民族中普遍流行的一种葬俗。据考古发现的材料看，匈奴还有殉牲、毁镜、殉发等习俗。匈奴以马、牛、羊的头、蹄殉葬的特别多，在贵族的墓中，除了传统的家畜之外，以野生动物殉葬也比较普遍。对殉牲的摆放位置有一定的讲究，一般放置在甬道两侧，或者尸骨的脚下、头骨边和身体旁边。在匈奴的墓葬中多次出现了铜镜，这些铜镜多为打碎的残片，在蒙古国的诺彦乌拉墓葬、高勒毛都墓地及中国内蒙古准格尔大饭铺墓地出土的匈奴墓葬中都可见这种铜镜的残片。这种毁镜习俗或具有某种宗教含义，表达了人们对太阳的崇拜，而伴随死者下葬，也可能仅仅只是梳妆用品而已[①]。在诺彦乌拉匈奴贵族的古墓中，发现了多处丝绸发套和包裹在丝绸内的发辫以及发束，有些发辫上还系着垂饰。发辫分布在墓穴的外回廊、内回廊、墓坑、棺椁内[②]，发辫所摆放的位置，或代表了与死者的亲疏关系和殉发者的社会等级。有学者指出，这种发殉习俗可能是与萨满信仰的“发为藏魂之所”联系在一起，并作为殉人习俗的替代品用于陪葬，以表达哀思之情[③]。

① 马利清：《匈奴与拓跋鲜卑毁镜习俗之比较研究》，《郑州大学学报》（哲学社会科学版）2015 年第 6 期。

② 〔苏联〕С.И. 鲁金科著，孙危译，马健校注：《匈奴文化与诺彦乌拉巨冢》，第 245—284 页。

③ 马利清：《匈奴“发殉”新探》，《文史哲》2012 年第 2 期。

第三节 宗教信仰与祭祀

宗教是人类社会发展到一定历史阶段产生的一种文化现象，早期体现为万物有灵的思想观念，并由此发展出多神信仰和崇拜。匈奴的宗教信仰就是在这种原始信仰的基础上发展而来的，并在政权建立之后做了进一步的规范，与政治、经济、军事密切联系，成为统治阶级统治部众的工具。

匈奴人对自然、祖先、鬼神的崇拜是其信仰体系中的基本内容，也是匈奴祭祀的主要对象。匈奴人普遍认为天是万物的主宰，具有崇高的地位，每年的正月、五月、九月戊日都要祭天神。单于全称“撑犁孤涂单于”，意即单于代表天的意志对部民进行统治。天意被认为在军事和政治中发挥着非常关键的作用，成事则“以天之福”，失败亦多由“天也”。冒顿单于时期，在提到匈奴定西域的历史事件时，称是依仗天的庇佑方取得的胜绩；“马邑之谋”时，匈奴军臣单于得到汉朝的一个尉史从而识破汉朝的埋伏，单于认为“‘吾得尉史，天也，天使若言。’以尉史为‘天王’”[①]；甚至呼韩邪单于归汉得保匈奴安定，也被伊秩訾美言为“天命”使之。可见，匈奴认为天神具有主宰和支配万物的神力，事物的发展方向多与天意的安排有关。除信天神之外，匈奴人还相信太阳和月亮具有超自然的能力，可以给人类带来光明和好运。匈奴单于自称是“天地所生”“日月所置”。单于每日清晨出营“拜日之始生,夕拜月”[②],与此习俗相关，匈奴穹庐门东开向日，以左为尊。匈奴出兵前有观星月的习惯，月盛壮则攻战，月亏则退兵。林幹在介绍漠北匈奴墓葬的情况时曾经提到，在呼尼河畔第12号墓北面椁壁上钉着饰有日月的金片，并且在其他地方也出现过这样的情况，策·道尔吉苏荣认为这是匈奴宗教信仰的证明[③]。

匈奴相信灵魂不灭，因此他们还有崇拜祖先、敬畏鬼魂和神灵的宗

① 《史记》卷110《匈奴列传》，第2905页。

② 《史记》卷110《匈奴列传》，第2892页。

③ 林幹：《匈奴史》，第271页。

教信仰。匈奴人相信人死后灵魂继续存在，因此实行厚葬之风。在战争中，将战死者运送回家会得到奖励，这既是一条抚恤法令，也是对死者的尊重，使他们在死后灵魂得以回家。匈奴人也相信有众多的神灵存在。例如，乌孙昆莫猎骄靡幼被匈奴弃之荒野，有狼前往哺乳，匈奴单于认为有神庇佑，于是将其收养。昆莫在匈奴扶持下复国之后，不再前往匈奴朝会，匈奴出兵讨伐不胜，于是“以为神而远之，因羁属之，不大攻”[①]；苏武被匈奴囚禁后，被断绝饮食数日不死，单于“以为神”，苏武因此免于一死。匈奴迷信鬼神的特点有时也会被汉朝利用，在战争中出奇制胜。例如，耿恭在任西域戊已校尉时，被匈奴兵围困在金蒲城（今新疆维吾尔自治区吉木萨尔县北），耿恭命士兵“以毒药傅矢”，并有意传语匈奴此为“汉家神箭”，匈奴人被箭射中之后皮肤溃烂，因此震怖，相谓曰：“汉兵神，真可畏也。”[②]故撤兵。耿恭被围困于疏勒城（今新疆维吾尔自治区喀什市一带）中时，匈奴截断其水源，耿恭深掘水井，得水后，匈奴“以为神明，遂引去”[③]。以上事例反映出匈奴多神崇拜的信仰，他们认为万物兼具灵性，可主宰祸福并影响自然现象和人类社会的行为。

匈奴社会巫术盛行。“巫”被认为是可以与鬼神沟通的人，具有神秘的身份，因此“巫”的话语具有权威性。单于对“巫”的迷信往往会使巫术成为政治斗争的手段，汉朝降将李广利就因此而死。征和三年（前90），李广利讨伐匈奴，匈奴派右大都尉和卫律一起拦截汉军，这次战争李广利因冒进失利投降了匈奴。但是战争中致使卫律的士兵死伤惨重，且李广利在投降匈奴之后受到单于器重，由此引起了卫律的嫉恨。因此卫律趁单于之母生病之时，利用匈奴人对祖先的崇拜以及对巫术的迷信，串通胡巫向单于进言：匈奴以前祠兵，常言得到汉朝贰师将军以祠社，现在得到了李广利却不用他祭祀，因此招致了已故单于发怒。狐鹿姑单于“遂屠贰师以祠”。李广利在死之前诅咒：“我死必灭匈奴！”李广利死后，匈奴连下雨雪数月，畜产死，人民疫病，谷稼不熟，单于认为李

① 《史记》卷123《大宛列传》，第3168页。
② 《后汉书》卷19《耿恭列传》，第720页。
③ 《后汉书》卷19《耿恭列传》，第721页。

广利的灵魂显灵了，于是为李广利立庙祭祀[①]。李广利被杀一事是匈奴相信巫术、敬畏祖先和鬼神的典型反映。

此外，巫也经常以鬼神的名义祈福、避祸、诅咒、占卜、看病。匈奴出兵之前，有“祠兵”的习惯，通过巫师祭祀祈祷战争胜利。在战争中，匈奴通过巫施法诅咒。例如，匈奴常有“缚马前后足，置城下”的行为，汉朝君臣一直不解其意，后来一位匈奴的降者告诉汉朝人“缚马者，诅军事也”[②]，即为匈奴的一种巫蛊之术。不仅如此，据这位降者交代：“闻汉军当来，匈奴使巫埋羊牛所出诸道及水上以诅军。”“单于遗天子马裘，常使巫祝之。”[③]可见巫术在战争中扮演着重要的角色。甚至北朝时期，仍有沿用匈奴巫术者，《北史·斛律金传》记载，北朝名将斛律光“行兵用匈奴卜法，吉凶无不中”[④]。此外，胡巫也拥有一定的医学知识，可以治病救人。《汉书·苏武传》记载，苏武自杀之后，即是由巫医救治：“凿地为坎，置煴火，覆武其上，蹈其背以出血。”[⑤]

与宗教密切相关的是祭祀活动。匈奴单于召开的大型祭祀一年有三次。“岁正月，诸长小会单于庭，祠。”[⑥]“祠”指供奉鬼神、祖先或先贤的庙堂。中原从西周开始，天子、诸侯按季例行祭祀，其中的春祭被专称为“祠”祭。匈奴在每年的岁初进行祠祭，显然也与中原春天例行祭祀活动类似，祈求消灾避难、国富民安。这次祭祀时间选择在春季首月，同时也具有使各地方长官入单于庭朝拜之用意。在祭祀前后也会召开诸长会议，以落实和加强单于的统治，并商讨重要事项。匈奴“祠”祭规模不是很大，所谓的“诸长”当只包括二十四长及其以上的诸王。五月茏城会议除了祭祀天地外，还祭祀祖先和鬼神，此次会议定在夏季，与祈求风调雨顺有直接的关系。秋天马畜丁肥的时候大会蹛林，颜师古解释，蹛林就是绕林木而祭，秋季会议的主要目的是统计匈奴人口和牲畜的数量，并祭祀天神表示感谢，这是匈奴最大规模的祭祀，其间伴有会

① 《汉书》卷94上《匈奴传上》，第3781页。

② 《汉书》卷96下《西域传下》，第3913页。

③ 《汉书》卷96下《西域传下》，第3913页。

④ （唐）李延寿：《北史》卷54《斛律金传》，中华书局，1974年，第1971页。

⑤ 《汉书》卷54《苏武传》，第2461页。

⑥ 《史记》卷110《匈奴列传》，第2892页。

议、娱乐活动。南匈奴时期，仍然保持了一年三次集会的习俗，并走马及骆驼为乐。关于集体祭祀的地点，大致是在单于庭所在的茏城。茏城祭祀具有重要的政治意义，各部王如果拒绝参加，说明他们对单于有离心之倾向，会招致讨伐。另据和·普尔赉的研究，漠北地区发现多处匈奴庙宇遗址，如高瓦—道布城遗址、德尔津方台地遗址、布尔黑方台地遗址都是匈奴祭祀时所用的祭祀场所[①]。祭祀日选在戊己为吉。以上这些都是单于以最高统治者身份每年召开的主要祭祀，此外，也会有不定期的“祠兵”“祠社”“盟誓”等祭祀。

匈奴各部王和部民也会按照季节进行规模不等的祭祀活动，《汉书·金日磾传》云：“本以休屠作金人为祭天主。”[②]元狩二年（前121），霍去病出陇西，过焉支山，“得休屠祭天金人”，颜师古注：“作金人以为天神之主而祭之。”[③]汉武帝获得金人之后，将其放置在云阳的甘泉宫，不祭祀，仅烧香礼拜而已。《魏书·释老志》称金人“率长丈余”，并认为“此则佛道流通之渐也”[④]。司马贞《史记·索隐》引崔浩云：“胡祭以金人为主，今浮图金人是也。”[⑤]后世学者也有认为祭天金人为佛像者，也就是说当时的佛教已经传入了休屠王部[⑥]。但是此说缺乏确切的证据，佛教东传的相关研究也没有为此提供有力的依据。根据匈奴的宗教信仰，祭天金人当是与萨满教有关的祭天神主形象[⑦]，祭天金人属于河西的休屠王，说明匈奴各部王可独立地祭祀天神。

综上所述，匈奴人崇拜天地、日月、祖先、鬼神及其他一些未知的神秘力量，其特征为万物有灵的多神崇拜。借助祭祀活动将神灵与现实社会紧密联系，使其成为维系、团结匈奴族的精神力量，并在政治、经济、军事生活中发挥着重要作用。

---

① 林幹：《匈奴史·附录一史事和资料》，第297—304页。

② 《汉书》卷68《金日磾传》，第2967页。

③ 《汉书》卷94上《匈奴传上》，第3769页。

④ 《魏书》卷114《释老志》，第3025页

⑤ 《史记》卷110《匈奴列传》，第2909页。

⑥ 丁万灵：《匈奴休屠王“祭天金人”研究管窥》，《西北第二民族学院学报》（哲学社会科学版）2005年第4期。

⑦ 吴飞：《再论匈奴“休屠王祭天金人”》，《哈尔滨学院学报》2016年第5期。

第四节 语言、文字、音乐

1. 语言

匈奴有自己的语言，在汉文文献中保存了一些汉语音译的匈奴词汇，这也是学界研究匈奴语的基本资料。直至目前，学界普遍承认匈奴语属于阿尔泰语系，但是具体属于哪个语族，还无法达成共识，其中主要存在属蒙古语族和属突厥语族两大主张。

国内最早对匈奴语言有较系统研究的是方壮猷。他通过对匈奴名号的考释，指出匈奴语与今土耳其语、通古斯语、蒙古语皆有相似成分，但是总体而言与蒙古语更为接近[①]。乌其拉图从汉文史籍里共摘录出六百多个汉字音写的匈奴语单词、词组和短语，发现匈奴语按蒙古语语音变化可以很容易地得到复原，与《蒙古秘史》中的一些词汇的语音十分近似。所以，他认为匈奴语属蒙古语族的可能性居大[②]。国内主张匈奴语属突厥语者有何星亮，他将匈奴语的词汇与阿尔泰语系词汇进行分析对比，得出“匈奴语与突厥语有密切的亲属关系，他们是同一族系的语言”[③]的结论。除此之外，国内大部分学者认为应当从匈奴历史的实际情况出发来考量匈奴的语言交融情况，同时也不应排除匈奴语言是阿尔泰语系中并不为后世所知的独立存在的语族。对此马长寿提出，匈奴语与东胡语族和丁零语族是一种兄弟关系，匈奴语族在不同时期同化于阿尔泰语系内的其他语族，自七八世纪以后，匈奴语成为一种死的语言[④]。林幹认为，匈奴与鲜卑、丁零等各族之间在语言上的混杂和影响是显而易见的。他们中有属于蒙古语族的东胡，也有属于突厥语族的丁零，因此匈奴语词汇不仅与后世的蒙古语相同或突厥语相同，而且有与通古斯语相同的成分[⑤]。亦邻真则主张：“人们习惯于从现代各语言中寻找匈奴语的

---

① 方壮猷：《匈奴语言考》，《国学季刊》第2卷第4号，1930年。

② 乌其拉图：《匈奴人语言所属初探》，《内蒙古大学学报》（人文社会科学版）1998年第4期。

③ 何星亮：《匈奴语试释》，《中央民族学院学报》1982年第1期。

④ 马长寿：《北狄与匈奴》，第49页。

⑤ 林幹：《匈奴史》，第151页。

后裔，而常常忘记另一种可能性：匈奴语已经全然死灭，它同现存各种语言都不相同。阿尔泰语系的蒙古、突厥、通古斯这三个语族是近古和现代的，并不排除阿尔泰语系中曾存在第四种语族的可能。”[①]陈序经指出，匈奴自有其语言系统，其本身在早期发展上可能已吸收了其他东胡、丁零等种族的语言[②]。马利清也主张，语言之间的相互接触和相互作用必然导致这些语言之间的趋同发展。伴随着匈奴的迁徙，匈奴语对其他民族语言造成深刻影响或融入其他民族的语言也是必然的，但其他可能性也有，那就是匈奴语或许是后来形成蒙古语、突厥语和通古斯语的一种基语[③]。以上结论当符合匈奴语言的实际情况。匈奴在发展壮大过程中，兼并了草原上众多的不同族属的部族，因此匈奴出现于汉文史籍之时，他们的语言存在各语族交融、混杂的情况，而在匈奴衰落之后，随着匈奴人向各地迁徙，他们的语言也会受到域外语言的影响，且语言自身发展也会不断发生变化。这也是为什么目前留存下来的汉语音译的匈奴词汇中存在着不同程度的与突厥语族、蒙古语族、通古斯语族和其他语族的相关性。

2. 文字

《史记》《汉书》皆记载匈奴“毋文书，以言语为约束”，“无文书簿领”。一些学者就此判断匈奴没有文字，至于历史上所提及的匈奴与汉朝和西域之间的书信往来，也当不会是以匈奴文字书写，而是借用了汉字。目前已发现和出土的匈奴官印以及很多中原流入匈奴的器物中都标有汉文，因此汉字流入匈奴，并被匈奴认识，且在一些场合被应用是毫无疑问的[④]。但是，匈奴是否存在自己的文字的问题还不能下结论。《盐铁论》中记有匈奴“虽无礼义之书，刻骨卷木，百官有以相记”[⑤]；汉元帝

---

① 亦邻真：《中国北方民族与蒙古族族源》，《内蒙古大学学报》1979 年第 3、4 期。
② 陈序经：《匈奴史稿》，第 99 页。
③ 马利清、宋远茹：《关于匈奴文字的新线索》，《考古与文物》2004 年第 2 期。
④ 齐思和：《匈奴西迁及其在欧洲的活动》，《历史研究》1977 年第 3 期；马长寿：《北狄与匈奴》，第 75、76 页；薛宗正：《突厥史》，中国社会科学出版社，1992 年，第 704 页；林幹：《匈奴史》，第 152 页；郭素新：《匈奴族是否有文字》，《内蒙古社会科学》1981 年第 2 期。
⑤（西汉）桓宽整理，陈桐生译注：《盐铁论》卷 9《论功第五十二》，第 488 页。

在破灭郅支单于后，曾“以其图书示后宫贵人”[①]；《周书·突厥传》有突厥文“字类胡”之语。根据这些记载，有学者认为匈奴或有文字，它们被记录在骨头和畜皮上用以传递信息，汉元帝在后宫展示的图书就是匈奴人用自己文字所记[②]。一些学者根据考古材料进一步举证匈奴有文字的可能性。盖山林在考察阴山岩画时，认为阴山岩画上刻录的图画和符号具有文字性质，或本来就是符号[③]；在蒙古国布尔汗陶勒盖 M26 和 M28 中发现的残存黑色墨汁痕迹的石缸也被认为是匈奴存在文字的证据[④]；据芒·牧林的统计，已经搜集到的可能是“匈奴文”的符号已有三百余种，但目前完全无法释读[⑤]。以上两种观点的分歧，从文献的记载和目前出土的资料来看，还不足以给出确定的答案。实际上，古籍文献之中确实是没有留下匈奴文字的实质性的材料，而出土的符号也无法断定就是匈奴人刻录的，即使是匈奴人所留下的，其是否与文字有关也还需要有更多的证据。

3. 音乐

《乐府诗集·杂歌谣辞二》中记录了一首佚名《匈奴歌》：“失我焉支山，令我妇女无颜色，失我祁连山，使我六畜不蕃息。”这是目前匈奴流传下来的唯一一首民歌。《史记索隐》和《史记正义》记载，此歌先见于《西河旧事》。《西河旧事》早佚，著者不知，现存为清代张澍搜集后出史书辑佚。《西河旧事》为地理志书，主要记录了酒泉、武威、张掖、敦煌、金城郡（治允吾县，今青海省民和回族土族自治县东南）等五郡的地理、物产等情况，这一区域正是河西之战之前匈奴的主要聚居区之一。后世古籍收录此歌出现了多种版本，大致是将“失”作“亡”、“使”作“令”、“燕支山”作“焉支山”、“不”作“无”、“妇女”作“嫁妇”等。

① 《汉书》卷 9《元帝纪》，第 295 页。

② 陶克涛：《毡乡春秋·匈奴篇》，第 306—308 页。

③ 盖山林、盖志浩：《远去的匈奴》，第 117 页。

④ 〔蒙古〕D. 策温道尔吉、D. 巴雅尔、Ya. 策仁达格娃、Ts. 敖其尔呼雅格著，潘玲、何雨濛、萨仁毕力格译，杨建华校：《蒙古考古》，第 129 页。

⑤ 芒·牧林：《匈奴文字初探》，《丝绸之路民族古文字与文化学术讨论会论文集》，三秦出版社，2007 年，第 162 页。

以上抄录的差异并不影响民歌的基本内容和所表达的主题思想。这首民歌的创作以写实的手法记录了匈奴在河西之战中受到的重创。元狩二年（前121），西汉骠骑将军霍去病将万骑出陇西，过焉支山千余里，北击匈奴，同年夏天，霍去病再次出陇西、北地两千里，过居延，攻祁连山。两次战争之后，匈奴休屠王部和浑邪王部降汉，汉武帝随后陆续在河西地区设立酒泉郡、武威郡、张掖郡、敦煌郡。《十道志》曰：“焉支、祁连二山，皆美水草。匈奴失之，乃作此歌。”[①] 焉支亦名燕支山，也被称为胭脂山，在今甘肃省山丹县东南、永昌县西。祁连山在甘肃省西部、青海省东北部，蒙古语意为天山，二山皆在今河西走廊，是匈奴畜产蕃息的主要经济区域，匈奴失去该区域之后，畜牧经济受到了严重损失。这首民歌就是在这样的历史背景下创作的。民歌巧妙取材“焉支山”和“祁连山”，“焉支”与“阏氏”“胭脂”音同，寓意丢失此山之后，匈奴贵妇们所用的胭脂都没有了，使她们失去了娇艳的色彩。而“祁连”又被称为天山，匈奴人敬仰天神，他们的单于被称为天单于，这种巧妙的关联更加渲染了匈奴人在失去了河西地区之后的悲愤心情和对故土深深的怀恋。

匈奴还有简单的戏剧，汉朝称为“胡戏”。胡戏是一种乐舞表演，在举行活动或者宴会时表演以助兴。汉贾谊在《新书·匈奴》中说：“令妇人傅白墨黑，绣衣而侍其堂者二三十人，或薄或掩，为其胡戏以相饭。”[②]

匈奴的乐器主要有鞞鼓、箜篌、笛、琵琶、角、胡笳等。《胡笳十八拍》中有“鞞鼓喧兮从夜达明，胡风浩浩兮暗塞营”的语句。鞞鼓主要用于战争和狩猎中。《后汉书》中记载汉灵帝喜欢“胡箜篌、胡笛、胡舞”，因此京都贵戚也都效仿之。箜篌与笛主要用于宫廷夜宴、祭祀。北魏时期，曾将西域悦般国以鼓舞为主的悦般乐采纳为宫廷乐。悦般乐即是北匈奴西迁之后匈奴音乐与西域、中亚音乐交流结合的产物，乐器以鼓为主，配以角、横笛等，舞蹈多为骑马腾踏动作。胡笳是一种吹奏乐器，《太平御览》载：“笳者，胡人卷芦叶吹之以作乐也，故谓曰胡笳。”[③]

---

① （宋）郭茂倩：《乐府诗集》卷84《杂歌谣辞·匈奴歌》，中华书局，1979年，第1186页。

② （西汉）贾谊著，方向东译注：《新书》卷4《匈奴》，第120页。

③ （宋）李昉等：《太平御览》卷581《乐部一九》，中华书局，1960年，第2621页。

原始的胡笳即是用芦叶制作，后逐渐发展为木制和金属制，有无孔、三孔、七孔等不同的形制。胡笳发出“呜咽”之声，声音哀婉，最能表达思乡之情。相传西晋刘畴曾避乱坞壁，后被匈奴所围，刘畴“援笳而吹之，为出塞、入塞之声，以动其游客之思。于是群胡皆垂泣而去之”[①]。又永嘉元年（307），匈奴兵围晋阳，晋并州刺史刘琨在粮草困乏、后援未到之时，下令军中士兵卷叶为胡笳，吹奏《胡笳五弄》，由此引发了匈奴士兵对家乡的怀念而无心恋战。与匈奴胡笳有关的最著名的事件是“文姬归汉”以及以此为主题创作的《胡笳十八拍》。蔡文姬是东汉文学家蔡邕之女，通晓音律，善诗词歌赋。东汉末年，23岁的蔡文姬在战乱中被虏到南匈奴，并嫁给了南匈奴左贤王，此后她在匈奴生活了十二年，并为左贤王生了两个儿子。后曹操派使者以重金将她赎回。蔡文姬离开匈奴时，怀着对丈夫和儿子深深的不舍与回归故土的渴望，写下了动人心魄的《胡笳十八拍》。《胡笳十八拍》是根据胡笳的特点创作的乐曲，用古琴演奏，“胡笳本自出胡中，绿琴翻出音律同”，该曲中融合胡汉音律，叙事抒情扣人心弦，为中国古代十大名曲之一。胡笳在魏晋以后也广泛受到中原音乐爱好者的喜爱，成为中华民族的传统乐器之一。

匈奴是中国古代的北方游牧民族。早期曾与赵国、燕国、秦国发生了疏密不同的关系，并逐渐统一草原各部，在公元前3世纪末期建立了蒙古高原上第一个统一的游牧政权。匈奴不仅创立和完善了适合草原生态环境的各项制度，还与中原秦汉王朝建立了广泛和深入的联系。历史上，匈奴对中国乃至世界历史产生了重要的影响，做出了巨大的贡献。

第一，匈奴统一蒙古高原各部，创建了中国北方第一个统一的游牧政权。据考古发现，蒙古高原新石器时代的生产方式具有明显的农业经济特征，与黄河流域的差异并不明显。大约在公元前3000年，蒙古高原和黄河流域各自的经济特征开始凸显并逐渐呈现出差异。蒙古高原高寒干旱，多草原和沙漠，又缺乏灌溉的能力，不宜耕种，因此这里的原始农业逐渐被更加适应自然环境的畜牧业所替代。在这个历史过程中，北

① 《晋书》卷69《刘畴传》，第1841页。

方草原上大小部族林立，不相统一，这种长期分散的局面经历了千余年的时间，严重地限制了草原社会政治、经济的发展。公元前5世纪左右，匈奴族成为蒙古高原进入铁器时代的重要民族载体，铁器的应用大大提高了游牧经济的生产力水平，匈奴也因此迅速强大起来。匈奴兴起之后，东服东胡，北并浑庾、屈射、丁零、鬲昆、薪犁诸部，西定楼兰、乌孙、呼揭等20余国，创建了中国北方第一个典型的游牧政权。匈奴政权将历代分散的、各自为政的游牧社会统一和联合成为一个相对集中、统一的政治群体，打破了北方草原内政治、经济、文化之间的壁垒，使得当时草原上诸引弓之民"皆以为匈奴"。从匈奴始，北方草原区域内有共同特质的部族在共同的活动地域内形成了同质的文化，游牧文明鲜明的区域特色和民族特色由此凸显，因此有学者指出，匈奴使得草原上的游牧文明"百川归海、汇于一处"。

第二，匈奴政权建立后，对各项制度的建设和完善为后世的游牧民族提供了新的示范，奠定了游牧文明在政治、经济和军事等方面的发展模式。匈奴政权承上启下，大力发展适合草原生态环境的游牧经济，并展开多样化的活动。政治制度方面，匈奴实行左右翼制度、土地分封制和军事十进制。这些制度都是首见于汉文文献的游牧行国的政治运行体制。通过这些制度，匈奴在广阔的统治区域内完成了对资源和利益的逐级分配，实现了对境内各族人民的有效统治。与此同时，匈奴规范了草原上长期流传下来的习惯法，初步创建了"法约而易辨"的社会法律体系，加强了对"约束轻"的广大游牧民的法律意识。军事方面，匈奴实行军政合一、兵民合一、全民兼兵的制度，并完善了军纪、军法等各项内容，以确保匈奴各部军队的统一行动力，增强军队团结协作的战斗力，使匈奴军事行动快速高效，不会互相拖拉和掣肘，其根本的作用在于维护单于统治权的稳固与发展。经济方面，匈奴对牧场的利用更加合理化，不同部落在固定的区域内游牧，并按照季节轮换牧场，这既适应了草原生态环境的变化，又体现了匈奴人本能的生态保护意识。在此基础上，匈奴人积累了丰富的养殖经验，掌握了动物的驯养、改良、杂交等生产技术，大大提高了畜牧经济的生产力水平。匈奴的手工技术在传统造型技艺的基础上，不断吸收外来技艺，创造出了多元共存的艺术文化，各种工艺制品反映了与游牧生活息息相关的生活气息，是生产与生活有机结合的反映。文化方面，匈奴语的词汇被突厥语系和东胡语系的很多民族所借鉴。以上匈奴的各项文化因子在蒙古高原上影响深远，之后鲜卑、柔然、突厥、回鹘、契丹、蒙古等历代北方民族建立的政权都是对匈奴创造的游牧文明成果的继承和发展，因此匈奴对游牧社会政治、经济、军事等制度的建设有肇始之功。

第三，匈奴的南迁对中国北方地区的社会和政局产生了深远的影响。建武二十五年（49），匈奴分为南、北两部，南匈奴迁入东汉境内，此后偏安于东汉北部边郡。南匈奴内附客观上造成了游牧文明和农耕文明第一次大规模融合。匈奴迁徙之后，引发了大兴安岭南段、老哈河流域、阴山山麓、蒙古高原腹地到南西伯利亚等广大区域的游牧民族大规模的迁徙活动，蒙古高原上经历了重新洗牌和布局，原活动于乌桓山的乌桓迁徙驻牧于辽东、辽西、右北平、渔阳、广阳、上谷、代、雁门、太原、朔方十郡鄣塞外；乌桓南徙后，鲜卑顺势南下西进，生活在大泽的拓跋鲜卑人也顺应这股迁徙潮流统部迁徙；蒙古高原北部的丁零各部大规模向南迁徙，前路一些部落进入东汉障塞内，还有很大一部分丁零人受到鲜卑的阻遏，留居贝加尔湖地区继续游牧。大规模的民族迁徙和流动，在中国北方形成了多民族共同发展融合的历史局面，适应了北边长城边缘地带及其以南地区多样化的生态环境。这种杂居状态下产生的各族人民之间的互动和融合推动了北方地区历史发展的进程，加快、加深了中国历史上的民族融合和文化交流。游牧文明与农耕文明这种全面、深入、广泛的交流正是由南匈奴南迁入塞开始的。

匈奴之后，很多北方民族都与匈奴族存在着千丝万缕的联系。魏晋时期，北方地区活跃的许多部族都包含了匈奴族的成分，如拓跋鲜卑中包含了鲜卑、匈奴、丁零的族源成分；铁弗匈奴是匈奴与鲜卑融合而形成的新部族；独孤部与铁弗匈奴同宗，在发展过程中也加入了乌桓的血统；贺兰属于入塞北狄中的一部，他们的族属和匈奴的关联较大；宇文部则是匈奴和鲜卑混居之后的部族；敕勒具有明显的匈奴和丁零的血统。十六国时期，南匈奴后裔则在北方地区先后建立了汉、大夏、卢水胡等政权，这些政权和部族最后都统一于拓跋鲜卑建立的北魏王朝中，并在北魏离散诸部的政策下，逐渐融合于汉族、鲜卑及其他各族中去了。隋朝建立以后，匈奴族后裔在中国历史舞台上失去了踪影。蒙古高原上又先后崛起了突厥族系的突厥、回鹘，东胡族系的契丹、蒙古等族，这些族体都是独立发展起来的中国古族，虽与匈奴无直接的族源关系，但他们建立的政权都是对匈奴创建的游牧文明的继承和发展。

第四，匈奴与中原秦汉王朝的互动是中国历史的重要组成部分，丰富了中华多元一体文化，在中国多民族国家形成和发展过程中发挥了重要的作用。匈奴与秦汉三百年的共存是中国历史上首次出现游牧政权和农耕政权南北比肩并立，双方展开的和平交往行为，对后世具有示范作用。匈奴与汉朝的和亲稳定了北疆地区的局势，使匈汉人民所受战乱之苦明显减少，人民乐见其成。同时在和亲过程中，中原的粮食、生产和生活用品及技术工人等也进入草原地区，在一定程度上促进了草原生产力的发展，因此匈汉和亲在当时具有积极的社会意义，也为后世处理民族关系提供了一种有效的手段。随着与汉朝交往的不断加深，匈奴文化逐渐充实到中原文化中，丰富了中华文化的内涵。“胡服骑射”就是以早期匈奴为代表的游牧文化对中原农耕文化的一次著名的影响。此事件之后，便利的胡服在行动中显示出了较传统华夏服饰的优势，于是服饰的改变迅速在北方各国蔓延，“先王之道不可变”的思想也在中原人士的心里泛起了涟漪。匈奴政权时期，还建立了北方民族与中原政权通关市的和平友好相处模式，关市之中，匈汉人民在经济上互通有无，互惠互利。物资的交流丰富了匈汉人民的生活，加深了南北两地人民对彼此的了解。东汉时，匈奴服饰、床帐、饮食、音乐、舞蹈在中原地区广泛流行。这一时期，中原的畜牧业经济也受到游牧文化的影响，马的驯养就是最突出的表现。北方草原驯养的马身体健硕，奔跑有力，非常受中原欢迎，这些优良品种输入中原后，与当地马杂交，大大提高了马的实用性。随着匈奴杂交后的奇畜“衔尾入塞”，匈奴社会关于动物的杂交、驯养、配种、轮牧等生产技术也逐渐被中原熟知。除此之外，匈奴的音乐不断传入中原，成为汉民族音乐的重要组成部分。与此同时，汉朝的酒、米、缯采、冠带衣被、饮食器具都被匈奴人接受。这些文化的双向传播为中华文化注入了新的活力，使得当时北方地区的社会在经济、政治、服饰、丧葬、宗教、艺术等领域兼具有民族化和多元化的特征，极大地促进了中华多元一体文化的繁荣发展。

第五，匈奴在中西文化交通史上发挥了突出的作用。学界把早期由欧亚部族踏出的、稳定的横贯欧亚草原的商路称为“草原丝绸之路”。匈奴之前，草原丝绸之路就已经存在，其时以金银为主要的交流媒介。最晚在公元前2世纪初，匈奴控制了草原丝绸之路，以匈奴人为中介的东西方贸易活跃起来。匈奴将本土物资和以和亲、互市、赏赐等方式获取的中原物资通过草原丝绸之路与中亚、西亚等地商人进行交换，沟通了东西方经济文化的交流。伴随着经济的交流，东西方之间的技术也产生了共通共融的现象，在匈奴制作的毡毯、金银器等手工业品中，存在明显的中亚、西亚文化元素。匈奴的政治制度也随着匈奴的西迁被沿线诸国所吸收。在西域和中亚诸国的政治体制中多设有左右职官的建置，这种现象正是受到了匈奴职官制度的影响。北匈奴西迁后，越过阿尔泰山进入乌孙，然后到达康居，最终抵达欧洲，其所经西迁路线进一步疏通并拓展了草原丝绸之路。历史时期，受游牧民族往来迁徙的影响，这条草原之路上的文化交流非常活跃，这与匈奴在中西交通史上的开拓和经营有密不可分的关系。

匈奴也是我国历史上第一个统治西域的北方民族，对西域的开发起到了积极作用。匈奴与西方其他民族经商交通的传统和经验，给汉代中西交往增添了新的内容。匈奴与古代中亚、西亚甚至南俄草原之间的关系，则直接转变为中国与西方接触和交往的组成部分。西汉派遣张骞出使西域，最初的目的也是征服匈奴，从这个意义上说，匈奴对于中原与西方的联系是有积极影响的。

综上可见，匈奴开启了我国历史上游牧民族建立政权的先河，为整个北方草原游牧社会创造了独具特色的发展空间，创建了游牧文明在政治、经济、军事方面的各项制度，奠定了游牧文明政权的基本管理模式，对之后的北方游牧民族产生了深远而广泛的影响。在创建自身文明的同时，匈奴族与汉族之间形成了无法割舍的联系，双方之间物质文化、制度文化、精神文化的交流、影响和交融，是中华民族发展史的重要组成部分，极大地丰富了中华文化的宝库，匈奴族的历史活动对于开发祖国北疆和西北疆做出了重要的贡献。匈奴西迁以后，在整个欧亚大陆引发了民族大迁徙，一定程度上影响了欧洲的民族格局和历史进程，且在世界范围内传播了东方文化，对于东西文化交流也做出了重要贡献。

参考书目

一、古籍

（战国）甘公、石申著：《星经》，《丛书集成初编》，中华书局，1985年。

（先秦）佚名：《逸周书》，商务印书馆，1936年。

（西汉）司马迁：《史记》，中华书局，1959年。

（西汉）贾谊著，方向东译注：《新书》，中华书局，2012年。

（西汉）刘向、刘歆编定：《山海经》，万卷出版公司，2008年。

（西汉）刘向著，杨广杰译注：《战国策》，辽宁人民出版社，2018年。

（西汉）桓宽整理，陈桐生译注：《盐铁论》，中华书局，2015年。

（东汉）班固：《汉书》，中华书局，1962年。

（东汉）许慎撰，（清）段玉裁注：《说文解字》，上海古籍出版社，1981年。

（东汉）刘熙：《释名》，中华书局，1985年。

（东汉）刘珍等撰，吴庆峰点校：《东观汉记》，齐鲁书社，2000年。

（南朝·宋）范晔撰：《后汉书》，中华书局，1965年。

（晋）陈寿：《三国志》，中华书局，1959年。

（北齐）魏收：《魏书》，中华书局，1974年。

（唐）李延寿：《北史》，中华书局，1974年。

（唐）房玄龄：《晋书》，中华书局，1974年。

（宋）李昉等：《太平御览》，中华书局，1960年。

（宋）司马光编著，（元）胡三省音注：《资治通鉴》，中华书局，1956年。

（宋）郭茂倩：《乐府诗集》，中华书局，1979年。

（清）王先谦：《汉书补注》，上海古籍出版社，2012年。

（清）徐松：《汉书西域传补注》，《丛书集成初编》，商务印书馆，1937年。

二、专著

（一）中文专著

阿尔丁夫：《匈奴史研究暨其他》，中国社会科学出版社，2012年。
陈琳国：《中古北方民族史探》，商务印书馆，2010年。
陈梦家：《汉简缀述》，中华书局，1980年。
陈序经：《匈奴史稿》，中国人民大学出版社，2007年。
陈勇：《汉赵史论稿——匈奴屠各建国的政治史考察》，商务印书馆，2009年。
陈育宁：《鄂尔多斯——河套历史概述》，中国华侨出版社，1989年。
陈直：《居延汉简研究》，中华书局，2009年。
戴均良等主编：《中国古今地名大词典》，上海辞书出版社，2005年。
丁笃本：《丝绸之路——古道研究》，新疆人民出版社，2010年。
丁谦：《〈汉书·匈奴传〉地理考证》，民国浙江图书馆精刻初印本。
盖山林：《阴山岩画》，文物出版社，1986年。
盖山林、盖志浩：《远去的匈奴》，内蒙古人民出版社，2008年。
何宁撰：《淮南子集释》，中华书局，1998年。
黄怀信、张懋镕、田旭东撰，李学勤审定：《逸周书汇校集注》，上海古籍出版社，1995年。
黄烈：《中国古代民族史研究》，人民出版社，1987年。
翦伯赞：《中国史纲》，商务印书馆，2010年。
李文龙编著：《戎狄匈奴青铜文化》，文物出版社，2017年。
李学勤主编：《十三经注疏·周礼注疏》，北京大学出版社，1999年。
林幹：《匈奴史》，内蒙古人民出版社，2007年。
林幹编：《匈奴历史年表》，中华书局，1984年。
林幹编：《匈奴史料汇编》，中华书局，2017年。
林幹编：《匈奴史论文选集（1919—1979）》，中华书局，1983年。
卢元骏注释：《说苑今注今译》，台湾商务印书馆，1979年。

吕思勉：《中国民族史》，中国大百科全书出版社，1987 年。

马长寿：《北狄与匈奴》，广西师范大学出版社，2006 年。

马健：《匈奴葬仪的考古学探索——兼论欧亚草原东部文化交流》，兰州大学出版社，2011 年。

马利清：《原匈奴、匈奴历史与文化的考古学探索》，内蒙古大学出版社，2005 年。

蒙文通：《周秦少数民族研究》，龙门联合书局，1958 年。

孟广耀主编：《蒙古民族通史》，内蒙古大学出版社，2002 年。

潘国基：《秦汉史话》，北京出版社，1992 年。

潘玲：《伊沃尔加城址和墓地及相关匈奴考古问题研究》，科学出版社，2007 年。

齐思和、耿淡如、寿纪瑜选译：《中世纪初期的西欧》，商务印书馆，1962 年。

芮传明：《丝绸之路研究入门》，复旦大学出版社，2009 年。

孙进己：《东北民族源流》，黑龙江人民出版社，1987 年。

塔拉、恩和图布信主编：《蒙古国古代游牧民族文化遗存考古调查报告（2005～2006 年）》，文物出版社，2008 年。

谭其骧主编：《中国历史地图集》，中国地图出版社，1982 年。

陶克涛：《毡乡春秋·匈奴篇》，人民出版社，1987 年。

田广金、郭素新：《北方文化与匈奴文明：早期中国文明》，凤凰出版社，2005 年。

田广金、郭素新编著：《鄂尔多斯式青铜器》，文物出版社，1986 年。

田继周：《秦汉民族史》，四川民族出版社，1996 年。

王国维：《观堂集林》，中华书局，2010 年。

王柯：《民族与国家：中国多民族统一国家思想的系谱》，中国社会科学出版社，2001 年。

王明珂：《游牧者的抉择》，广西师范大学出版社，2008 年。

王天顺：《河套史》，人民出版社，2006 年。

王子今：《匈奴经营西域研究》，中国社会科学出版社，2016 年。

魏坚主编：《额济纳汉简》，广西师范大学出版社，2005 年。

魏明孔主编：《中国手工业经济通史》，福建人民出版社，2005 年。

乌恩岳斯图：《北方草原考古学文化比较研究——青铜时代至早期匈奴时期》，科学出版社，2008年。

武沐：《匈奴史研究》，民族出版社，2009年。

项英杰：《中亚：马背上的文化》，浙江人民出版社，1993年。

肖爱民：《中国古代北方游牧民族两翼制度研究》，人民出版社，2007年。

谢桂华、李均明、朱国炤：《居延汉简释文合校》，文物出版社，1987年。

邢义田：《地不爱宝：汉代的简牍》，中华书局，2011年。

熊铁基：《秦汉军事制度史》，广西人民出版社，1990年。

杨建华、邵会秋、潘玲：《欧亚草原东部的金属之路——丝绸之路与匈奴联盟的孕育过程》，上海古籍出版社，2016年。

杨建新：《中国西北少数民族史》，宁夏人民出版社，1988年。

余太山：《塞种史研究》，中国社会科学出版社，1992年。

张碧波、董国尧主编：《中国古代北方民族文化史》，黑龙江人民出版社，2001年。

张星烺编注、朱杰勤校订：《中西交通史料汇编》，中华书局，1978年。

赵云田主编：《北疆通史》，中州古籍出版社，2003年。

《中国北方民族关系史》编写组：《中国北方民族关系史》，中国社会科学出版社，1987年。

中国社会科学院考古研究所编：《居延汉简甲乙编》，中华书局，1980年。

《周秦文化研究》编委会编：《周秦文化研究》，陕西人民出版社，1998年。

周伟洲：《汉赵国史》，广西师范大学出版社，2006年。

周振鹤：《汉书地理志汇释》，安徽教育出版社，2006年。

祝总斌：《中国古代史研究》，三秦出版社，2006年。

（二）译著

〔美〕巴菲尔德著，袁剑译：《危险的边疆：游牧帝国与中国》，江苏人民出版社，2011 年。

〔日〕白鸟库吉：《白鸟库吉全集》，岩波书店，1969 年。

〔蒙古〕策温道尔吉、巴雅尔、策仁达格娃、敖其尔呼雅格著，潘玲、何雨濛、萨仁毕力格译，杨建华校：《蒙古考古》，上海古籍出版社，2019 年。

〔英〕吉本著，黄宜思、黄雨石译：《罗马帝国衰亡史》，商务印书馆，1996 年。

〔苏联〕吉谢列夫著，孙危译：《古代蒙古城市》，商务印书馆，2016 年。

〔苏联〕吉谢列夫著，王博译：《南西伯利亚古代史》，新疆人民出版社，2014 年。

〔日〕江上波夫著，张承志译：《骑马民族国家》，光明日报出版社，1988 年。

〔苏联〕科诺瓦洛夫编著，陈弘法译：《蒙古高原考古研究》，内蒙古人民出版社，2016 年。

〔美〕拉铁摩尔著，唐晓峰译：《中国的亚洲内陆边疆》，江苏人民出版社，2010 年。

〔苏联〕鲁金科著，孙危译，马健校注：《匈奴文化与诺彦乌拉巨冢》，中华书局，2012 年。

〔美〕麦高文著，章巽译：《中亚古国史》，中华书局，2004 年。

〔苏联〕蒙盖特著，中国社科院考古研究所资料室译：《苏联考古学》，1986 年。

〔日〕内田吟风：《北亚史研究·匈奴篇》，同朋舍，1975 年。

〔美〕帕克著，向达译：《匈奴史》，山西人民出版社，2015 年。

〔英〕韦尔斯著，吴文藻、谢冰心、费孝通等译：《世界史纲——生物和人类的简明史》，人民出版社，1982 年。

〔拜占庭〕约达尼斯著，罗三洋译：《哥特史》，商务印书馆，2012 年。

〔日〕泽田勳著，王庆宪、丛晓明译：《匈奴——古代游牧国家的兴亡》，内蒙古人民出版社，2010 年。

〔美〕朱学渊：《中国北方诸族的源流》（修订本），中华书局，2002 年。

三、论文

（一）中文论文

阿尔丁夫：《关于匈奴法“拔刃尺者死”的确切含意问题——同林干教授商榷》，《蒙古学信息》1995 年第 3 期。

阿其图：《〈汉书·匈奴传〉与〈史记·匈奴列传〉对校刍议》，《内蒙古师大学报》（哲学社会科学版）1994 年第 3 期。

曹永年：《关于柔然人的民族成分——答〈蒙古族源之新探〉》，《内蒙古师大学报》1985 年第 2 期。

曹永年：《战国历史上的“匈奴”》，《北方民族史丛考》，上海古籍出版社，2012 年。

策·图尔巴图、萨仁毕力格：《蒙古国境内匈奴墓葬研究概况及近年新发现》，《草原文物》2011 年第 1 期。

岑仲勉：《伊兰之胡和匈奴之胡》，《匈奴史论文选集（1919—1979）》，中华书局，1983 年。

陈立柱：《夏文化北播及其与匈奴关系的初步考察》，《历史研究》1997 年第 4 期。

陈绍棣：《匈奴社会物质生活初探》，《西北民族研究》1989 年第 1 期。

陈喜波：《“统万突”与“薄骨律”词义考证》，《西北民族大学学报》（哲学社会科学版）2009 年第 6 期。

陈勇：《〈史记〉所见“胡”与“匈奴”称谓考》，《民族研究》2005 年第 6 期。

陈玉屏：《匈奴与汉朝关系的民族学解读》，《烟台大学学报》（哲学社会科学版）2008 年第 1 期。

丛晓明：《中日学者匈奴法释义比较研究》，《前沿》2015 年第 11 期。

丁万灵：《匈奴休屠王“祭天金人”研究管窥》，《西北第二民族学院学报》（哲学社会科学版）2005 年第 4 期。

方汉文：《匈族（Huns）西迁与罗马帝国的崩溃》，《寻根》2004 年第 6 期。

方壮猷：《匈奴语言考》，《国学季刊》第 2 卷第 4 号，1930 年。

冯家昇：《匈奴民族及其文化》，《匈奴史论文选集（1919—1979）》，中华书局，1983 年。

冯世明：《〈史记〉所见匈奴和中原王朝的关系》，《阴山学刊》2009 年第 4 期。

盖山林：《内蒙古自治区准格尔旗速机沟出土的一批铜器》，《文物》1965 年第 2 期。

盖山林：《内蒙阴山山脉狼山地区岩画》，《文物》1980 年第 6 期。

高旗：《从政治效益观看西汉时期的汉匈关系》，《云南社会科学》1998 年第 4 期。

郭素新：《匈奴族是否有文字》，《内蒙古社会科学》1981 年第 2 期。

郭素新、田广金：《西沟畔匈奴墓》，《文物》1980 年第 7 期。

韩汝玢、埃玛·邦克：《表面富锡的鄂尔多斯青铜饰品的研究》，《文物》1993 年第 9 期。

何光岳：《匈奴族源漫议》，《寻根》2004 年第 6 期。

何天明：《东汉使匈奴中郎将探讨》，《北方文物》1990 年第 4 期。

何天明：《对匈奴创建政权若干问题的探讨——匈奴政权始自冒顿单于说质疑》，《内蒙古社会科学》（汉文版）2006 年第 1 期。

何星亮：《匈奴语试释》，《中央民族学院学报》1982 年第 1 期。

何震亚：《匈奴与匈牙利》，《中外文化》1937 年第 1 卷第 1 期。

河南省文物考古研究院等：《蒙古国后杭爱省高勒毛都 2 号墓地 M189 陪葬墓发掘简报》，《华夏考古》2018 年第 2 期。

胡玉春：《南匈奴与东汉的政治关系及其社会变革》，《内蒙古社会科学》（汉文版）2007 年第 6 期。

琥璟明、王芙蓉：《两套匈奴服饰的推定复原》，《东华大学学报》（社会科学版）2013 年第 1 期。

黄文弼：《两汉单于庭变迁考》，《匈奴史论文选集（1919—1979）》，中华书局，1983 年。

黄文弼：《论匈奴族之起源》，《匈奴史论文选集（1919—1979）》，中华书局，1983 年。

吉林大学考古学院、内蒙古自治区文物考古研究所、蒙古国游牧文化研究国际学院、内蒙古博物院、内蒙古师范大学：《蒙古国后杭爱省乌贵诺尔苏木和日门塔拉城址发掘简报》，《考古》2020 年第 5 期。

贾衣肯：《匈奴西迁问题研究综述》（上），《中国史研究动态》2006年第9期。

贾衣肯：《匈奴西迁问题研究综述》（下），《中国史研究动态》2006年第10期。

金元宪：《北匈奴西迁考》，《国学论衡》1935年第5期。

考古研究所沣西发掘队：《1955—57年陕西长安沣西发掘简报》，《考古》1959年第10期。

李斌：《“单于天降”、“单于和亲”瓦当及其思考》，《齐齐哈尔大学学报》（哲学社会科学版）2017年第5期。

李春梅：《论匈奴的世袭制度》，《内蒙古大学学报》（哲学社会科学版）2010年第3期。

李春梅：《论战国之“胡”为匈奴专称》，《内蒙古大学学报》（哲学社会科学版）2016年第5期。

李春梅：《匈奴四大王制度探析》，《内蒙古社会科学》（汉文版）2009年第3期。

李春梅：《匈奴政权的社会性质》，《内蒙古社会科学》（汉文版）2017年第3期。

李春梅：《匈奴政权左贤王若干问题探析》，《内蒙古社会科学》（汉文版）2008年第3期。

李国栋：《两汉时期匈奴服饰文化初探》，《西北大学学报》（哲学社会科学版）1993年第4期。

李英龙：《简论北匈奴西迁》，《河北工程大学学报》（社会科学版）2008年第1期。

廖杨：《匈奴宗法文化论》，《内蒙古大学学报》（人文社会科学版）2004年第1期。

林幹：《北匈奴西迁考略》，《内蒙古社会科学》（汉文版）1984年第1期。

林幹：《外国学者研究匈人和匈奴述评》（上），《内蒙古大学学报》（哲学社会科学版）1989年第4期。

林幹：《外国学者研究匈人和匈奴述评》（下），《内蒙古大学学报》（哲学社会科学版）1990年第1期。

林幹：《匈奴社会制度初探》，《匈奴史论文选集（1919—1979）》，中华书局，1983年。

林沄：《关于中国的对匈奴族源的考古学研究》，《林沄学术文集》，中国大百科全书出版社，1998年。

刘高潮、姚东玉：《“日种”说与匈奴之族源——兼论夫余王族属东胡系统》，《求是学刊》1988年第4期。

刘锡诚：《原始艺术及其在民间文化中的遗留与影响——关于非物质文化遗产理论问题的探讨》，《河南社会科学》2009年第6期。

刘先照、韦世明：《论汉朝与匈奴的和亲政策》，《中央民族学院学报》1978年第1期。

刘衍钢：《古典学视野中“匈”与“匈奴”》，《古代文明》2010年第1期。

陆思贤：《“撑犁孤涂单于”词义反映的“挛鞮氏”族源》，《内蒙古大学学报》（哲学社会科学版）1985年第3期。

罗新：《匈奴单于号研究》，《中国史研究》2006年第2期。

吕思勉：《胡考》，《匈奴史论文选集（1919—1979）》，中华书局，1983年。

吕思勉：《匈奴文化索隐》，《国学论衡》1935年第5期。

马长寿：《论匈奴部落国家的奴隶制》，《历史研究》1954年第5期。

马利清：《关于匈奴城址功能的探索》，《中州学刊》2013年第1期。

马利清：《关于“原匈奴”概念的提出与界定》，《中央民族大学学报》2005年第6期。

马利清：《匈奴“发殉”新探》，《文史哲》2012年第2期。

马利清：《匈奴与拓跋鲜卑毁镜习俗之比较研究》，《郑州大学学报》（哲学社会科学版）2015年第6期。

马利清、宋远茹：《关于匈奴文字的新线索》，《考古与文物》2004年第2期。

芒·牧林：《匈奴文字初探》，《丝绸之路民族古文字与文化学术讨论会论文集》，三秦出版社，2007年。

闵海霞、崔明德：《略论北匈奴西迁的原因》，《齐鲁学刊》2008年第3期。

莫任南：《古代游牧民族的妻后母、报寡嫂风俗》，《湖南师大社会科学学报》1989 年第 5 期。

莫任南:《匈奴对汉王朝的政策》,《中国边疆史地研究》1992 年第 4 期。

莫任南:《匈奴人的宗教信仰》,《湖南师范大学社会科学学报》1995 年第 2 期。

莫任南:《匈奴政治制度考》,《湖南师范大学社会科学学报》1990 年第 4 期。

内蒙古文物工作队:《毛庆沟墓地》,《鄂尔多斯式青铜器(下编)》文物出版社,1986 年。

内蒙古文物工作队编:《内蒙古文物资料选辑》,内蒙古人民出版社,1964 年。

内蒙古文物考古研究所:《凉城崞县窑子墓地》,《考古学报》1989 年第 1 期。

内蒙古自治区文物考古研究所、蒙古国游牧文化研究国际学院:《2014 年蒙古国后杭爱省乌贵诺尔苏木和日门塔拉城址 IA-M1 发掘简报》,《草原文物》2015 年第 2 期。

宁夏文物考古研究所、同心县文管所:《宁夏同心县李家套子匈奴墓清理简报》,《考古与文物》1988 年第 3 期。

欧阳熙:《匈奴社会的发展》,《匈奴史论文选集(1919—1979)》,中华书局,1983 年。

潘玲:《论矩形透雕阶梯纹青铜牌饰》,《考古》2010 年第 7 期。

潘其风:《从颅骨资料看匈奴族的人种》,《中国考古学研究——夏鼐先生考古五十年纪念论文集》(二),科学出版社,1986 年。

潘其风、韩康信:《东汉北方草原游牧民族人骨的研究》,《考古学报》1982 年第 1 期。

潘其风、韩康信:《内蒙古桃红巴拉古墓和青海大通匈奴墓人骨的研究》,《考古》1984 年第 4 期。

齐思和:《匈奴西迁及其在欧洲的活动》,《历史研究》1977 年第 3 期。

青海省文物管理处考古队:《青海大通上孙家寨的匈奴墓》,《文物》1979 年第 4 期。

任崇岳:《匈奴族源诸说评析》,《中州学刊》2010 年第 6 期。

单月英：《匈奴墓葬研究》，《考古学报》2009 年第 1 期。

师帅：《匈奴民族特性与风俗文化论说——基于〈史记〉所载匈奴历史的解读》，《渭南师范学院学报》2017 年第 17 期。

舒顺林：《论匈奴人的哲学、宗教与道德观念》，《内蒙古师大学报》（哲学社会科学版）1992 年第 2 期。

舒顺林：《略论北匈奴西迁的原因》，《内蒙古师大学报》（哲学社会科学版）1986 年第 3 期。

舒顺林：《匈奴婚姻习俗论》，《阴山学刊》1995 年第 3 期。

舒顺林：《匈奴生活习俗论》，《内蒙古师大学报》（哲学社会科学版）1991 年第 1 期。

宋国栋：《北魏陶器装饰的匈奴遗风》，《草原文物》2012 年第 2 期。

宋新潮：《匈奴早期活动地域考辩》，《民族研究》1993 年第 6 期。

孙进己：《我国北方民族的主源主流和多源多流的问题》，《求是学刊》1981 年第 4 期。

孙守道：《“匈奴西岔沟文化”古墓群的发现》，《文物》1960 年第 Z1 期。

塔拉、梁京明：《呼鲁斯太匈奴墓》，《文物》1980 年第 7 期。

唐元发：《〈逸周书〉成书于战国初期》，《南昌大学学报》（人文社会科学版）2006 年第 6 期。

田广金：《近年来内蒙古地区的匈奴考古》，《考古学报》1983 年第 1 期。

田广金：《内蒙古准格尔旗玉隆太的匈奴墓》，《考古》1977 年第 2 期。

田广金：《桃红巴拉的匈奴墓》，《考古学报》1976 年第 1 期。

田广金、郭素新：《内蒙古阿鲁柴登发现的匈奴遗物》，《考古》1980 年第 4 期。

王刚：《林西县大井古铜矿遗址》，《内蒙古文物考古》1994 年第 1 期。

王国维：《鬼方昆夷猃狁考》，《观堂集林》卷 13《史林五》，中华书局，2010 年。

王可宾：《从匈奴单于的继承看父死子继与兄终弟及》，《社会科学战线》1984 年第 1 期。

王庆宪：《从两汉简牍看匈奴与中原之间的经济文化交流》，《中央民族大学学报》2004 年第 4 期。

王文光：《匈奴社会政治制度略论》，《云南师范大学学报》（哲学社会科学版）1994年第6期。

王彦辉：《北匈奴西迁欧洲的历史考察》，《东北师大学报》（哲学社会科学版）1989年第3期。

王子今：《匈奴"僮仆都尉"考》，《南都学坛》2012年第4期。

王子今：《阴山岩画古车图像与早期草原交通》，《文博》2008年第6期。

魏蕴华、张汉伟：《匈奴的西迁及其在欧洲历史上的作用》，《辽宁师范大学学报》（社会科学版）1987年第4期。

乌恩：《论匈奴考古研究中的几个问题》，《考古学报》1990年第4期。

乌恩：《我国北方古代动物纹饰》，《考古学报》1981年第1期。

乌恩：《匈奴族源初探——北方草原民族考古探讨之一》，《周秦文化研究》，陕西人民出版社，1998年。

乌恩：《中国北方青铜透雕带饰》，《考古学报》1983年第1期。

乌其拉图：《匈奴人语言所属初探》，《内蒙古大学学报》（人文社会科学版）1998年第4期。

吴飞：《再论匈奴"休屠王祭天金人"》，《哈尔滨学院学报》2016年第5期。

吴洪琳：《"五胡"新释》，《陕西师范大学学报》（哲学社会科学版）2009年第4期。

吴荣曾：《战国胡貉各族考》，《先秦两汉史研究》，中华书局，1995年。

吴曦、杨俊明：《寻找匈奴西迁的踪迹——试论匈人、匈奴同族说》，《泉州师范学院学报》2017年第3期。

吴兴勇：《论匈奴人西迁的自然地理原因》，《史学月刊》1991年第3期。

武沐：《对匈奴收继婚制度的再探讨——匈奴婚姻制度研究之一》，《中国边疆史地研究》2005年第1期。

武沐：《匈奴单于继承制度突变的探讨》，《内蒙古大学学报》（人文社会科学版）2004年第1期。

武沐、王希隆：《秦、西汉时期匈奴单于位继承制度考辨》，《民族研究》2003年第3期。

武沐、王希隆:《匈奴司法制度与刑法考述》,《中南民族大学学报》(人文社会科学版)2004年第6期。

向旭旭、于亮:《浅论匈奴婚姻习俗中的宗法性》,《华中人文论丛》2013年第1期。

肖爱民:《试析匈奴单于位的继承制度》,《内蒙古社会科学》(汉文版)2007年第3期。

肖之兴:《关于匈奴西迁过程的探讨》,《历史研究》1978年第7期。

晓克:《论匈奴在游牧文明发展史上的先驱者作用》,《内蒙古大学学报》(人文社会科学版)2003年第6期。

谢剑:《匈奴政治制度的研究》,《"中研院"历史语言研究所集刊》第41本第2分册,1969年。

熊存瑞:《先秦匈奴及其有关的几个问题》,《社会科学战线》1983年第1期。

杨宽:《论〈逸周书〉》,《中华史论丛》1989年第1期。

杨阳:《匈奴民族形成发展阶段说》,《内蒙古社会科学》(文史哲版)1992年第1期。

姚从吾:《欧洲学者对于匈奴的研究》,《国学季刊》第2卷第3号,1930年。

伊克昭盟文物站、内蒙古文物工作队:《西沟畔汉代匈奴墓地调查记》,《内蒙古文物考古》1981年创刊号。

伊盟文物工作站:《伊克昭盟补洞沟匈奴墓清理简报》,《内蒙古文物考古》1981年创刊号。

亦邻真:《中国北方民族与蒙古族族源》,《内蒙古大学学报》1979年第3、4期。

于凌、李焕清、刘举:《匈奴刑法新解——兼论秦汉时期匈奴法律的立法目的与特点》,《黑龙江民族丛刊》2008年第1期。

余从荣:《汉匈和战与汉朝经济、政治之关系》,《五邑大学学报》(社会科学版)2002年第4期。

余胜椿:《〈史记·匈奴列传〉与〈汉书·匈奴传〉及其注文新校札记》,《民族研究》1985年第1期。

余太山:《匈奴、Huns同族论质疑》,《文史》(第33辑),中华书局，1990年。

岳连建：《西安北郊战国晚期铸铜工匠墓初论》，《考古与文物》2002年先秦考古专号。

翟国强：《匈奴秦汉经济文化交流与中华文化多元一体》，《黑龙江民族丛刊》2008年第6期。

张海斌：《包头汉墓若干问题述论》，《内蒙古文物考古》2000年第1期。

张景明：《匈奴金银器的造型艺术与文化象征》，《民族艺术》2006年第2期。

张景明：《匈奴金银器在草原丝绸之路文化交流中的作用》，《中原文物》2013年第4期。

张睿丽、赵斌：《秦汉匈奴服装形制探析》，《西域研究》2008年第2期。

赵斌、张睿丽：《秦汉匈奴服饰研究》，《西部考古》（第四辑），三秦出版社，2009年。

赵庆伟：《中华民族凝聚力形成和发展中的经济因素探讨》，《族群与族际交流》，民族出版社，2003年。

照那斯图：《匈奴文化初探》，《北方文物》1992年第1期。

郑隆：《大青山下发现一批铜器》，《文物》1965年第2期。

钟侃、乌恩、李进增：《宁夏同心县倒墩子汉代匈奴墓地发掘简报》，《考古》1987年第1期。

周立刚：《高勒毛都2号墓地发掘记》，《大众考古》2018年第1期。

朱泓：《内蒙古长城地带的古代种族》，《边疆考古研究》（第1辑），科学出版社，2002年。

朱泓：《人种学上的匈奴、鲜卑与契丹》，《北方文物》1994年第2期。

（二）汉译论文

〔俄〕耶·姆·扎尔金特：《中国编年史中的古代各族（匈奴、东胡、鲜卑、室韦）与埃文基人》，罗至平译，《民族问题译丛》1957年第2期。

索　　引

A

B

C

D

E

F

G

H

J

T

W

X

Y

Z

Abstract

Xiongnu (匈奴) was a northern nomadic group in ancient China. In its early stage, Xiongnu had different relations with Zhao, Yan, and Qin during the Warring States Period. At the same time, Xiongnu unified tribes on the steppe and established the first united nomadic regime on the Mongolia Plateau at the end of the 3rd century BC. During the period of the Xiongnu regime's existence, it had built and improved various systems to adapt to the steppe ecological environment, which provided a new paradigm for the nomadic ethnicities of later generations. In terms of politics, Xiongnu implemented the two-wing system, the feudal system of land-holding, and the military decimal system, which were the political operation systems of nomadic countries first seen in Chinese literature. Meanwhile, Xiongnu preliminarily set up a social legal system of simple and distinguishable laws to regulate the daily behavior of nomads. In terms of military, Xiongnu executed systems of integrating the military with the government, the armed forces with the people, and the whole people serving as soldiers, and improved military discipline and justice to ensure unified actions and collaboration. The main economy was animal husbandry. The Xiongnu people not only adapted to the changes of the steppe environment but also had ecological protection awareness, which was more rational in the utilization of the pasture. Hunting, agriculture, handicraft, and commerce were important in supplementary industries. The basic necessities, marriage, funeral, and religion were in accord with the nomadic production and life with strong ethnic characteristics and regional features.

During the period when the Xiongnu regime coexisted with the Han dynasty for three hundred years, their relationship alternated between friendly and hostile, or both at the same time. It is the Xiongnu who initiated comprehensive, deep, and extensive communications between civilizations of nomadism and agriculture. After Xiongnu split into two groups, the Southern Xiongnu people migrated to the south, which had a profound impact on the society and political situation of northern China. The other group became the first northern ethnicity to rule the Western Regions and played a positive role in developing regional economic trade and cultural exchange with the Occident. It transformed European societies when the Northern Xiongnu migrated westward, thus making a great impact on world history as well.

后　记

2017年7月，我正在蒙古国出差，接到恩师张久和教授电话，告诉由我来承担《中国古代北方民族史·匈奴卷》的撰写工作。对我而言，这项工作既是挑战，也是进一步提升史学素养的机会。2008年博士毕业后，我主要从事魏晋南北朝时期北方民族史研究，在铁弗匈奴历史研究上花费了较大的工夫。对匈奴历史虽有涉猎，但比较零碎，完成一部系统的匈奴史专著，并不容易。匈奴对中国历史和世界历史都曾产生过较大影响，国内外学术界对匈奴史的研究相对成熟，想要突破，有一定的难度。这本简明的匈奴史著今终成稿，取法前辈而不囿于前见。因我史学功力和学术积累有限，本书难免存在一些疏漏和不足，敬请同仁指正。

历时两年的研究撰写过程虽然时间紧、任务重，但却是一次非常愉快、难忘的学术经历。融洽的学术互动和交流、团结协作的团队配合以及给力的后勤保障都给我留下了深刻印象，使我在整个研究撰写过程中，不断感受到协力同行、担当使命的责任感和学术研究的幸福感。在书稿即将付梓之际，衷心感谢张久和和何天明两位老师逐字逐句审读初稿，指出了书中的用词、文句、内容等各方面存在的问题和不足，使得拙作得以进一步完善。感谢王石雨博士对书稿中的文献原文、朝代纪年逐一核实。感谢王珏博士英译了书稿的内容摘要。向“蒙古族源与元朝帝陵综合研究”项目首席专家孟松林先生、项目办公室主任刘国祥研究员、白劲松研究员、科学出版社文物考古分社孙莉副社长和柴丽丽编辑致谢，感谢他们搭建了很好的学术平台，并在该书的出版过程中付出了辛勤的劳动。

胡玉春

2021年6月

总后记

在十卷本《中国古代北方民族史》即将出版之际，我们感觉有一些与全书有关的人和事应该记下来，权做一个交代和备忘。

2011年春季，由时任内蒙古自治区呼伦贝尔市委常委、统战部部长孟松林同志召集，中国社会科学院考古研究所内蒙古第一工作队队长刘国祥研究员、呼伦贝尔民族博物院院长白劲松研究员具体组织，辽宁师范大学历史文化旅游学院院长田广林教授、内蒙古大学历史与旅游文化学院院长张久和研究员等人参加，在海拉尔落实论证由时任十一届全国政协副主席、中国社会科学院院长、党组书记陈奎元同志倡议的“蒙古族源与元朝帝陵综合研究”项目方案，填报立项申报书，通过中国社会科学院科研局，报送至全国哲学社会科学规划办公室。2012年8月，“蒙古族源与元朝帝陵综合研究”被列为国家社会科学基金重大委托项目（批准号为12@ZH014），研究周期为10年。中国社会科学院科研局作为项目主管单位，中国社会科学院考古研究所、内蒙古自治区文物局、呼伦贝尔市人民政府作为项目联合实施单位，内蒙古大学历史与旅游文化学院作为项目协作单位之一。王巍、孟松林二位先生担任项目首席专家，设北京和呼伦贝尔两个项目办公室，刘国祥、白劲松分别担任主任，组织全国相关科研机构和高校研究人员，以考古学为主，结合历史学、民族学、人类学、社会学、地理学等开展综合研究，力争取得具有国际影响力的学术成果。根据工作计划，2013—2014年，刘国祥作为考古领队主持发掘了海拉尔区谢尔塔拉、陈巴尔虎旗岗嘎两处墓地，经过研究确认这两处墓地均为室韦人遗存。谢尔塔拉和岗嘎墓地的发现、识别和初步研究，为室韦史、北方民族史研究提供了丰富、直观的珍贵资料，对研究蒙古族族源问题具有重要学术价值。该重大委托项目的设立、室韦考古学文化遗存的发现与识别、共同的学术追求和多年来建立的深厚友谊，为我们开展相关合作研究奠定了坚实基础。

2017年6月末，项目组在海拉尔召开学术研讨会，经过讨论，我们认为组织编写一套北方民族史著作的时机和条件基本成熟，根据项目实施计划，需要编写出版一部系统性的、与蒙古族起源史具有密切关系的历史学研究成果。于是，决定主要依托内蒙古大学培养的北方民族史科研力量组成学术团队编写《中国古代北方民族史》，并作为国家社会科学基金重大委托项目"蒙古族源与元朝帝陵综合研究"的子课题。达成共识后，经过准备，2017年8月16日即在内蒙古大学召开了第一次"中国古代北方民族历史与考古系列学术研讨会"。在这次会议上，组建编写组，确定张久和、刘国祥为主编，何天明、白劲松为副主编，胡玉春、何天明、梁云与白劲松、袁刚、包文胜、吴飞、王洁、冯科、王丽娟、张久和与刘国祥为各卷作者，形成了老中青结合的学术团队。讨论了编写大纲、撰写内容、人员分工、全书体例和编纂要求等事项，标志着该项研究工作的正式启动。考虑到北方民族历史发展的连续性、诸北方民族的重要历史地位、与学界蒙古族起源说有关的北方民族、团队成员的科研主攻方向和前期的学术成果积累等因素，确定了以匈奴、乌桓、拓跋鲜卑、柔然、突厥、回鹘、黠戛斯、契丹、库莫奚和室韦这十个北方民族为研究对象，按族别史体例，一族一卷，形成十卷本的《中国古代北方民族史》。此后，十卷作者分别进入了研究和撰写阶段。

从研究工作启动，截至2021年1月，编写组以"中国古代北方民族历史与考古系列学术研讨会"的名义又召开了六次以推进研究、解决问题为主要目的务实会议。2017年11月11—12日，第二次"中国古代北方民族历史与考古系列学术研讨会"在海拉尔召开，各卷著者就第一部分试写稿内容及相关事宜做了说明，与会人员充分讨论并提出了修改完善建议，并进一步讨论细化了各卷大纲。2018年7月31日—8月1日，第三次会议在内蒙古大学召开，以各卷撰写进展汇报为主题，与会专家围绕各卷完成的基本内容、学术创新、难点等展开了深入的学术研讨。2019年2月16—17日，第四次会议在科学出版社召开，社领导高度重视，专门为每卷书稿选定一位编辑，个别卷甚至配备了两位编辑，开始与各卷作者对接。此次会议以撰写进展汇报为主要议题，作者、编辑和相关专家学者等与会人员围绕编写内容、编写进度、主旨思想、学术重点、学术规范、出版规范等内容进行了深入细致的研讨。

在第四次会议上基本确定了各卷完成和上交初稿的时间段。为了提高效率、保证质量，决定组成由张久和、何天明、冯科、曹磊、王石雨、任翔为主要成员的统稿小组，远离喧嚣闹市，摆脱杂事干扰，进行封闭集中统稿。2019 年 3 月 25—30 日，统稿小组在赤峰市红山区赤峰宾馆进行了第一次统稿，统阅胡玉春《匈奴卷》、王洁《黠戛斯卷》、王丽娟《库莫奚卷》三部书稿。中国社会科学院考古研究所内蒙古第一工作队承担了后勤保障工作。2019 年 4 月 8—13 日，在山西省朔州市右玉县进行了第二次统稿，得到右玉县文史学者王泽民先生的热情接待和周到安排。本次集中统阅何天明《乌桓卷》，梁云、白劲松《拓跋鲜卑卷》和张久和、刘国祥《室韦卷》三部书稿。2019 年 5 月 6—11 日，在赤峰市敖汉旗进行了第三次统稿。统阅袁刚《柔然卷》、包文胜《突厥卷》、吴飞《回鹘卷》、冯科《契丹卷》四部书稿。中国社会科学院考古研究所内蒙古第一工作队负责后勤保障工作，内蒙古史前文化博物馆田彦国馆长给予了热情支持。实际上，每一次统稿所用时间并不止于一周，每次回到呼和浩特后，统稿、校对人员各自又费时十余天才完成了相关工作。统稿小组诸位成员不辞辛苦，认真投入，指出和改正了书稿中存在的一些具体问题，提出了整体修改完善建议，在充分保证学术质量的同时，有效推进了编纂工作。

2019 年 7 月 13—14 日，第五次会议在中国社会科学院考古研究所召开，主要就全书的统稿情况，各卷的作者简介、内容简介、内容摘要翻译、配图、索引，出版阶段的有关问题及解决方案、下半年工作计划等进行讨论，做出了安排和要求，对此前整体工作做了总结。总体而言，五次会议就全书编写提纲、体例、结构、内容、编纂要求、进展等相关工作展开充分讨论，及时解决出现的问题，为整体工作的顺利进行起到了良好作用，推动了编纂进度，提高了内容质量。在第五次研讨会成果基础上，各卷作者用时近两个月完成相关工作内容，十卷书稿于 2019 年 9 月一次性交付出版社，正式进入编辑出版程序。至 2020 年 9 月，各卷先后审完作者样。

2020 年 9 月 7—12 日，第六次“中国古代北方民族历史与考古系列学术研讨会”在海拉尔召开，各卷作者、部分项目组专家、出版社编辑等参会，讨论确定了各卷作者样、索引、英文摘要、后记等最后上交期限以及后期编辑、出版方面的问题，对整体工作做了总结，对下一步工作做了安排。

2021年1月27日，第七次“中国古代北方民族历史与考古系列学术研讨会”通过线上方式举办，本次会议以《中国古代北方民族史》十卷本书稿的外审意见反馈沟通为主要议题，各卷作者与编辑人员围绕相关建议进行研讨，并就书稿进一步的修改与编校深入交流意见。与会专家一致认为，送审意见既体现了对国家有关政策的深入理解，又有对具体写作表述细节的精准见解，是进一步开展书稿修改编校的工作指南，落实好上级部门的送审意见是书籍能够高质量面世的重要前提。各卷作者表示，一定会认真领会送审意见，与责编紧密配合，做好书稿修改工作，用优质学术成果回馈社会。张久和研究员在发言中指出，本套书全体撰写、编辑人员在实际工作中要始终贯彻好“铸牢中华民族共同体意识”的要求，一定要根据送审意见全面解决还存在的各种学术和技术问题，对于一些难点问题可以再次进行讨论，找到最佳解决方案，确保书籍质量。刘国祥研究员在会议总结时强调，习近平总书记在哲学社会科学工作座谈会上的讲话、致中国历史研究院成立的贺信以及2020年9月28日在中央政治局第二十三次集体学习时发表的《建设中国特色中国风格中国气派的考古学　更好认识源远流长博大精深的中华文明》的重要讲话，为历史学研究和考古学研究提供了科学指引，也为我们的工作注入了强劲的动力。在各卷编写的过程中均注重吸收最新的考古学研究成果，促进了历史学与考古学的融合发展，提升了该项成果的学术价值和创新价值。

自决定编写《中国古代北方民族史》开始，从论证体例、结构，斟酌目录、编纂要求，到试写内容的讨论、完成初稿，再到统稿中的增删修改、核对史料、提出总体建议、修改完善书稿，直到选图配图、编制索引、校对书稿等，整个过程大家各尽其责，团结协作，体现了应有的专业素养和团队意识。应该说我们尽了很大努力去组织全书的编纂，各卷作者也克服困难、夜以继日地工作，但从2017年8月启动，到2019年9月正式交稿，撰写时间毕竟太短，作者又各有学习、教学、科研甚至行政工作任务，投入的时间和精力难以保证；加之成果积累程度不同，其中半数有博士论文作基础，有数年或十余年的积淀，编纂起来相对容易；有的纯粹白手起家，从收集分析史料、总结归纳前人成果做起，再进行研究，工作量和难度确实很大；有的作者年轻，刚刚踏入史学门槛，想法稚嫩，功力尚浅，难免存在许多缺陷。吸收青年学人加入团队，也是抱着锻炼、培养和带动他们成长的目的。因此，虽然全书整体体例、编写要求等大体一致，但在内容论述深度、提出和解决问题等方面还各存差异，在学术上尚存在很大的提升和完善空间，一定会有许多不足和遗憾之处。考虑到“蒙古族源与元朝帝陵综合研究”重大委托项目的迫切需要，以及国内外尚无一次性推出以族别史为体例的多卷本北方民族史成果的现实，我们不揣浅陋，把十卷本《中国古代北方民族史》作为一项团队研究北方民族史的阶段性学术成果呈现出来，供学界同仁批评指正，以达到抛砖引玉，锻炼队伍，增进交流，推动研究的目的。

从启动编写到正式出版，费时四年。我们能够顺利完成这项研究工作，离不开各位领导、学界同仁、出版社编辑和媒体记者朋友的大力支持和鞭策。“蒙古族源与元朝帝陵综合研究”重大委托项目首席专家王巍先生、孟松林先生宏观指导、鼎力支持，同意将《中国古代北方民族史》列为重大委托项目子课题资助研究。孟松林院长每次会议均到场致辞，亲切关怀，热情鼓励，增强了编写组成员的信心。内蒙古大学党委书记朱炳文同志，校长陈国庆教授，副校长张吉维教授、高光来教授、额尔很巴雅尔教授始终关心关注这项工作，多次询问研究、出版进展，学校并以“双一流”建设经费予以科研资助。中共呼伦贝尔市委书记于立新同志对该项目给予了高度重视和大力支持，多次听取项目组工作汇报，帮助解决诸多实际困难，有力保障了该项目的顺利实施。内蒙古自治区社会科学院院长李春林研究员亲临研讨会，给予指导帮助。中国社会科学院考古研究所的各位领导对该项目始终给予关心和支持，陈星灿所长多次听取项目工作汇报，积极推动本套书的编辑和出版工作。中国历史研究院副院长李国强研究员对该项目给予了学术指导和热情帮助。中国科技出版传媒股份有限公司（科学出版社）副总经理闫向东先生、文物考古分社副社长孙莉女士，高度重视项目进程，并在 2017 年底将项目确立为出版社的重大项目，极大鼓舞了编写者的士气。同时还为每本图书配备了优秀编辑，积极协调出版事宜，为图书出版提供了有力保障。各卷责任编辑审读校阅，纠错证谬，确保了出版质量。新华通讯社记者李贺、中国新闻社记者孙自法、人民政协报记者付裕、中国社会科学网记者齐泽垚、中国社会科学报记者杨阳、中国文物报记者郭晓蓉等不辞辛劳，追踪项目进展，连续深度报道，提升了该项目的学术和社会影响力。工作组精心组织，周到安排，辛勤付出，全力配合，使历次研讨会成功举办，统稿工作顺利进行，摘要英译、选图配图等取得良好效果，为整体研究工作的顺利进展提供了坚强有力的保障。各卷的英文摘要由中国社会科学院考古研究所蒙古族源研究中心学术秘书王珏女士翻译，美国华盛顿大学王海城副教授审定，特此致谢！总之，在编写该书过程中，支持帮助过我们的人还有很多，难免挂一漏万，要讲的话也一时言不尽意，在此，我们一并表达崇高的敬意和由衷的谢忱！

历史的机缘、共同的学术志趣使我们成为合作者。值得欣慰的是，在收获学术果实的同时，我们也收获了友情、亲情。这一过程中的耳闻目睹、酸甜苦辣丰富了我们的人生阅历和感受，团结融洽、勇于担当、相互砥砺、理解包容成为我们共同的精神财富。

《中国古代北方民族史》编写组

2021年6月